# 長期入院児の心理と教育的援助
## 院内学級のフィールドワーク

谷口明子［著］

東京大学出版会

本書は財団法人東京大学出版会の刊行助成により出版される

Psycho-educational Support for Hospitalized Children
Fieldwork at an In-hospital School
Akiko TANIGUCHI
University of Tokyo Press, 2009
ISBN978-4-13-016113-8

## はじめに 本書の構成

　病をかかえる子どもたちには，健常児に比べて2倍～3倍心理的問題が生じやすいと言われている（長畑，1986; Lavigne & Faier-Routman, 1992）。ましてやそれが入院という措置を必要とする疾患であるならば，疾患の予後への不安に加え，治療上必要な行動制約，親元を離れての生活，社会的刺激に乏しい環境等に起因するいわゆる「入院ストレス」（Holaday, 1994）によるマイナスの影響が子どもたちにおよぶことが懸念されている。さらに，その入院ストレスが治療効果に悪影響をおよぼすことや，退院後の日常生活にまで影響を与えてしまうような発達上の障害を子どもたちのうちに残してしまうことも指摘されている（小笠原ら，1989; 松井，1995）。

　近年の小児医療においては，治癒率の上昇から，社会・学校への復帰を念頭においた治療体制が望まれるようになった（松井，1991）。こうした流れを受け，入院児童を対象とする学校教育の導入が急速に進んでいる（文部省，1994）。同時に，"教師"の存在意義も，単なる"入院中でも勉強を教えてくれる存在"というだけではなく，"援助者"としても認識されるようになってきている。

　では，"教育"の立場から入院児童をどのように援助していくことが望ましいのだろうか。また，現状では実際どのような援助が提供されているのだろうか。障害のある子どもの特別なニーズに応じる教育は，心理教育的援助の機能をもつことが指摘されており（石隈，1999），入院中という特別なニーズを有する児童への教育は，教育実践そのものが援助としての機能をもつと言える。本書は，入院中の子どもの不安に関する量的研究と入院中の子どもの教育施設である院内学級におけるフィールドワークの結果に基づき，入院児の心理と教育的援助について考察するものである。

　特別支援教育の一環として，病弱・身体虚弱教育そのものは歴史の浅いものではない。にもかかわらず，入院中の子どもたちが心身ともに傷つきやすいことやプライバシーの問題もあってか，病弱・身体虚弱教育関連の先行研究は極

めて少なく，方針決定の指針となるような援助モデルも見あたらない。現場の教師たちは，「どう援助したらよいのかわからない」という迷いの中で，日々の教育的援助を展開している。そこで，本書では，教育現場における日常的な実践を見つめ直し，その日常性に埋もれた意味を明らかにすることで援助のあり方についての提言を試みたい。

学校教育における援助を表す言葉には，「心理教育的援助」「教育支援」「教育援助」「教育的対応」等さまざまな用語がほぼ同義に用いられている。本書では，院内学級教師たちが教育実践を通して子どもたちに提供する援助全般に「心理教育的援助」という言葉を用いることとする。学校心理学の「心理教育的援助」は，子どもの心理・社会面への援助にやや高い比重をもち，「指導サービス」とは区別されているが，院内学級においては学習指導をはじめとする「指導サービス」も病気の子どもの心理的安定に寄与しており，心理的援助の意味をも有することから，教育活動全般が「心理教育的援助」と捉えられると考えてのことである。

本書は，筆者の実際の研究プロセスをほぼ忠実にたどる形で全9章から構成されている。第1章および第2章では，「入院児の心理と教育」という領域について基本的な解説を試みた。第1章では，入院児の教育の制度的・歴史的背景を確認し，本教育分野がかかえる課題を明らかにした。本書は，ここで挙げられた課題へのひとつの取り組みということになる。第2章では，入院児の心理と教育に関するこれまでの研究を概観し，その功績と問題点を確認した。先行研究を，子ども理解を目的とする研究と教育実践に関する研究に大別し，どのような観点から研究が行われ，どのような知見が提示されているのかを検討した。さらに，学校心理学における心理教育的援助理論を検討しながら，院内学級における教育実践を援助として捉える視点を確認した。以上の検討結果をふまえ，本書のねらいを明らかにした。

第3章においては，教育の対象である子どもたちがどのような心理状態で日々を送っているのかを「不安」という情緒を切り口として検討した。半構造化面接および子どもたちの作文をもとに独自に作成された質問紙による数量的データの分析から，入院児がどのような不安を抱き，またどのような不安の類型に分かれるのかを明らかにした。

第4章では，第3章の研究を行う中で課題として浮上した，本分野における研究方法についての再検討を行った。入院という特殊な状況にある子どもたちがかかわる本分野への取り組みは，迷いと反省の連続であった。特に研究方法については，倫理面への配慮を含め模索を続けてきた。その結果，納得できる手法としてたどりついたのがフィールドワークであった。第4章では入院児の心理と教育へのアプローチ手法としてのフィールドワークについて概説し，その有効性を主張した。

　第5章から第8章は，院内学級におけるフィールドワークから導かれた結果である。第5章では，本書のフィールドとなった院内学級の概要および，フィールドワークの実際について詳しく述べ，続く第6章・第7章・第8章で提示される知見がどのような場で，またどのような手法で収集されたデータに基づくものであるのかを明示した。第6章では，知見の第一として，院内学級における教育の特徴について考察した。第7章では，第二の知見として，院内学級における教育実践がどのような援助機能を有しているのかを検討し，院内学級における援助モデルを生成した。さらに第8章では，第7章において生成されたモデルを発展的に援用し，院内学級における心理教育的援助のプロセスについて，主に院内学級教師対象のインタビュー・データから検討した。

　最後に，第9章においては，総合考察として，本書において提示された知見の意味を理論的・実践的・方法論的観点から再吟味し，入院児への心理教育的援助についての具体的提言を行った。

　なお，長らく使用されてきた“特殊教育”“障害児教育”という名称が，「21世紀の特殊教育の在り方について（最終報告）」（文部省，2001）および「今後の特別支援教育の在り方について」（文部科学省，2003）において“特別支援教育”へ変更されたことは周知のことである。本書においては，第1章第2節の歴史的変遷の記述に関しては，2001年以前は“特殊教育”，以後は“特別支援教育”と区別するが，それ以外の箇所においては，混乱を避けるため，従来の“特殊教育”の時代についての叙述をも含めて，心身に何らかの障害を有し特別な教育的ニーズをもつ子どもたちを対象とする教育全般をさす言葉として，一貫して“特別支援教育”という言葉を用いる。

本書が，院内学級における教育実践の一助となり，入院中の子どもたちのQOL（Quality of Life：生活の質）向上に少しでも役立つことができれば幸甚である。

長期入院児の心理と教育的援助——院内学級のフィールドワーク　目次

はじめに　本書の構成 …………………………………………………………………… i

## 第1章　入院中の子どもの教育
　　　　　——病弱教育とは ……………………………………………………………… 1

　第1節　病弱教育の制度的背景 ………………………………………………………… 1
　第2節　病弱教育の歴史的背景 ………………………………………………………… 9
　第3節　病弱教育の課題 ………………………………………………………………… 17

## 第2章　入院児の心理と教育を捉える視点 ……………………………………………… 21

　第1節　入院時の理解と教育実践 ……………………………………………………… 21
　第2節　院内学級教師の位置づけ ……………………………………………………… 31
　第3節　本書のねらい …………………………………………………………………… 35

## 第3章　入院中の子どもたちの不安 ……………………………………………………… 39

　第1節　「入院児の不安」をどう捉えるか ……………………………………………… 40
　第2節　「入院児の不安」カテゴリー …………………………………………………… 41
　第3節　「入院児の不安」の構造 ………………………………………………………… 47
　第4節　「入院児の不安」の類型 ………………………………………………………… 51
　第5節　「入院児の不安」の再検討と研究方法への疑問 ……………………………… 53

## 第4章　入院児の世界へのアプローチ …………………………………………………… 59

　第1節　仮説生成型研究 ………………………………………………………………… 59
　第2節　質的データと量的データ ……………………………………………………… 61
　第3節　フィールドワークという手法 ………………………………………………… 62
　第4節　フィールドワークの有効性 …………………………………………………… 64

## 第5章　院内学級のフィールドワーク  …………………………  67

- 第1節　フィールドについて語る意義  …………………………  67
- 第2節　フィールドの概要──ある院内学級のありよう  ……………  68
- 第3節　フィールドワークの実際  ………………………………  78

## 第6章　院内学級における教育の特徴  ……………………  89

- 第1節　実践の問い直し  ……………………………………  89
- 第2節　データ分析のプロセス  ……………………………  90
- 第3節　院内学級における教育の特徴カテゴリー  ………………  91
- 第4節　院内学級における教育の特徴モデルの生成  ……………  105

## 第7章　院内学級における〈つなぎ援助〉
　　　　──教育実践の隠れた機能  ……………………………  109

- 第1節　実践の隠れた機能への着目  ………………………  109
- 第2節　実践の機能へのアプローチ  ………………………  109
- 第3節　教育実践カテゴリーの抽出──エピソード事例のコーディング  ………  110
- 第4節　教育実践の〈つなぎ〉機能の発見──概念化から仮説生成へ  …………  125
- 第5節　〈つなぎ援助〉モデルの生成  ………………………  145

## 第8章　心理教育的援助のプロセス  ……………………  153

- 第1節　援助プロセスへの着目とアプローチ  ……………………  153
- 第2節　〈つなぎ援助〉プロセスモデルの生成  …………………  155
- 第3節　〈つなぎ援助〉プロセスの意味  ……………………  168
- 第4節　地域の学校との〈つなぎ〉の重要性  ……………………  172
- 第5節　心理教育的援助の役割  ……………………………  173

## 第9章　長期入院児への心理教育的援助再考  ……………  175

- 第1節　〈つなぎ〉概念の再検討  …………………………  175
- 第2節　協働的チーム援助のコーディネーション  ………………  177

第3節　特別支援教育と〈つなぎ援助〉
　　　　──特別支援教育コーディネーターとの関連 ……………………… 180
第4節　院内学級における教育への提言 ……………………………… 181
第5節　展望──よりよい援助実践へ向けて ………………………… 198

あとがき　207
引用文献　211
巻末資料：「入院児の不安」質問紙　225
人名索引　231
事項索引　233

# 第1章　入院中の子どもの教育——病弱教育とは

　入院中の子どもたちを対象とする教育は，特別な教育的ニーズを有する子どもたちを対象とする特別支援教育の一環に位置づけられ，教育行政上は"病弱・身体虚弱教育"，略して"病弱教育"に含まれる。

　しかし，"病弱教育"と言われて，一体どのくらいの方がその具体的な内容や状況を思い描くことができるだろうか。むしろ「そんなものあったの？」との疑問をもたれる方が大半ではないだろうか。最近こそ，テレビドラマやドキュメンタリー番組，新聞報道の影響で，入院中の子どもたちにも教育の機会があるという事実は一般にも浸透してきたが，病弱教育がどのような制度的・歴史的背景をもち，どのような課題をかかえている教育分野であるのかについての社会的認知度は，いまだに低いと言わざるを得ない。そこで，本章では，入院中の子どもの教育とはどのような教育であるのか，その制度的・歴史的背景および教育がかかえる課題を確認する。

## 第1節　病弱教育の制度的背景

### 1．病弱教育の定義

　"病弱教育"とは，前述の通り，"病弱・身体虚弱教育"の略称であるが，文部科学省発行の書籍のタイトルにも用いられており，俗称というよりも，略称としての定位置を確保している言葉である。本書においては，"病弱・身体虚弱教育"を指すものとして，この"病弱教育"という言葉を一貫して用いるものとする。また，病弱児のみを対象とする教育を指す時は"病弱児教育"，身体虚弱児のみ対象の教育を"虚弱児教育"とし，それぞれ区別する。

　病弱教育は，何らかの障害をもつ子どもを対象とする特別支援教育のうち，「通常の学校で健康な子どもと一緒に教育を受けることが困難な子どもたちが

受ける教育」（横田，1998）である。大きな特色としては，病弱教育機関の95％〜96％が医療機関と隣接していることがあり，原則として医療的な配慮を必要とする子どもたちを対象とする教育であるとされている。

## 2. 病弱教育の対象

病弱教育の対象は，病弱，もしくは身体虚弱児童・生徒であるが，この"病弱""身体虚弱"という言葉は医学的術語ではなく，慢性的な疾病または特異体質のため体力が弱っている状態を表す一般的な意味で用いられている（文部省，1985）。教育という観点からは，疾患が長期にわたっている者，または長期にわたる見込みがある者で，慢性の疾患を有し，継続的な医療または生活規制を必要とする者を"病弱"，先天的または後天的な要因により，身体諸機能に異常があったり，疾病に対する抵抗力が著しく低下していたり，頭痛や腹痛等のいろいろな不定の症状を訴える者，あるいは疾病の徴候が起こりやすいがすぐ入院治療というわけではない者を"身体虚弱"としている（横田，2001; 全国病弱養護学校長会，2001; 山口，2004）。

本書においては，病弱教育の対象児童・生徒を総称して"病弱児"とし，病弱・虚弱の区別をする狭義の場合についてはそれぞれ"病弱児童・生徒"，"虚弱児童・生徒"と記すものとする。

教育措置上の就学基準としては，病弱特別支援学校，特別支援学級，通級指導の対象者とし学校教育法施行令第22条の3および2002（平成14）年5月の文部科学省通知によって規定されているが，実際の教育的措置の決定に際しては，医師の診断結果に基づき，疾患の種類，程度および医療または生活規制に要する期間等を考慮し，「医学的・心理学的・教育的な観点から総合的かつ慎重に行う」（文部省，1985）ものとされている。

病弱教育機関において教育を受けるにあたっては，原則として学籍の移動，すなわち正式な転校の手続きが必要になる。特別支援教育においては，各市町村教育委員会の就学相談を経てから入学・転校手続きがとられるのが通例であり，病弱教育においても一般には同様である。ただし，入院児を対象とする病弱教育においては，現実の状況に合わせて転校手続きを開始し，子どもへの教育保障を優先する立場から，まず教育を始め，こうした現実的な対応に併行す

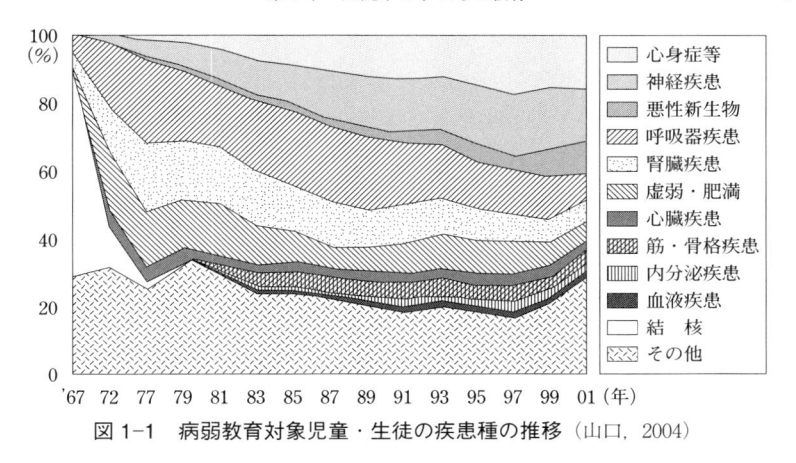

図1-1 病弱教育対象児童・生徒の疾患種の推移（山口, 2004）

る形で，就学相談・転校手続きをとっているところもある。

　病弱児の疾患種は，図1-1に示されるような変遷を経ている。昭和40年代，それまで大きな割合を占めていた結核が激減し，代わって喘息が増加した。近年は，心身症等の病名をもつ不登校児童・生徒や，悪性新生物（いわゆる小児がん）患児の増加も著しい（山本，1997）。小児がん患児の増加は，罹患率の上昇というよりも，従来は教育の対象として考えられていなかったのが，治癒率の上昇により，教育の必要性が認識されたことに起因すると考えられている。代表的な疾患名を挙げておくと，神経疾患としてはてんかん，悪性新生物としては白血病・各種肉腫，呼吸器疾患としては気管支喘息，腎臓疾患としては腎炎・ネフローゼ症候群，筋・骨格疾患としては筋ジストロフィー，血液疾患としては再生不良性貧血が挙げられる。また，一般に重篤な疾患というイメージはないが，過度の肥満の子どもたちも，生活習慣改善を主なねらいとして，病弱教育の対象となっている。

　対象児童・生徒数は，1979（昭和54）年の1万3000人弱を最多に，以後減少を続け，文部科学省初等中等教育局特別支援教育課発行の特別支援教育資料によれば，2007（平成19）年度は5111人（文部科学省，2008）となっている。減少の理由としては，疾患の罹患率の低下というよりも，入院の短期化や在宅療養重視の傾向により，病弱教育を受けずに普通校に学籍をおいたまま療養生

活を送っている児童・生徒が増加していることがあると考えられる。

　他の特別支援教育の対象児と比較して，病弱児の特色として挙げられるのは，外見上，また，行動の上でも健常児と変わらないことが多く（高木，1983），いわゆる「障害児」といった印象を受けることが少ないこと（村上，1993），また，完全治癒が望める疾患においては，将来全くの健常児として生活することが期待できるということがある。こうした病弱児の特色が，後述する病弱教育における特殊な配慮事項とかかわっていることは言うまでもない。

### 3. 教育の場

　教育の場である学校組織としては，病弱特別支援学校と特別支援学級の中で病弱教育を行う学級がある。他に，気管支喘息や肥満の子どもを主な対象とする全寮制の小学校である健康学園が5つ（2008（平成20）年度）ある。健康学園は，全国的にまれな設置形態であり，東京都の区によって運営され，病院に隣接していない。制度的には小学校の「特別支援学級」扱いのものと「区立特別支援学校」のものに分けられる。入園児童生徒数の減少から，近年次々と閉鎖されている。各設置形態の施設数をまとめたのが次頁表1-1である。病弱教育機関については，流動的にならざるを得ない事情もあってか，詳細な統計データがなく，病院訪問教育を行っている特別支援学校数や特別支援学級数の病院内か否かの内訳も明らかにされていない。

　こうした病弱教育各機関への措置にあたり，制度上規定されているような形での，特別支援学校と特別支援学級とのあいだの在籍児童・生徒の区分はなくなっている。しかし，例外はあるものの，一般に，都道府県立病弱特別支援学校においては，在籍児童・生徒の疾患が，重度の気管支喘息，腎疾患，筋ジストロフィーなど重度で慢性的であり，長期にわたり闘病が続く疾患を有する子どもが多く在籍しているのに対し，病院内に併設されている分校・分教室・特別支援学級においては，血液疾患や悪性新生物・骨折等の急性の疾患を有し，治癒後は地域の学校に復帰するという経過をとる児童・生徒が多いという違いが存在する。

　また，都道府県立病弱特別支援学校は，病院とは独立した敷地・建物をもち，音楽室等の特別教室や体育館などいわゆる学校としての設備を備えていること

第1章 入院中の子どもの教育

表1-1 義務教育段階の病弱教育機関の設置形態

| 区分 | 設置形態 | 設置数 | 障害種別 | 本校 | 分校 |
|---|---|---|---|---|---|
| 特別支援教育諸学校 | 病弱特別支援学校（公立） | 78 | 病弱・身体虚弱のみ | 62 | 16 |
| | | 8 | 知的障害と病弱・身体虚弱 | 8 | — |
| | | 11 | 肢体不自由と病弱・身体虚弱 | 11 | — |
| | | 9 | 知的障害と肢体不自由と病弱・身体虚弱 | 9 | — |
| | 訪問教育 | 不明 | | | |
| | **分教室（病院内）** | **77** | | | |
| 小・中学校 | **分教室・特別支援学級（病院内）** | 1008（内，小学校716・中学校292） | | | |
| | 特別支援学級（普通校内） | | | | |
| 健康学園（東京都のみ） | | 5 | | | |

※注：太字部分が，いわゆる「院内学級」と呼ばれるもの。

（平成19年度学校基本調査他より作成）

が多い一方，病院内に併設されている分校・分教室・特別支援学級は，病院の一角の1,2部屋を学級として使用させてもらい，小学生と中学生もひとつの教室の中で机を並べるという形式をとらざるを得ないなど，必ずしも整備された学校環境とは言えない中で教育が行われていることが多い。この病院内併設の分校・分教室・特別支援学級の実態に関しては，文部科学省初等中等教育局特別支援教育課によってまとめられた学校基本調査，特殊教育資料においても数値データとして把握されておらず，今後の実態調査が待たれるところである。

上記のような病弱教育機関の呼称も存在も，一般にはほとんど知られておらず，入院中の子どもたちを対象とする教育を総称して"病院内教育"，病院内に設置された教育機関のことを，"院内学級"と呼びならわしている。この"院内学級"という呼称は，制度上の規定をもたない俗称であり，特別支援教育諸学校，通常の小・中学校を問わず病院の敷地内にある特別支援学級や分教室に対してこの呼称が用いられることもあれば，病院に隣接しつつも，独立したひとつの学校組織をもつ病弱特別支援学校をも含めることもある。また，設置母体

が普通小・中学校の特別支援学級が病院内に設置されているもののみを指すという見方もある。本書では，設置母体の種類よりも教育の対象である子どもたちのありようを重視し，病院内に設置されている学校，つまり特別支援学校の本校や分校，分教室，学級，および普通小・中学校の特別支援学級（表1-1の太字部分）を指して，"院内学級"とする。

### 4. 病弱教育の意義

病弱教育の意義としては，"入院中の子どもへの教育の必要性"という極めて向社会的な意義については誰しもが認めるところである。公には，1994（平成6）年12月の文部省（当時）病気療養児の教育に関する調査研究協力者会議の審議のまとめにおいて，病弱教育の意義として次の5点が打ち出されている（横田，1995; 1998; 2000; 兵庫県障害児教育委員会，1999; 全国病弱養護学校長会，2001）。

① 学習の遅れの補完と学力保障

　　入院児には，療養生活において学習をしていない期間（これを病弱教育では「学習空白」と呼んでいる）があるため，学習が遅れている児童・生徒が多い（新井，2004）。病弱教育は，こうした学習の遅れの補完や学力保障を目指すことにより，入院児の学習に関する不安を軽減させ，治療に専念させることができる。

② 積極性・自主性・社会性の育成

　　入院児は，長期間の療養生活のもたらす経験不足等により，指示されたことしかしようとしない，友だちとのつきあい方がわからない等の積極性・自主性・社会性の乏しさが指摘される（谷口，2004a）。こうした傾向を防ぎ，健全な成長を促すことができる。

③ 心理的安定への寄与

　　入院児の中には，病気への不安や家族・友人と分離した孤独感から，心理的に不安定な状態に陥りやすく，治療意欲を減退させていく者も多い（津島，1997）。入院中でも教師や友人と普通の会話を交わし，入院前に通っていた学校の同級生と同じように「自分も勉強している」という事実が，児童・生徒に生きがいを与え（松井，1995），心理的安定をもたらし，回復

への意欲育成につながる（高木，1983）。
④　病気に対する自己管理能力の育成

病気の状態等に配慮しつつ，病気を改善克服するための知識・技能・態度および習慣や意欲を培い，病気に対する自己管理能力を育てていくことができる。

⑤　治療上の効果

近年，医療関係者の中には，教育を受けている入院児の方が，治療上の効果があがり，退院後の適応もよく，再発の頻度も低いことに経験的に気づき，その有用性を指摘する者が多くなってきた（星，1995; 松井，1995）。また，入院児の療養生活環境の質を向上する観点からもその意義が認められている。

他にも，行動や食事等制限の多い生活から，狭くなりがちな入院児の視野を体験学習によって広めること（全国病弱養護学校長会，2001），学校行事の存在や病弱児の保護者にとっての相談相手としての教師の存在価値も指摘されている（谷村・松井，1995）。つまり，病院内にありながらも，子どもの発達を援助する場であることが強調されている。上記の意義は，同時に病弱教育のねらいでもあり，病弱教育の意義は，「病弱等の状態にありながら，自己がいかに生きるべきかを考え，病弱の状態にある現在および将来において最善の自己実現が図られる」（文部省，1993）ことにあるとまとめることができよう。

## 5. 病弱教育の教育課程

教育課程は，病弱教育機関の母体校が特別支援学校であるのか，市区町村立小・中学校であるのかによって若干の違いがある。母体校が市区町村立小・中学校である場合は，教育課程もそのまま適用されるが，病状等によりそれが難しい場合は「特別の教育課程によることができ」（学校教育法施行規則），特別支援教育諸学校の学習指導要領を参考にすることが望ましいとされている。母体校が特別支援学校である場合も，基本的には普通校と同様の内容の教科教育が行われている。ただし，知的障害を伴う病弱児には知的障害特別支援学校と同じ内容の指導が行われるケースもある。また，病状により，「各教科の一部を履修しなくてもよい」し，「教科内容も当該学年の目標・内容による学習に

固執せず」ともよく，授業時間数や1単位時間の長さに関しても「児童・生徒や学校の実態及び指導領域の特質に即して適切に定めることは差し支えない」（文部省，1985）と，柔軟な対応が許容されている。母体校にかかわらず，各児童・生徒の病状・指導上の留意事項に基づき，各々の教育的ニーズにみあった個別の指導を行うことが原則となっている。

特筆すべきものとして，「自立活動」がある。これは，母体校が特別支援学校である特別支援教育諸学校の区分に属する病弱教育機関が中心になるが，先に述べた病弱教育のねらい達成の上で極めて重要な意義をもつ領域である。以下，「自立活動」について簡潔な説明を試みる。

「自立活動」は，1999（平成11）年3月告示の盲学校・聾学校および養護学校を対象とする新学習指導要領において「養護・訓練」（以下，養訓と省略する）から発展的な意味をこめて名称変更された領域であり，個々の児童・生徒の主体的で積極的な活動であることの明確化と，その自立をめざす領域であることがより強調されている（香川，2000a）。その基本的な教育目標は，「一人一人の児童・生徒の疾患や障害に応じて，健康状態の回復・改善を図り，障害を改善・克服するための知識，技能，態度及び習慣を養い，もって心身の調和的発達の基盤をつちかう」（文部省，1985）ことをねらいとしていた養訓と同じである。しかし，教育内容としては，従来の養訓では「A 心身の適応」「B 感覚機能の向上」「C 運動機能の向上」「D 意思の伝達」の4つの柱のもとに12項目が定められていたのに対し（山本，1998），「自立活動」では「健康の保持」「心理的な安定」「環境の把握」「身体の動き」「コミュニケーション」の5つの区分のもとに22項目の内容が示されている（香川，2000b）。病弱教育においては，自己の病気の理解や病状改善のための運動等の「健康の保持」や，音楽や造形活動による情緒の安定や心理療法的な活動等の「心理的な安定」に力が入れられている（武田，2002a）。

病弱教育における具体的な教育活動としては，ストレス発散（教育現場では「心理発散」という言葉が用いられることもある）を目的としたレクリエーション活動や，気管支喘息児童・生徒に対しては乾布摩擦や心肺機能強化のためのトランペット演奏・サーキットトレーニング，喘息という疾患に関する知識の学習，筋ジストロフィー児童・生徒に対する運動機能維持のための活動等が

試みられている（山本，1998；武田，2002a）。しかし，病弱教育担当教師たちは，自立活動について，児童生徒の実態把握に基づいた個別の指導計画の作成のあり方をはじめとして種々の行き詰まりを感じていることも指摘され，研修の充実や協働チームの結成等の打開策も模索されている（武田，2006）。

ここまでは，病弱教育の現状を主に制度面から整理してきた。次節においては，こうした病弱教育がどのような歴史的変遷を経て今日に至っているのかを確認しよう。

## 第2節　病弱教育の歴史的背景

日本における病弱教育は，1889（明治22）年にその端を発すると言われている。その後，日本全体の大きな歴史的うねりの中で，病弱教育もその歩みを進めてきた。その歴史を振りかえってみると，大きくは次の4期に分けて捉えることができる。すなわち，近代教育成立から第2次世界大戦終結までの第1期，戦後から1979（昭和54）年の養護学校義務制施行までの第2期，養護学校義務制施行から1999（平成11）年3月の新学習指導要領告示までの第3期，そしてそれ以降の第4期である。

本節では，日本の教育制度・教育行政の中での病弱教育がどのような歩みを経てきたのか，その歴史的背景を概観する。

### 1．第1期：近代教育成立から第2次世界大戦終結まで

日本の近代的公教育制度は，1872（明治5）年の学制発布に始まるが，病弱教育はおろか特殊教育に関する規定は，わずかに「廃人学校アルベシ」とのみ記されているだけであった。この「廃人学校」の対象としては，盲児・聾児のみが想定されており，病弱児・虚弱児は教育の対象として考えられることさえなかった（二文字，1974）。その後，「廃人学校」は廃止され，「其他各種ノ学校」に包括されたものの，1890（明治23）年「小学校令」改正に伴い盲啞学校が制度化されるまで，特殊教育に対する教育制度および行政上の配慮は皆無という状況が続いた。この盲啞学校の制度化により，特殊教育の端は発せられたが，「病弱又ハ発育不完全」な者の就学義務は猶予され，病弱児童・虚弱児

童はともに公的教育の対象とはならなかった（平原，1969）。

　一方，この頃，非公式ながら日本初の病弱教育の実践が記録されている。1889（明治22）年，三重尋常師範学校の全校生徒の6割以上が脚気に罹患し，彼らを対象として，四日市市の山地において30数日間にわたり教育が行われている。こうした病弱教育開始の背景には，明治維新後，国力増強をめざした欧米に追いつけ追い越せの過酷な教育の結果，児童・生徒に病人が続出したこと，特に師範学校においては身体強健が重視されていたことがある。また，脚気は，明治初期まで国民病とも言われ死亡率が高く，罹患者を労働力として用をなさなくしてしまうという点で憂慮されており，この疾患の克服が国民健康対策の課題であったことが挙げられる（加藤，1995a）。以後，日清・日露戦争を経て，国家発展の基礎として健康重視が唱道される情勢と，小学校就学率の急上昇・医学的衛生観念の普及により，病弱児教育よりも，短期間の虚弱児教育のみが推進された（船川，1994）。

　大正初期には，結核による死亡者が11万人の大台にのり，1919（大正8）年には「結核予防法」が公布される等，結核対策が国の急務となり，結核児に対する教育が進められるようになった。こうした背景のもと，1917（大正6）年には，日本初の病弱児対象の独立校として，社団法人白十字会附属林間学校（私立小学校）が，神奈川県知事の認可のもと設置され，学校教育に準ずる教育が行われた（加藤，1997）。以後，こうした教育施設が各地に点々と建設されたが，国レベルでの教育対策は何ら打ち出されることはなかった。

　昭和10年代，小学校教育の理念・内容が国家主義的色彩を帯びてくる中で，1941（昭和16）年制定の「国民学校令」において，初めて虚弱児教育について公的な規定が設けられた。すなわち，養護学級または養護学校は，なるべく身体虚弱，精神薄弱，弱視，難聴，吃音，肢体不自由等の別に編成するようにとの規定である。この身体虚弱の中には，結核に罹りやすいと思われる虚弱児も想定されていた。戦時中，銃後の国民育成の一環として，虚弱児童が公的教育の対象としてようやく浮上したのである。しかし，1943（昭和18）年以降は，戦況悪化に伴い，結核児・虚弱児を含めて病弱教育関係の機関は全て廃止され，最終的には皆無という状況で第2次世界大戦終結を迎えたのである（文部省，1985）。

表 1-2　就学義務の猶予・免除規定の変遷（平原，1969）

| 法　令 | 就学義務の猶予 | 就学義務の免除 |
|---|---|---|
| 小学校令<br>明治 19. 4. 10<br>勅 14 | 事由：**疾病**，家計困難，其他<br>止ムヲ得サル事故<br>（府知事県令の許可） | なし |
| 小学校令<br>明治 23. 10. 7<br>勅 215 | 事由：貧窮，**疾病**，其他己ムヲ得サル事故<br>（監督官庁の許可を受けて市町村長が） ||
| 小学校令<br>明治 33. 8. 20<br>勅 344 | 事由：**病弱又ハ発育不完全** | 事由：瘋癲，白痴又は不具廃疾 |
|  | 事由：保護者ノ貧窮<br>（いずれも，監督官庁の認可を受けて市町村長が） ||
| 国民学校令<br>昭和 16. 3. 1<br>勅 148 | 事由：**病弱**，発育不全，其他<br>己ムヲ得サル事由<br>（市町村長は地方長官に報告） | 事由：瘋癲白痴又は不具廃疾<br>（地方長官の認可を受けて市町村長が） |
| 学校教育法<br>昭和 22. 3. 31<br>法 26 | 事由：**病弱**，発育不完全その他やむを得ない事由<br>（監督官庁の定める規程により，都道府県教委の認可を受けて市町村教委が） ||

＊注：表中の太字は筆者。

　以上のように，明治以来第2次世界大戦終結までの第1期の特色として，病弱児に対する教育的配慮は公にはなされず，ただ虚弱児教育のみが国家主義的理念のもとに推進されたということが挙げられる（二文字，1974）。就学義務の猶予・免除規定の変遷（表1-2）に見られるように（平原，1969），疾病をもつ，もしくは病弱であることが，子どもたちが学校教育を受けない正当な理由として位置づけられていたことからも，病弱児への配慮のなさが窺われる。

## 2．第2期：第2次世界大戦後から1979（昭和54）年養護学校義務制施行まで

　第2次世界大戦の敗北に伴う西欧民主主義思想の流入が教育におよぼした影響は，墨で塗りつぶされた教科書史料を見るまでもなく，甚大なものであった。1947（昭和22）年には，「教育基本法」「学校教育法」が制定され，民主的教育体制が確立した。「日本国憲法」「教育基本法」の「義務教育」の理念に基づき，教育を受ける権利が保障された。学校教育法第71条においては，特殊教

育諸学校の設置目的が「盲学校，聾学校又は養護学校は，夫々(それぞれ)盲者，聾者，精神薄弱者，肢体不自由その他心身に故障のある者に対して幼稚園，小学校，中学校または高等学校に準ずる教育を施し，併せてその欠陥を補うために，必要な知識技能を授けることを目的とする」と規定されているが，「病弱者」はここには含まれず，学校教育の対象外とされている（加藤，1997）。また，同第23条において，病弱および発育不完全のものは相変わらず就学猶予・免除の対象とされた（表1-2）。これは，当時の医学・教育関係者の多くが教育を行うことが病状に悪影響をおよぼすと考えていたことの反映と考えられている。このように，教育の大転換期においても，病弱児は公的教育の対象として顧みられることはなかったのである。

しかし，戦前からの結核児童数の増加を受けて，結核児に対する教育の必要性が認識されはじめ，病弱児童が教育の対象として考慮されるようになってきた。学校教育法第71条には病弱養護学校の記載は見られないものの，病弱養護学校3校が新たに設置された。また，少年保養所や国立療養所の小児病棟に特殊学級が設置された事実を受けて，1957（昭和32）年には文部省から「病弱者」の規定と養護学校における教育についての事務次官通達が出され，1961（昭和36）年，学校教育法第71条に示されている特殊教育諸学校の対象のうち，「その他心身に故障のある者」が「病弱者（身体虚弱者を含む）」と改められ，病院への教師派遣も法規上根拠づけられた（全国病弱虚弱教育研究連盟・病弱教育史研究委員会，1990）。ここに，「病弱者」が初めて学校教育の対象として，通達ではなく法律上の正式な位置づけを獲得したのである。その後，1973（昭和48）年に法制定はされたものの，実施は延期されたままになっていた養護学校教育義務制が，1979（昭和54）年に施行されるに至り，全員就学へ大きな一歩が踏み出されることになる。

敗戦に伴う民主主義教育の成立した第2期は，今まで国家主義思想下で推進されていた虚弱児教育に代わり，昭和30年代に病弱児教育がようやく法的根拠に基づく制度上の位置づけを獲得した時期であったと言える。

## 3. 第3期：養護学校義務制施行から1999（平成11）年3月まで

1979（昭和54）年の養護学校義務制は，障害のある子どもたち全員の就学

を実現すべく施行されたものであるが，病弱教育では対応が遅れ，全都道府県に病弱養護学校が設置されるには1984（昭和59）年を待たねばならなかった。しかし，制度面の整備にもかかわらず，義務教育期間の病弱教育機関在籍者数は，義務制施行の年をピークとして以後減少を続けた。この減少の理由としては，第一に医療技術の進歩による入院期間の短縮および疾病構造の変化により，"6カ月"の医療もしくは生活規制という病弱教育対象児の要件（当時）を満たす児童・生徒が少なくなってきたこと，第二に病弱教育についての教育関係者・医療関係者・保護者の理解不足，そして教育委員会に病弱の専門職員の配置がない等の行政上の対応の不備が挙げられている（加藤，1995a）。しかし，対象児童・生徒数の減少とは反比例するように，保護者の間からは入院中の教育機関設置を望む声が高まった。亡くなったお子さんの名前を冠した「一城と共に全国の大学病院に院内学級を作る会」を結成した尾下美代子氏の活動をはじめとする保護者による全国的な運動も展開された。また，1994（平成6）年3月1日現在で，2週間以上入院していながら教育を受けていないままの子どもが40％にものぼることが確認され（文部省病気療養児の教育に関する調査研究協力者会議，1994），行政上の対応が迫られた。このような病弱教育の現状を受けて，1994（平成6）年12月文部省初等中等教育局長から各都道府県教育長宛てに「病気療養児の教育について」の通知が出された（文部省，1994）。この通知の目的は，病気療養児への教育の機会の確保にあり，病弱教育機関の設置等体制の確立，6カ月以上の療養という病弱教育対象者の規定（当時）の柔軟な運用，転学手続きの簡略化などが唱えられている。この通知のもとに，院内学級の開設促進・教科指導の充実や保護者や医療関係者への啓蒙活動が展開され，全国国立大学病院小児科にはすべて院内学級が開設される等，入院中の教育機会の確保という観点において積極的な成果をあげている（谷川，1997）。図1-2は小学校段階の特別支援学級数の年次推移を示したものであるが（古屋，2008），この図を見ても，1994（平成6）年以降，病弱の特別支援学級数が増加傾向にあることが見て取れる。

　しかし，前述のように学校教育法施行令第22条の3による「6ヶ月以上の医療または生活規制を必要とする」という教育対象の規定は，短期入院推進の流れの中で現実とそぐわないものとなっており，教室・教員・教材の確保等，

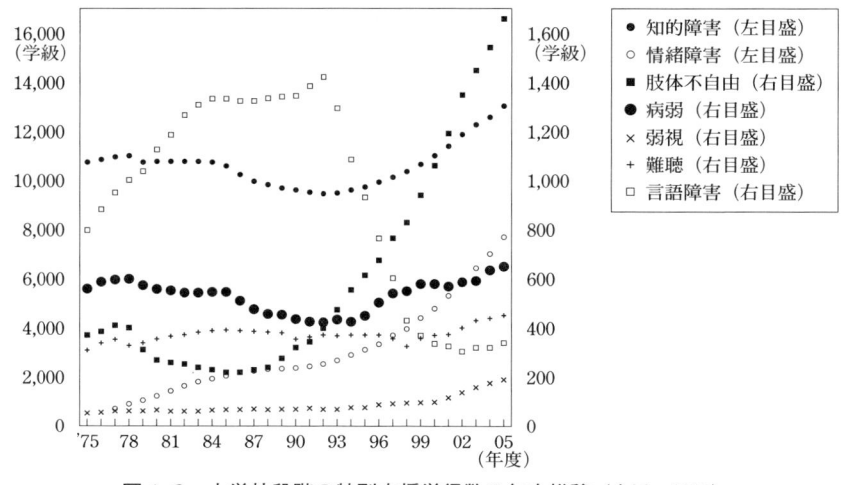

図1-2 小学校段階の特別支援学級数の年次推移（古屋，2008）

実際の教育活動にかかわる部分に関しては，山積する問題がそのまま残された。そして，1999（平成11）年3月の新学習指導要領の告示によってさらなる変革の波にさらされることになる。

　この第3期をまとめると，第2期において法的根拠を獲得しつつも，養護学校義務制施行という特殊教育全体としての一大転機においてさえ取り残されがちであった病弱教育が，保護者・現場教員等による草の根運動により，文部省通知に基づく教育機会の保障獲得へと大きく前進した時期であると言えるだろう。しかし同時に，細かい制度上の不備や教育内容等の改善点が，検討課題として浮上した時期であるとも言える。

### 4．第4期：1999（平成11）年3月以降

　1999（平成11）年3月の新学習指導要領告示が，日本の教育界全体に大きな変化を促すものであったことは，今さらここで述べるまでもないだろう。特殊教育においても，「盲学校，聾学校及び養護学校小学部・中学部学習指導要領」「盲学校，聾学校及び養護学校高等部学習指導要領」が告示され，「ゆとり」の中で，児童・生徒が自ら学び自ら考える力等の「生きる力」をはぐくむことを基本方針として，基礎・基本の徹底を図ること，各学校の創意工夫によ

る「特色ある学校づくり」をめざすこと，「総合的な学習の時間」を創設して教科横断的指導を行うこと，家庭や地域社会との連携を強化すること等は，通常の学校教育向けと何ら変わることはない内容となっている。

特殊教育に限っての大きな変化としては，一人ひとりの障害の状態等へのきめ細かな対応が提唱されたこと，領域「養護・訓練」が「自立活動」へと名称変更され，個別の指導計画を作成して取り組むことが明記されたこと，早期からの教育的対応や高等部の職業教育が推進されていること，交流教育の意義が再確認されていることが挙げられる（香川，2000a）。病弱教育における「自立活動」の教育目標他については前節で述べたが，「総合的な学習の時間」と並び，新たな領域が教育課程に導入され，新しいタイプの教育活動を行うことが現場に求められることになったのである。また，不登校を含む心身症や，悪性新生物（小児がん）の子どもたちの増加が著しく，子どもへの教育的対応についても従来のままでは立ち行かない部分も指摘されている（田中，2003）。

さらに，ノーマライゼーションの潮流の中，2001（平成13）年の「21世紀の特殊教育の在り方について（最終報告）」（文部省，2001）および2003（平成15）年に「今後の特別支援教育の在り方について」（文部科学省，2003）がまとめられ，国家レベルで一人ひとりのニーズに応じた特別な支援のあり方についての取り組みがより強調された（全国病弱養護学校長会，2002）。この答申を受け，個別の指導計画に基づく指導が，指導期間が限定されることの比較的多い病弱教育においても強く求められるようになっている。同時に，特別支援教育の基本理念から，これまでは病弱教育の枠組みからも漏れていた通常学級に在籍する病弱児童生徒への教育的援助のあり方についても検討されるようになった（猪狩，2008）。

そして，この「21世紀の特殊教育の在り方について（最終報告）」において，長年の懸案事項であった就学基準の見直しが実現したことは，病弱教育においては画期的な進歩であった。学校教育法施行令第22条の3は，1962（昭和37）年に制定されたものであり，制定当時は病弱特別支援学校対象者の基準を「六月以上の医療又は生活規制を必要とする程度のもの」と設定していたが，入院の短期化・頻回化という近年の医療の実情に合わなくなっていることが長らく指摘されていた（山本，2002）。2002（平成14）年にこの「六月以上」が

「継続して」とよりゆるやかな表現に改訂されたことにより，これまで"6ヵ月以上の入院が見込まれるとの診断がでない"との理由から就学できなかった子どもたちに，教育の機会を提供できるようになり，長年の懸案事項がひとつ解決されたのである（全国病弱養護学校長会，2002）。

しかし，少子化現象や地方自治体の財政難等から，各地の病弱特別支援学校や健康学園が閉鎖される傾向にあることも忘れてはならない。加えて，病院の統廃合という医療側の事情に伴い，病弱教育機関も再編成を余儀なくされるという実態もあり，いつ閉鎖されてしまうかわからないという危機感は常につきまとっているというのも実情である。

以上のように，現在も続く第4期は，病弱教育にとっては，真の意味での教育機会の保障が実現に向い，制度上も社会的にもその位置づけが認められるという明るい側面をもつ反面，新たな教育的課題が現場に押し寄せている，大きな変革期であるということができるだろう。この変革期をいかにプラス方面へ乗り切っていくかが目下の課題ということになる。

第2節では，病弱教育の歴史的変遷を概観してきた。一言で言うならば，病弱教育は，他の特別支援教育にも増して，教育行政からも社会からも顧みられることのなかった分野であり，近年になりようやくその存在が認められた教育分野であると言えよう。

では，なぜこれほどまでに病弱教育は，マイナーな存在であり続けたのだろうか。最大の理由として，"病気の時くらい勉強しなくてもいいではないか。まずは病気を治してから"という治療第一主義の考え方が優勢であったことが挙げられる。また，障害が表に出ていないため他の障害児のように目立たず一般の理解を得られにくいこと，病弱の概念が曖昧であること（二文字，1974），"治癒の見込みのない重篤な疾患の子どもは，学習する必要はないのではないか"という狭い学習観等も，病弱児を教育の対象から排除してきた要因と考えられる。それが，医療技術の進歩により小児の死亡率が低下し，生存可能性が上昇するに伴い，従来は退院できないままであった子どもたちが社会復帰するようになり，慢性疾患をかかえながら治療と教育を併行して受ける子どもも増加した。こうした状況に伴い，治療継続中あるいは退院後の不適応問題も浮上し（谷川ら，1997），その不適応の対応策として入院中も継続して学校教育を受

ける必要性がささやかれだしたのである。また，アメリカから流入した患者の権利意識や QOL（Quality of Life：生活の質）保障という概念の浸透といった医療現場の変化に加え，教育の側においても，学びの結果ではなくプロセスに価値をおく新しい学習観の登場等の変化があった。こうした情勢の変化が追い風となって，"病気だから""入院中だから"教育は受けないということではなく，"入院中でも教育を"という気運が高まり，病弱教育が市民権を得るに至ったと考えられる。

　このように，ようやく公的教育として認められてきた病弱教育だが，マイナーな教育としての歴史が長いせいか，解決すべき課題が山積している。次の第3節では，病弱教育の課題について整理しよう。


## 第3節　病弱教育の課題

1994（平成6）年の文部省通知「病気療養児の教育について」は，長らく教育行政から顧みられることのなかった病弱教育への公的な配慮として画期的な意味を有するものであった。しかし，基本的な問題の解決は今後の課題となっている。解決が望まれる課題としては以下のものがある。

　①　すべての病弱児への教育の機会保障

　　　文部省（当時）の病気療養児の教育に関する調査研究協力者会議の調査によれば，小児科のある300床以上の病院で，1994（平成6）年3月1日現在，通算2週間以上入院している児童・生徒の中で，教育を受けていない児童・生徒が38％にものぼることが確認されている（横田，1996）。また，病気のために通常の小・中学校に在籍したまま年間30日以上の欠席をしている児童・生徒数が8万4000人を超えているという現実もある（越川，1999）。文部省通知が院内学級開設にはずみをつけたことは疑う余地がないが，いまだに教育の機会が完全に保障されているとは言い難い現状であり，教育施設の設置および，病院への教員派遣，ベッドサイド学習（教師が病室へ直接出かけて行き，授業を行う学習形態のこと）担当の人員確保，通常学級在籍の病弱児への対応等，制度の整備が求められている（小林，1995；谷川，1997；山本，1997；猪狩，2008）。

② 学籍の移動にかかわる問題

　先述の通り，入院中に教育を受けるためには，正式な転校の手続きが必要となる。つまり，学籍の移動をはじめとする煩雑な書類手続きが必要であり，病弱教育機関への在籍期間の短期化や入院の頻回化という現状にそぐわないとの指摘がなされている。手続きの煩雑さや（武田・笠原，2001），地元の学校と縁が切れてしまうような気がするといった心理的な抵抗感から転校をためらうケースも多く，結果として入院中は学校教育を受けないままになってしまうという事態も指摘されている（船川，1994）。手続きの簡素化と二重学籍の認可が強く望まれる所以である。2006（平成18）年6月に公布，2007（平成19）年4月施行の学校教育法の一部改正を背景として，特別支援教育諸学校に在籍する児童・生徒に，地域の小・中学校にも副次的な籍（副籍）をおくことを認めようとの動きがあるが，この副籍制度を病弱教育においても実際に活用する自治体も出てきている。

　東京都においては，「都立特別支援学校の小・中学部に在籍する児童・生徒が，居住する地域の区市町村立小・中学校に副次的な籍（以下，「副籍」という）をもち，直接的な交流（小・中学校の学校行事や地域行事等における交流，小・中学校の学習活動への参加等）や間接的な交流（学校・学級便りの交換等）を通じて，居住する地域とのつながりの維持・継続を図る制度」である副籍制度が導入された（東京都教育委員会，2007）。病弱教育においても，その活用が試みられ，地域とのつながり作りをめざした実践も報告されている（斎藤，2008）。

③ 教員配置の問題

　現在の教員配置数の決定は，前年度の5月1日現在の在籍児童・生徒数に応じて決められている。しかし，入院児童・生徒数は年間を通して大きく変動し，特に4月～6月に行われる学校健康診断の結果，疾病を指摘され入院してくる児童・生徒が多数おり，5月半ば以降に入院児童・生徒数は増える傾向にあり，多くの児童・生徒の入院がある場合には対応しきれないことがある。また，普通小学校の特別支援学校である院内学級では，教員1名が母体校から派遣されている，いわゆる"ひとり担任"であり，代替教員の不在のため，研修参加の機会がない等の問題も報告されている

（武田・笠原，2001）。年間を通しての在籍児童・生徒数による教員の定数配置や，状況に応じた講師の派遣など柔軟な対応が望まれている（全国病弱教育研究会，2004）。

④ 教育内容・方法の整備

病弱教育の特質をふまえた教育内容・方法の改善をめざし，その第1段階として実態把握を目的とした調査研究・教育方法研究が奨励されている。特に，心理面への援助法や生活規制に応じた指導法等についての知見が求められている（武田，2002b）。また，各種研究会等，教員同士の情報交換の機会設定も必要性が叫ばれている（山本，1997）。

⑤ 教員の専門性の向上

前節においても確認したように，心身症を病名とする不登校児童・生徒（谷川，1993; 横田，2001）および小児がん患児が病弱教育の対象として増加傾向にあり，特に小児がん患児のターミナル期における教育的対応等従来の病弱教育方法だけでは対応しきれない場面が多く報告されるようになってきた（横田，2001; 田中，2003）。こうした子どもの疾患種の多様化や医療状況の変化に加え，「総合的な学習の時間」「自立活動」といった新たな教育領域へも対応していかなければならず，以前にも増して教員の専門性向上が叫ばれている。病弱教育教員に必要な資質とは何かを見据えた上で，各都道府県の病弱特別支援学校・特別支援教育センター等における研修の拡充や（山本，1999; 武田，2006），校内研修システムの整備が急務となっている。

⑥ 多方面との連携の必要性

病弱教育においては，医療・家庭・前籍校（入院前に通っていた学校のこと）・転出校（退院後に行く学校のこと。前籍校と同じ学校であることが多い）との連携の必要性は強く認識され，副籍制度を連携に活かそうという方向性は出てはいるが，現状では必ずしも十分に活用されているとは言えず，連携の達成は，教育保障上の大きな課題となっている（文部省病気療養児の教育に関する調査研究協力者会議，1994; 中村・真城，2001; 武田・笠原，2001）。そのための周辺領域の理解を促す広報活動の必要性も主張されている（白石，1995）。

他に，現場教師の声を含めて，高等部・幼稚部のさらなる設置（山本，1997），保護者の転籍に対する抵抗を少なくすることを目的とした特別支援学校枠の撤去，厚生労働省（病院）と文部科学省（学校）という管轄の二重性の解消，および退院後の自宅からの院内学級通学の許可等が直面する課題としてしばしば挙げられる。

以上，入院児を対象とする教育である病弱教育の現状と歴史的変遷，そして解決すべき課題を整理してきた。では，上記のような病弱教育を一分野としてどのような研究がなされているのだろうか。第3節に挙げた課題の解決の助けとなるような研究の蓄積はあるのだろうか。次の第2章においては，入院中の子どもの心理と教育に関連するこれまでの研究を概観し，本書のねらいを明らかにする。

# 第2章　入院児の心理と教育を捉える視点

　洋の東西を問わず，他の障害児教育の分野と比較して，入院児の心理と教育に関連する研究は少ないとの指摘がなされる（上野・高木, 1975; Bolton, Closs, & Norris, 2000）。次頁の表2-1は，最近10年間の『教育心理学研究』『心理学研究』『発達心理学研究』『特殊教育学研究』に掲載された全論文数と，入院児の心理と教育に関連する論文の数である。一見して，日本における「入院児の心理・教育」をテーマとする教育心理学研究がいかに少ないかが理解できるだろう。このように関連する学会誌掲載論文は稀少ではあるが，大学紀要・研究所紀要などには，すぐれた先行研究も散見される。

　教育心理学研究は，「教えられ育っていく」（市川, 2003）主体である子どもの理解を主眼とする研究と，「教え育てる」（同上）営みである教育実践をテーマとする研究に大別できる。この区分にしたがい，第2章では，細々と積み上げられてきた関連研究を概観する。その上で，院内学級教師が入院児にとってどのような存在なのか，学校心理学の枠組みを参照しつつその位置づけを確認し，本書のねらいにつなげたい。

## 第1節　入院児の理解と教育実践

　入院児の心理と教育に関連する教育心理学的研究は，先述のように，教育の対象である病弱児の心理・行動の理解に主眼をおいた研究と，実践の改善を目的とした教育実践に関する研究に大別できる。さらにそのテーマによって分類すると，子どもの理解を主眼とする研究は，子どものどの側面の理解をめざすかという観点によって，「性格・行動特性」「ストレス・対処行動」「病気の受容」「その他」の4つに分類される。また，教育実践に関する研究は，入院中の子どもたちへの教育の機会保障がどのくらい達成されているかという実態調

表 2-1　最近 10 年間の病弱教育研究論文数

| | 教育心理学研究 | | 心理学研究 | | 発達心理学研究 | | 特殊教育学研究 | |
|---|---|---|---|---|---|---|---|---|
| | 全論文数 | 病弱 | 全論文数 | 病弱 | 全論文数 | 病弱 | 全論文数 | 病弱 |
| 2007 | 48 | 0 | 58 | 0 | 21 | 0 | 42 | 1 |
| 2006 | 48 | 0 | 51 | 0 | 24 | 0 | 42 | 2 |
| 2005 | 49 | 1* | 60 | 1 | 27 | 0 | 42 | 0 |
| 2004 | 42 | 0 | 43 | 0 | 28 | 1* | 40 | 3* |
| 2003 | 41 | 0 | 60 | 0 | 22 | 0 | 46 | 1 |
| 2002 | 47 | 0 | 61 | 0 | 22 | 0 | 62 | 1 |
| 2001 | 46 | 0 | 45 | 0 | 17 | 0 | 47 | 2 |
| 2000 | 48 | 0 | 34 | 0 | 16 | 0 | 55 | 1 |
| 1999 | 52 | 0 | 53 | 0 | 15 | 0 | 44 | 4 |
| 1998 | 48 | 0 | 52 | 0 | 18 | 0 | 34 | 1 |
| 1997 | 50 | 0 | 52 | 0 | 18 | 0 | 44 | 0 |
| 1996 | 48 | 0 | 57 | 0 | 14 | 0 | 45 | 1 |
| 1995 | 48 | 0 | 53 | 0 | 12 | 0 | 51 | 2 |

※注：*このうちのひとつは筆者自身の論文。

査と，どのような教育実践が行われているかという教育内容を検討した研究に分けることができる。

## 1．入院児の心理と行動

### (1)　性格および行動特性に関する研究

病弱教育にとって，その対象である病をかかえる子どもの性格および行動上の特性を理解することは，指導上必要不可欠であり，重要な研究テーマのひとつである。病をかかえる子どもの性格および行動特性に関する研究は，特定の疾患を要因として，Y-G テスト（矢田部・ギルフォード性格検査）・SCT（文章完成法）・P-F スタディ等の標準化された人格検査や独自の質問紙を用いて性格および行動特性を測定し，健常児と比較分析するもの（船越・滝・松川，1984; 中塚ら，1984; 西村・向山・馬場，1984; 藤田ら，1985; 小笠原・甲村，1992; 小笠原ら，1989）や，知能検査によって特定の疾患を有する子どもの知能の特徴を検討しているもの（小笠原，1988; 小野・藤田，1992），医療・教育の実践者の立場から経験的・総合的に論じているものがある（文部省，1985; 保坂・高田，1987; 細谷，1990; 山下・Dewaraja・吾郷，1994; 浦島・上条・出口，1995）。しかし，

いずれの研究においても，指摘される事柄には共通点も多く，おおむね以下のような知見が結果として提示されている。

第一に，入退院の繰り返しや過去の入院経験・家庭療養等の結果としての学習の遅れによる焦りや劣等感を強くもっており，根深い不安や葛藤をかかえていること，また，長期間の療養からくるいらだちから短気・衝動的であること，過保護な家庭環境から依存性が高く，消極的・無気力で根気がないこと等のネガティブな特性が挙げられている。

これらの性格・行動特性は，投薬や疾患の影響による神経系への影響に起因するとされることもあるが（Eiser, 2000），むしろ疾患に伴う入院や治療という特殊な生活パターンや，養育態度を含む家庭環境や学校環境等の二次的要因によって生じたものと考えられる。それゆえ病名に過度に捉われ，「この子はあの病気だからこういう特性があるに違いない」といった先入観に捉われることは避けるべきであると戒められている（文部省，1985）。

(2) ストレス・対処行動に関する研究

病をもつ子どもが，疾患およびそれに伴う治療，入院生活等さまざまなストレスと直面していることは今さら言うまでもなく，看護・教育両面から検討されている。研究の多くは，慢性疾患児もしくは特定の疾患にしぼって子どもたちのストレスや対処行動を検討しており，全ての子どもが共通にもつストレッサー以外にも，診断や予後・治療について理解し，適応すること，医療スタッフとの人間関係づくり等，病をもつ子ども独自のストレッサーの存在が指摘されている（Eiser, 2000）。慢性腎疾患児のストレッサーを検討した平賀・小林(2002) は，「日常生活における不便さ」「対人関係」「将来への不安」「直接的治療における不便さ」「家族との関係」の5つの下位構造を見出しており，病を有することに伴う生活上の問題が，子どもたちにとって大きなストレッサーとしてのしかかっていることが示唆されている。

「入院」という特殊な生活状況に的をしぼった研究も，主に看護学の分野において見られ，児童の入院中のストレッサーとしては，母親からの分離・慣れない環境・疼痛・行動制約等概念的なもの以外に，注射・病院のガウン・寝巻・体温計・麻酔用のマスク等の具体的な事物も含まれていることが確認され，

大人とは異なる構造のストレスをかかえていることが明らかにされている（Holaday, 1994）。また，伊藤・中橋（1999）は，院内学級に通う児童のストレスの実態把握を目的として，337名の児童本人を対象として「入院してイヤだったこと」について質問紙調査を行い，「外で遊べないこと」「友だちと遊べないこと」「好きなことができない」という行動制約や，「家族と離れる」という入院という状況のもつ意味，さらに「点滴」「病院のご飯」という入院生活に伴う治療や生活上の事物を「イヤ」と感じていることを明らかにし，大人とは異なるストレッサーの存在を指摘している。

　入院中に観察される子どものストレス反応としては，食欲・睡眠・笑顔・医療者への反抗・爪かみの有無等の行動の変化が挙げられている。学童期の子どもは幼児よりもストレス反応の出現率が低いという指摘もあるが（西村ら，1991），入院児童の心理的問題が指摘される頻度を思えば，ストレス反応の出現率の低さが即，ストレスを感じていないことにはならないだろう。むしろ，表出しない分潜在化していることも予想できるだろう。

　Lazarus & Folkman（1984）は，ストレス反応に影響を与える要因として，「個人のもつ心理的・社会的資源を超えると判断されるような内的・外的要請（すなわち，ストレス）を適切に処理しようとなされる，認知上および行動上の努力」と定義される「対処行動（コーピング）」を挙げている。小畑・三澤（1983）は，疾病という脅威にさらされた結果病弱児のとるさまざまな行動を「疾病対処行動」とし，下記の４つの「疾病対処行動」を見出している。

　①　攻撃的衝動行動（例：言動が好戦的，反抗的，カッとしやすい）
　②　問題性の回避行動（例：無気力，逃避的，治療に消極的）
　③　問題性の過大評価（例：くよくよする，意気消沈する，病気に対して神経質）
　④　行動的依存（例：慰めや同情を求める，周囲の大人にベタベタする）

さらに小畑らは，疾病対処行動と病弱児の個人差要因との関連も検討し，男子の方が女子よりも病気に対する心理的受傷性が高いこと，および疾病種により対処行動の様相が全く異なることを指摘している。小畑ら（1983）は，一般にネガティブと評価される行動のみを取り上げているが，Holaday（1994）は，入院児の対処行動をより拡大して以下の７つに分類している。

① 積極的に状況を明らかにし,理解しようとする(例:情報を集める,分析／知識化)
② ストレス状況から抜け出そうとする身体的・精神的試み(例:逃避,攻撃,抵抗,無視)
③ ストレスに対する反応を現実に適合させる(例:適応,服従,忍耐,協力)
④ 自分の考え方を変える(例:思考の枠組みの再構築,感情を調整するような認識の再構成)
⑤ コントロールする(例:自己コントロール,状況のコントロール,他者コントロール)
⑥ 助けを求める(例:ソーシャル・サポートを求める)
⑦ 感情を表現する

他にも気管支喘息児の怒り・いらだち感情事態における適応行動を検討した研究(山内・甲村・小笠原・牛田,1994),病弱児の心理的問題と対処行動の関連を検討したもの(岡,1988)があるが,いずれもほぼ同内容の行動を対処行動として扱っている。また,悪性腫瘍疾患児の心理的適応と,環境を変えようとする対処行動よりも,自らを環境に合わせて調整しようとする対処行動が関連していることも報告されている(Weisz, McCabe, & Dennig, 1994)。

上記のように,病をもつ子どものストレスは,疾患別に検討されることが多いが,腎疾患児と健常児との比較を試みた武田(2000)は,対処行動・ストレス反応ともに両者の間には有意な差は認められないことを報告しているし,Bull & Drotar(1991)は小児がん患児のストレッサーの約9割はがんとは関係のないものであることを指摘している。上記のような一連のストレッサーや対処行動が,病をもつことに起因する独自性なのか,生活環境の変化に起因するものなのか,あるいは子ども一般のものなのか,今後詳細に確認する必要があるだろう。

(3) 病気の受容に関する研究

病をもつ子どもにとっての大きな課題のひとつに,自己の病気を受容することがある。一般に,"疾患""疾病"が客観的な身体の状態を表す用語であるの

に対し，"病気"という言葉は，自己の人生にとっての疾患の意味や社会的なデメリット等，より主観的な意味を含む概念を表すものとして捉えられている。病む者にとっては，この主観的な意味をもつ"病気"の受容が，心理的適応や自己管理の徹底等の積極的な治療態度の鍵となっていると考えられている（門馬，1974; 貫井，1982）。病弱教育においても，子どもたちの病気の受容をいかに援助・促進するかが大きな課題となっており，腎臓系疾患や糖尿病等を有するいわゆる慢性疾患児を対象とした研究が行われている。

病気の受容プロセスは，段階モデルによってその理解が試みられることが多く，「①否認，②不安，③怒り，④無気力，⑤受容」（貫井，1982）や，「①変化と混乱，②問題への直面，③挑戦，④受容と再適応」（西本，2002），「①ショック・衝撃，②否認，③情緒的混乱，④解決への努力，⑤受容・終結」（今尾，2002）といった段階モデルが出されている。しかし，その順序性がどのくらい固定的なものなのか，また，何が受容プロセスを規定するのかについて，統一した見解は得られていない。

段階モデル以外では，医療人類学の「病の語り」（Kleinman，1988）の影響を受け，子どもの語りや作文の分析から，病をもつ子どもたち自身が病気体験をどのように受けとめているのかを明らかにしようとの試みがある（岩井，1996; 中内，2000; 中内，2001）。そこでは，子どもたちは，病そのものはスティグマとして捉えつつも，周囲の援助によって"病気である私"を肯定的に捉え，入院生活を自らの生活の場として捉えることができるようになることが指摘され，適切な援助の必要性が主張されている。

(4) その他

これまで述べてきた3つ以外のトピックを扱う研究としては，まず，親子関係を含む病をもつ子どもの対人関係のあり方を検討するものがある。親子関係の特徴としては，医療・教育関係者の経験に基づいた指摘として母親の"過保護"が挙げられることが多く，実証研究においても同様の結果が得られている（中塚ら，1984; 永峯・武居・岡，1974）。また，CAT（幼児児童用絵画統覚検査）を用いて臨床的に入院喘息児の対人関係の変化を検討した矢吹（1983）も，入院により母親との関係がより依存的なものに変化することを指摘している。

"病気"概念そのものを検討した研究もあり，11歳をキーエイジとしてほぼ成人と同様の"病気"概念を獲得すること，"病気"概念の広さ自体に病をもつ子どもと病をもたない子の差は見られないが，腎炎・ネフローゼ患児に自己の病気へのとらわれが特に強いことが見出されている（小畑，1990）。病気のイメージについては，病の有無を問わず病気とは敵対的なかかわりをしていることや，病をもたない子にはみられる発達的推移が，病をもつ子どもには必ずしも見られないことが指摘されている（上野・三宅・渡部・海藤，1976）。

他に，てんかんや血友病の特徴を学校生活の面から見直し，医療的な面から見られることの多い病をもつ子どもの生活上の問題を理解することで，援助への示唆を得ようとする研究も見られる（佐藤・藤本，1986; 村上，1984; 1986; 2001）。

## 2. 教育実践に関する研究

### (1) 入院中の子どもへの教育の導入

第1章第2節において振り返ったように，日本においては病をもつ子どもは長らく教育の対象として顧みられることはなかったという歴史的背景がある（谷口，1999）。そのため，1994（平成6）年の文部省通知「病気療養児の教育について」が出されるまでは，"教育保障"の観点から，入院中の子どもへの学校教育導入状況の実態調査が行われ，いかに入院児が教育の機会に恵まれていないかを指摘し，その必要性を訴える研究が多く見られた（田中・窪島・田中耕・渡辺，1979; 福士・松井・谷村・小林，1990; 船川，1994; 船川ら，1994; 山崎・高野，2000）。また，学校教育だけではなく，幼児への心理教育的援助として保育士の導入についても検討されており，病棟への保育士導入が増加傾向にあるもののいまだに20%程度でしかなく，対応の不十分さが指摘されている（舟島，1993; 楢木野，1999）。

1994（平成6）年の文部省通知は，全国の国立大学病院にはすべて院内学級が設置される等，院内学級設置を推進した。教育の機会保障の観点からの量的拡充は一定の成果をあげていると言えるだろう。ここで浮上してきたのは，教育保障のあり方の問題であり，一人ひとりのニーズに対応するためにどのような教育を提供するのかという，教育内容の問題である。

## (2) 教育内容

　教育内容に関する研究としては，職業教育や自立活動（養訓）に関してどのような指導が行われているのかの実態について全国の病弱教育機関を対象に調査し，教育内容の課題を検討するものが見られる（山本，1998; 武田，2002a; 武田・篁・原・山本，2002）。他に，交流教育，重症児室での指導他の病弱教育担当教員による実践報告は多数見られる（新田，1992; 能見，1992; 斎藤・小暮・梅田・牧瀬・大森，1997; 斎藤，2000; 山本，2003 他）。

　教育の質的向上を支えるための教師の専門性研究として，山本ら（1996）は，「病気についての知識」「共感的態度」等の資質が必要とされていることを明らかにし，この結果を受けて，専門性向上のための研修のあり方も検討されている（武田・篁・矢吹・原，1997; 武田・笠原，2001）。

　しかし，病弱教育の授業そのものを研究対象として取り上げ，そのあり方を検討した研究は，非常に数が少ない。稀少な研究例として，国語と社会の時間における教師と子どもの会話分析から，病弱児にとって授業は経験を広げる場であると同時に自己表現の場であり，授業を通して自己の生きる意味を問うという重要な意味をもつ場であること，および教師の対応の特徴として受容的であることを指摘した近藤久史の一連の研究がある（近藤，1982; 1984; 1987; 1988）。また，近藤と同じ教育研究所に所属する矢吹（1990）は，国語の時間の教師と子どものやりとりの分析から，子ども自らの内に生起した危機の自覚とその克服の営みが学習活動に見出せることを述べ，自己の生きる意味への問いが生起するような教材の選択，および子どもの反応を尊重する教師の態度の重要性を主張している。

　欧米の教育研究としては，チャイルドライフという遊びを取り入れた入院児対象のプログラムの研究は見られるが（Thomson & Stanford, 1981），教育については制度的にも整っていなかったこともあり，Bolton（1997）の病弱児およびその家族対象の面接調査以前の教育研究は筆者の知るかぎり見られない。

　英国では，"Section 19 of Education Act 1996" において病気療養児の教育保障が謳われ，2001 年に教育技能省（Department for Education and Skills. 以下，DfES と省略する）が保健省（Department of Health）と合同で，"Access to Education for Children and Young People with Medical Needs" を発布し，病気

やけがのために学校へ行けない子どもたちへの教育機会の保障が法的に義務づけられた（DfES, 2001; Farrell & Harris, 2003）。英国において制度的に認められたのが2000年代に入ってからでもあり，関連する研究数は決して多くはない（Bolton, Closs, & Norris, 2000）。その中で，Burnett（2000）は，病弱児教育担当教師としての複数事例の検討から，教師はカウンセラーの役割を担うべきことを述べている。また，Harris & Farrel（2004）は，院内学級教師・医療スタッフ・地域の学校の教師・教育福祉局員への面接調査，およびスタッフ・ミーティングや授業観察によって，「1. Mainstream ownership, 2. Partnership and collaboration, 3. Flexibility, 4. Responsiveness, 5. Clarity（筆者訳: 1. 地域の学校主導，2. 緊密な連携と協働，3. 柔軟性，4. 高い応答性，5. 透明性）」の5つが，教育実践の鍵となる側面であることを指摘している。

　欧米にせよ日本にせよ，入院児を対象とする教育の内容について検討した研究は非常に数が少なく，緒に就いたばかりと言え，今後の展開が待たれるところである。

## 3．従来の研究の問題点

　入院児の心理と教育に関連する内外の研究を概観してきたが，そこにはいくつかの問題が存在していることに気づく。すなわち，研究の絶対数の問題，研究視点の問題，研究トピックに関する問題，そして研究方法の問題である。以下において，これらの問題について順次考察を加えていく。

　入院児の心理と教育に関連する先行研究の問題点として第一に指摘できることは，実証研究の量的な蓄積が少ないことである。この少なさの理由としては，以下の5点が考えられる（谷口，1999）。

① 病弱教育が研究者から注目されることがなく，研究対象として浮上していなかったこと
② 病弱教育対象児童・生徒のプライバシー・心理的安定を守るために，心理学研究者の手がはいることへの現場の警戒感が強いこと
③ 病弱教育対象児童・生徒の個人差が顕著で，事例研究以外の研究の意義が理解されにくいこと
④ 病院の協力が得られにくいため，実行できる研究の範囲に厳しい制限が

あったこと

⑤ 医療の進歩に伴い治療方針や入院生活パターンが激変し，従来の研究結果をふまえて次の研究に進むことが難しく，研究が蓄積していかないことである。このうち，①④については，Bolton, Closs, & Norris（2000）が指摘する英国における研究の少なさの理由と重なっている。しかし，これらの理由は，研究の成立しにくさという状況によるものであり，決して研究の必要性を否定するものではないことには着目すべきであろう。むしろ，先述したような病弱教育への認識の高まりや，医療現場における患児のQOL重視といった昨今の情勢を考慮すれば，教育・医療双方から，病弱教育に関連する教育心理学的研究を求める声は高まっていると言え，研究者倫理の徹底，方法論上の工夫によって，新たな研究の道が開かれることが期待できる。

第二の問題点としては，病をもつ子どもの理解を目的とした研究において，医療関係者（医師・看護師）の手による経験的論考が多く，教育の視点からの研究が少ないことがある。一人の子どもに対して注がれる視線を考えても，医療者の目と教育者の目は当然異なり，それぞれの立場から子どもたちの姿やあるべき援助が論じられてしかるべきであることを思えば，"教育の視点"をより前面に出した研究が待たれる。

第三の問題点としては，病弱教育実践をテーマにする研究が非常に少ないことがある。病弱教育に携わる教師にとっても，病弱教育現場の実践全体の構造的理解を促す研究や，「教師としていかに病をもつ子どもたちを指導していくか」という指導方法改善をめざした研究，詳細な授業分析により，自らの実践を振り返り，実践の意味を再認識できるような研究から得られる示唆は貴重なものとなるはずである。新しい研究分野として注目すべきところであると思われる。

最後に，研究方法の問題がある。病をもつ子どもの性格および行動特性の測定を目的として使用される心理テスト・質問紙は，健常児の生活を基準において作成されたものがそのまま適用されていることがほとんどである（栗原，1972）。「陽気なパーティ（集まり）で，いつものびのびとふるまって，すばらしく楽しい時を過ごすことができますか」「活動的な仕事に参加している時が一番楽しいですか」（以上，日本版MPI），「いやな人と道で出会うと避けて通

る」「たびたび元気がなくなる」（以上，矢田部・ギルフォード性格検査）といった項目について，入院を余儀なくされている子どもたちに尋ねることにいかほどの意味があるだろうか。測定用具の適用範囲について厳しく考え，病をもつ子ども独自の生活世界・心的世界に添った新たな測定具を開発すべきであろう。

　もうひとつの方法上の問題として，統制群として健常児を設定し，病をもつ子どもの性格や行動特性を論じていることがある。栗原（1972）も指摘する通り，確かに，病をもつ子どもの特徴を浮かびあがらせることを考えれば，健常児との比較はひとつの有効な方法であることは間違いない。しかし，健康な日常生活を送る子どもたちと，病をかかえながらさまざまな生活上の規制を受け容れなければならない子どもたちの間に性格や行動特性に差があるのは，いわば当然であろう。病弱教育の場では，健常児との差異同様，病弱児の中での個人差についての情報も求められていると考えられる。病をもつ子どもの中での個人差研究が待たれる。

　入院児の心理と教育に関連する従来の研究は，多くの課題を残しており，入院児への心理教育的援助について十分な検討がなされてきたとは言いがたいのが現状である。では，援助という観点からは，入院児への教育的援助はどのように捉えられるのだろうか。ここで，援助という観点から教育を捉える視点を導入し，援助者としての院内学級教師の位置づけを確認しよう。

## 第2節　院内学級教師の位置づけ

　近年，学校は子どもの発達・成長を"援助する"場として捉えられ，教師は支援者，もしくは援助者であるとする考え方が広まっている。背景には，1999（平成11）年度に13万人を超えた不登校をはじめ，いじめ，学業不振等，日本の学校教育において児童・生徒のかかえる問題は多様化・深刻化し，その対策として，文部省（当時）は，1995（平成7）年度よりスクールカウンセラー活用調査研究導入を始め，2001（平成13）年度よりスクールカウンセラーの公立小・中学校への配置が制度化されたことがある。これにより，従来は，教育職という一枚岩で構成されていた学校現場に"カウンセラー"という心理面

の援助専門職が参入し，同時に，"教え""育てる"場としてのみではなく，子どもを"援助する"場として学校を捉える考え方が出てきたのである。

　学校心理学においては，学校教育は，児童・生徒という「一人ひとりの人間のwell-being（幸福，自己実現）を保護・促進することをめざした活動」であるヒューマン・サービスとして捉えられる。教科指導・生徒指導・進路指導・健康指導といった「指導サービス」と，「一人ひとりの子どもの学習面，心理・社会面，健康面，進路面等学校生活における問題状況（苦戦）の解決を援助し，子どもの成長を促進する教育活動」と定義される「心理教育的援助サービス」の二つが段階的・相補的に働くことで，学校全体のサービスがうまく機能すると考えられている。特に，子どもの教育ニーズに応じた援助を計画し，実施することで子どもの学校生活の質（Quality of School Life）を維持し，高めることをめざす心理教育的援助サービスの充実が強調され（石隈，1999; 石隈，2004），すでに援助実践もいくつか報告されている（原田・府川・林，1997; 八並・細見，2000; 田村・石隈，2003）。学校は，指導の場であると共に，"援助の場"でもあるのである。

　では，教師による教育活動はどのように位置づけられるのだろうか。学校は，子どもの援助資源を豊かにもつ組織であるとされ，その援助資源，特に人的資源を最大限に活用した援助が強調されている（家近・石隈，2003）。その人的資源の大きなもののひとつが教師であり，教師は援助者として位置づけられることになる。

　カウンセラー養成領域では，社会的・心理的な問題の援助者は次の4つのレベルに分けて捉えられている（Egan，1986）。

① 第1レベル：心理社会的な問題に関して援助することを職業とする専門家。
　（例：臨床心理士・カウンセラー・精神科医・心理学者・ソーシャルワーカー）
② 第2レベル：自分の職業において専門性をもつが，同時に被援助者の社会的・心理的問題解決への対処も期待される人々。
　（例：コンサルタント・医師・看護師・弁護士・牧師・警察官・保護司・教師）

③　第3レベル：自分の職業に直接的な関係はないが，職業上出会う人々の悩みへの対処を援助する市井の援助者とも言える人々。
　　（例：会社の管理職・監督・バーテンダー・理容師・美容師）
④　第4レベル：相談にくる人はとにかく助ける人々。
　　（例：友人）
ここでは，教師は第2レベルの援助者として位置づけられている。

　こうした援助者の捉え方を受けて，学校心理学においては，石隈（1999）および学校心理士資格認定委員会（2002）が，子どもへの心理教育的援助者を次の4つに分類している。
①　専門的ヘルパー：心理教育的援助を主たる仕事としている。
②　複合的ヘルパー：独立した専門的な職業の中で，複合的な仕事に関連して心理教育的援助を行う。
③　役割的ヘルパー：役割のひとつとして心理教育的援助を行う。
④　ボランティアヘルパー：自分の職業や家族等の役割とは関係のないところで自発的に援助を行う。
の4種類である。ここでは，スクールカウンセラーが専門的ヘルパー，保護者が役割的ヘルパー，子どもの友だちや地域住民などがボランティアヘルパーとして位置づけられ，教師は，複合的ヘルパーとして位置づけられている。教科指導，生活指導等の児童・生徒への指導サービスに加え，校務分掌他，職業上果たさなければならない複数の役割に関連させながら，そのひとつとして心理教育的援助サービスを行うヘルパー，すなわち援助者として捉えられているのである。

　これらの知見から，援助者としての教師の位置づけは次のようになるだろう。まず，友人が，Egan（1986）においては第4レベルの援助者とされ，石隈（1999）においては「ボランティアヘルパー」とされ，子どもにとって学校におけるインフォーマルな援助者と位置づけられることを考えれば（島田，2000），教師はよりフォーマルな援助者であると言えるだろう。そして，心の援助を主たる職務とするわけでは必ずしもないが，「複合的ヘルパー」（石隈，1999）として，その職務の中に援助を行うことが組み込まれている存在であると言える。

　上述したような，学校における教師の援助者としての位置づけをふまえ，院

内学級という特殊な教育の場における教師の位置づけを確認しよう。障害のある子どもの特別なニーズに応じる教育は，教育そのものが心理教育的援助の機能をもつことが指摘されている（石隈，1999）。院内学級に在籍する子どもたちが基本的に援助を必要とする存在であり，さまざまな特別な教育ニーズをもっていることに異論はないだろう。院内学級教師たちには，そうした子どもの多様な教育ニーズに応えることが必要となる。

院内学級における教育は，病院との関係づくり，入院前の通院や在宅・入院療養に伴う学習空白を埋めること，自分の病状や生活規制の理解を含め病気の自己管理能力の育成，入院という状況や病気そのものがもたらす心理的問題への配慮，頻繁な転出入への対応，そして場合によっては死を間近に控えた子どもへの教育活動等，通常の学校とは異なる特徴を備えている（加藤，1995b）。そして，時間的限定のもと，教育計画もたてにくい中で，効率よく学習を進めていかなければならない（能見，1991）。つまり，院内学級教師たちには，「複合的ヘルパー」である教師としての職務の中で提供する心理教育的援助に加え，院内学級ならではの援助をも提供することが求められているのである。

慢性疾患児の疾患の自己管理に病弱特別支援学校教師の日常レベルでの援助的かかわりが果たす役割は，つとに説かれるところであるし（村上，1998; 2003），病に伴う心理的問題への対処努力を支える要因として，"入院中にかかわった教師"という対人的環境が永続的な影響をおよぼすことも確認されている（岡，1988）。また，ストレスに対してソーシャル・サポートが緩衝効果をもつことが知られているが（岡安・嶋田・坂野，1993; 嶋田，1993），「母親」と「教師」からのソーシャル・サポートを知覚している入院中の気管支喘息児（中学生）ほどストレス反応が低いことが明らかになっている（武田，1997）。入院児にとって，援助者としての「教師」の存在は重要な意味をもっているのである。

病院内教育については，医療の一環として捉えられることも多いし，教師たちも"学習が遅れないように入院中でも勉強を教えてくれる人"という学習の指導者としての側面が強く意識されがちである。しかし，先述の通り，学習面以外の教育活動も，援助としての機能をもつことも確認されている。また，教師は，子どもにとってはフォーマルな援助者であり，教育という独自の立場からかかわる存在である。病気を治すことを本来の目的とし，「病気だから管理

してあたりまえ，管理できないものは叱責されて当然」という病院の論理とは異なる論理で動き，子どもたちが自分で生活し行動する力を習得する援助を行うことが，院内学級教師には求められている（村上，1998）。保護者の立場からも，院内学級の生活面への影響に関して，「良い生活リズム」「子どもに療養仲間ができた」に次いで「医療従事者以外の教師と接することが良かった」ことが挙げられており（山崎・高野，2000; 高野，2003），医療とは異なる立場である教師の存在意義が意識されている。

　院内学級教師たちは，その教育実践全般を通して，学校生活の質を高めることをめざす教育という独自の立場から，医療スタッフ・保護者と並びつつ，入院児のQOLを高める援助を提供していると言えるだろう。

## 第3節　本書のねらい

### 1．よりよい援助実践のために

　これまで概観してきたように，先行研究においては入院児への心理教育的援助の具体的指針を得るために有効な知見は得られていない。本書は，院内学級教師はどのように入院児を援助すべきなのか，その心理教育的援助について検討し，何らかの実践的示唆を得ることをねらいとするものである。

　そのために，まず，援助の対象となる入院中の子どもたちがどのような援助ニーズをもっているのか，入院児の心理理解を一歩進めることをめざす。本章第1節では，データに基づいた実証研究の少なさと方法上の問題を従来の入院児の心理と教育に関連する研究の問題点として挙げ，病をもつ子ども独自の生活世界に添った個人差研究の必要性を主張した。こうした問題点を受け，本書第3章では，綿密な予備調査に基づき入院児独自の生活世界に添う質問紙を作成し，入院児の個人差を数量的データに基づいて検討する。

　第二のねらいとして，本章によって明らかになる援助ニーズをもつ子どもたちに提供される心理教育的援助について検討し，そこから実践を見つめる視座を得ることを目的とする。従来の研究の問題点として，教育の視点から子どもを見つめ，教育実践を検討する研究の少なさを指摘した。第5章以降では，医療的観点から検討されることの多い入院児について，援助者としての院内学級

教師の存在に焦点をあて、教育実践を詳細に検討することとする。

やまだ（1986）は、心理学においては、「モデル構成」という言葉を、物質的科学で用いるような厳密な数量・物理的定式化の意味ではなく、概念レベルのものまで含めたより広義な定式化として用いる方が適切であるとしている。本書は、このやまだ（1986）の立場に立ち、モデルを「関連ある事象を包括的にまとめ、そこに一つのまとまったイメージを与えるようなシステム」（印東, 1973）と捉え、最終的には入院児への心理教育的援助モデルを構成することを目的とする。

## 2. 本書の位置づけ

ここで、本書の位置づけを確認する。まず、研究のニーズはありながらも先行研究の少ない病弱教育研究としては、特に院内学級における教育実践に焦点をあてた探索的な研究であると位置づけられる。近年、子どもの疾患の多様化から、従来型の教育方法だけで子どもと対応してもうまくいかないことが多くなっていることも指摘されている（陣内, 2002）。本書は、近年の病院内教育拡大に伴い、初めて病院内教育に携わる教師にとっても「教師としてどのように子どもたちを支えていくのか」について、有益な情報を提供しうるだろう。

第二に、方法論上の位置づけがある。1980年代以降、学校・学級へのアプローチとしてフィールドワークが関心を高め、フィールド研究として広まりつつある（濱名, 1983; 藤崎, 1986; 尾見・伊藤, 2001）。フィールドワークについては後述するが、教育社会学においては教育現場をフィールドとするすぐれた研究が発表されているし（志水・徳田, 1991; 朝倉, 1995; 結城, 1998; 志水, 1999; 古賀, 2001; 柴山, 2001; 堀家, 2003）、小児病棟を舞台としたフィールド研究は医療人類学において散見される（Bluebond-Langner, 1989; 田代, 2003）。しかし、教育の場である院内学級においてフィールドワークを行った研究は皆無である。本書は方法論上においても探索的であり、新たな知見が得られることが期待される。

本節において述べてきた本書のねらいおよび位置づけを勘案し、本書においては、冒頭「はじめに」で記したような構成に至っている。院内学級という教

育現場の記述的理解と，長期間のフィールドワークから得られた援助モデルを提示することによる病弱教育という研究領域への理論的・実践的な新たな視座と，フィールドワークという手法がもつ心理学方法論上の示唆を提示していきたいと考えている。

# 第3章　入院中の子どもたちの不安

　第1章および第2章において，入院中の子どもたちの教育をめぐる諸問題と先行研究を整理してきた。では，入院中の子どもたちはどのような思いで日々を過ごしているのだろうか。入院中の子どもたちは，疾患の予後や治療に伴う容姿の変容，生活環境の変化等に起因する不安を抱きながら病と闘っていると言われ（鈴木・新井，1994; 服部ら，1991），その不安が治療効果への悪影響のみならず，退院後にさえ後を引いてしまうような発達的問題を残してしまうことも懸念されている（小嶋，1971; 小林，1995; 全国病弱養護学校長会，2001）。院内学級教師たちは，こうした不安をかかえる子どもたちをどのように理解・援助すればよいのかという問題に直面しており，教育活動における子ども理解の一環として，子どもたちがどのような不安を抱いているのかを明らかにすることが，効果的な援助展開のための課題となっている。

　では，入院中の子どもたちの不安はどのように捉えられているのだろうか。従来は，病の予後への不安等子どもたちが"病をもつ"という側面がクローズアップされることが多かったが，福田・丹羽（1985）は，入院児には病気以外に学校の進度やテスト，受験への不安が強いことを指摘している。また，入院児童・生徒の作文には，「友だちに会えない」「家族から離された」「学校に行けない」「慣れない生活」等生活環境の変化への戸惑いが多く綴られ，伊藤・中橋（1999）の調査においても「友だちと遊べない」「家族と離れる」「病院のご飯」が子どもたちにとって「入院してイヤだったこと」と認識されていることが明らかになっている。ここから，子ども本人にとっては"病"という身体的異変と同じくらい，"入院"という生活環境の変化も大きな意味をもつことが窺われる。

　そこで，本章では，"入院"という生活環境の変化によって喚起される不安に特に焦点をあて，病弱特別支援学校（調査当時は病弱養護学校）に在籍する入

院中の児童・生徒を"入院児"として，その不安を検討することで，入院児の理解を一歩進め，心理教育的援助への一助とすることをめざす。

## 第1節 「入院児の不安」をどう捉えるか

まず，本章における不安の捉え方を確認する。心理学においては，不安は「自己存在を脅かす可能性のある破局や危険を漠然と予想することに伴う不快な気分」と定義され（中島，1999），恐怖・羞恥・内気・罪等の基本的情緒を含む多次元的な情緒として捉えられている（今田，1975）。Spielbergerは，不安経験に対する個人の反応傾向としての"特性不安"と，個人がその時置かれた生活条件により変化する一時的な情緒状態である"状態不安"を異なるものとして，両不安を別に測定するSTAI（State-Trait Anxiety Inventory）および児童用のSTAICを作成している（曽我，1983; 1993）。日本においても，寺崎（1974）が「どうしていいのかわからない」等の日常的な情緒経験の記述による接近を試みている。

これら先行研究の知見をふまえ，本書においては，"入院児の不安"を，CMAS（子ども用顕在性不安検査）・田研式不安検査等で測定されるパーソナリティ特性ではなく，"入院中である今現在どのように感じているか"という"状態不安"とし，さらに不安の多次元性に着目して，不安を"恐怖"や"焦り"といったさまざまな下位情緒から成るものと考えることとする。また，特定のストレス事態において喚起される状態不安にはその事態独自のものがあると考えられ，その事態独自の尺度の必要性が主張されていることから（曽我，1993），"入院"という状況下で子どもたちが体験する状態不安を測定する新たな不安尺度を，寺崎（1974）に倣い，子どもの経験の記述をもとに作成した。

入院児の不安のありようは実際には個人差が大きく，安易な一般化はできないと思われるが（井戸川，1970），本章では，これまで，子どもの不安定な心理的混乱状態の総称として曖昧なものとしか把握されてこなかった入院児の"状態不安"について，量的手法によって得られた知見を提示し，入院児がどのような不安のタイプに分かれるのか，その類型化を試みることで，入院児理解のひとつの視点を提供することを目的とする。

## 第2節 「入院児の不安」カテゴリー

本章の研究で用いた「入院児の不安」尺度は，予備調査（半構造化面接および文書資料の内容分析）の結果より独自に作成した。その概略は次の通りである。

### 1．予備調査(1)：半構造化面接

寺崎（1974）は，「情緒的現象に関係のある情報の断片を集めると全体としての経験にうまく近づく」と考えているが，その考えに倣い，入院児の不安に関係のある情報を集めることを目的として，患児本人，母親，および入院児と日常的に接する経験をもっている病院訪問教育に携わる教師を対象として半構造化面接を実施した。予備調査面接は，1994年8月～9月に，病院訪問教育担当の特別支援学校教師（男1名：女5名），患児の母親（1名），患児（男2名：11歳，18歳）の計9名の協力を得て行われた。場所は，大学教室や喫茶店，病院内のロビー等，比較的静かに話せ，かつ面接協力者の負担にならない場所を相談の上，選択した。教師に関しては，今まで受けもった子どもについて総体的な感触ではなく，「先生が受けもたれた子どもたちの中で，不安という観点から考えた時に特に印象に残っているお子さんを思い描いてお答え下さい」と特定の子どもを想起してもらい，具体的な事例について答えてもらった。母親に関しては，自分の子どもについて，患児には，自分自身の内的経験と入院中にまわりの子どもを見て思ったことについてそれぞれ語ってもらった。面接の主なポイントは次頁①～⑥に挙げる6点である。面接は許可の上録音し，作成した逐語録を資料として用いた。

### 2．予備調査(2)：文書資料の内容分析

Allport（1942）の言うところの個人的記録（personal documents）の利用によって，入院児の内面世界の探究を試み，項目作成の資料を収集した。関東圏の病弱特別支援学校および院内学級の文集および，公刊されている子どもの闘病記等に含まれている子どもの作文・詩・日記より，入院中の不安に関係すると思われる表現を抽出し，資料とした。

---

**予備面接の質問項目**

① 入院中の子どもたちはどのような不安を抱いていると思いますか。あるいは，どのようなことをいやだと感じていると思いますか。
② 日常的に接していて，入院児が不安を表明することがありましたか。それはどのような形で表現されましたか。
③ 入院中の不安に時間的な推移はあると思いますか。その変化のきっかけとなるような出来事は何かありましたか。
④ 入院児の不安という観点から，疾病間の差異はあると思いますか。
⑤ 自分の病気についての知識の有無で，不安に差があると思いますか。
⑥ 不安の軽減にどのようなことが効果的と考えていますか。

---

## 3.「入院児の不安」カテゴリー

予備調査の結果として，入院生活について子どもたちが感じている不安を表すと考えられる148個の表現を得た。この148個の表現に，二瓶（1986），貫井（1982）の質問項目を加えたものを，病弱特別支援学校教師2名とともに検討し，表3-1に示されるような10のカテゴリーに分類した。

分類された10個の各カテゴリーからおおむね同数選択すること，「死」に関するものや，あまりに直接的で質問項目として不適切と思われるものを除くこと，の2点に留意しつつ，最終的に38個の表現を質問項目として選択した。研究の主旨が不安の測定であるため，項目内容がどうしても暗い所ばかりをつくものになってしまうことへの配慮として，38項目のうち9項目を反転させ，さらに分析からは除外することを前提に，質問紙を明るくするための4項目を加え，表3-1に示すような全42項目とした（質問紙は巻末資料参照）。

項目内容決定の後，質問項目として適切なものとするために，読んですぐに意味がわかるよう，多義的な表現や抽象的な表現を修正し，わかりやすい表現に洗練した。項目表現は，本章で扱う不安が状態不安であることから「日本版STAIC」に倣い，例えば「～と思うことがある」というような「ふだんどう感じているか」の常態を問う形ではなく，「～と思う」という「今どう感じているか」を問う形式に統一した。漢字や表現の難度については，現職の普通小学校教員1名にチェックを依頼し，小学校4年生で習っていない漢字はすべてひらがなに直した上で，漢字にはなるべく読みがなをつけた。さらに，対象が

表 3-1 「入院児の不安」カテゴリーと質問項目

| カテゴリー | カテゴリーの内容特性 |
|---|---|
| ① 検査・治療への恐怖 | 投薬を含む治療・検査に伴う苦痛への嫌悪感や恐怖感を表すもの。 |

項目）　1.　検査の前の日はゆううつになる。
　　　15.　どうしてもやりたくない検査や治療がある。
　　　18.　つらい検査や治療でも，自分の病気をなおすためなのだから，がんばれると思う。（反転）
　　　29.　検査をしたら，結果をきちんと教えてほしいと思う。
　　　31.　治療はこわくて，とにかくいやだ。

| ② 学習の遅れに関する不安 | 学校を休んでいることで勉強が遅れてしまうのではないかという心配を表すもの。（本質的には③焦りに含まれると考えられるが，作文に勉強の遅れに関する記述が非常に多かったため，独立したカテゴリーとして扱うこととした。） |

項目）　2.　入院中に，すこしぐらい勉強がおくれても，あとからがんばれば，追いつけると思う。
　　　9.　前にかよっていた学校の勉強が，どのくらいまですすんでいるのか，気になる。
　　　23.　入院しているあいだは，勉強なんかしなくてもよいと思う。
　　　37.　入院中に，勉強がおくれてしまうのではないかと心配だ。

| ③ とり残される焦り | 病院という閉じた世界にいることで，病院外の社会（主に学校の友だち）から忘れられてしまうのではないか，とり残されてしまうのではないか，という焦り（勉強がらみのものを除く）を表すもの。 |

項目）　14.　前にかよっていた学校の友だちのあいだで，今なにがはやっているのか，知りたいと思う。
　　　27.　前かよっていた学校の友だちに，自分から電話をしたり，手紙を書いたりしようと思う。

| ④ 分離不安 | 分離不安を，「乳幼児が，その依存対象である母親またはその代理人物から，はじめてひき離される時に示す不安」（岩崎，1975）という狭義の定義から拡大解釈して，乳幼児に限らず，親元を離れて生活することに起因する不安を表すと思われるもの。 |

項目）　7.　もっと家族といっしょにいたいと思う。
　　　22.　家族の人が他のきょうだいばかりかわいがって，自分をのけものにしているように感じる。
　　　36.　家族の面会が少ないと感じる。

| カテゴリー | カテゴリーの内容特性 |
|---|---|
| ⑤ 怒り・いらだち | 病名をはじめ，治療の効果や予後についてほとんど知らされていないことに起因する，病気の予後やこれから先自分がどうなるのか見通しが全くたたないこと対するいらだちや，病気そのもの，あるいは病気になってしまった自分の運命への怒りの感情を表すもの。 |

項目）　4. 特に理由はないが，なんとなくイライラする。
　　　　13.「どうして自分だけがこんな病気になってしまったのか」と思うと，くやしくなってしまう。
　　　　19. 病気のために，自分のやりたいことが全部できなくなってしまった。
　　　　33. お医者さんから止められていることでも，友だちと同じことをやってみたいと思う。

| ⑥ 入院生活不適応感 | 常に大人に囲まれている，あるいは食事をはじめ何かと規制の多い病院内の生活に対する不満やストレスを表すもの。 |
|---|---|

項目）　3. 入院してから1日が長く感じられる。
　　　　8. 病院で，楽しく話せる友だちがいる。（反転）
　　　　11. 病院のスタッフ（お医者さん・看護婦さんなど）は自分のことをわかってくれていると思う。（反転）
　　　　17. 病棟の規則はきびしすぎると思う。
　　　　24. 病院のスタッフ（お医者さん・看護婦さんなど）のやり方がわるいと感じる。
　　　　41. 思いやりのたいせつさ・家族の愛情など，入院してはじめてわかったことがある。（反転）

| ⑦ 無力感 | 自分の意志とは無関係に治療方針が決められ，それに従うしかない状況や，特にやることもなくひたすらおとなしくすることを要請される生活に起因すると思われる無気力状態を表すもの。 |
|---|---|

項目）　6. 自分の病気のことについて，人から話を聞いたり，本を調べたりして，もっと知りたい。
　　　　10. 何をするのも，めんどうくさい気がする。
　　　　42. 病気のためにできないこともあるが，できることをみつけて，がんばっていこうと思う。

| カテゴリー | カテゴリーの内容特性 |
|---|---|
| ⑧ 対人不安 | 病気の自分，あるいは治療の副作用で容姿が変わってしまった自分が，学校の友だちや他の人からどう思われるか，受け入れてもらえるだろうかという「他者のまなざし」に対する不安を表すもの。 |

項目）　16. 自分の病気のことは，前かよっていた学校の友だちには知られたくない。
　　　　21. 自分が病気だとわかっても，ほかの友だちが前と同じようにつきあってくれるかどうか，心配に思う。
　　　　30. 健康な人には，自分の気持ちはわからないと思う。
　　　　35. 病院の外に出て，だれかに会うのはなんとなくいやだ。

| ⑨ 退院後・将来の生活への不安 | 体力的なことも含めて，退院したあと学校で友だちとうまくやっていけるのか，あるいは就職などの際に病気のことで差別されたりしないだろうかという将来の不安を表すもの。 |
|---|---|

項目）　12. 退院したあと学校へもどって，友だちとうまくやっていけるかどうか，気になる。
　　　　25. 将来，みんなと同じように働けるだろうかと不安に思う。
　　　　39. 退院すれば，前とおなじように楽しくやれると思う。（反転）

| ⑩ 抑うつ感 | 理由は特定できないが，なんとなく憂うつな心理状態を表すもの。 |
|---|---|

項目）　28. 「どうして自分だけがこんな思いをしなくてはいけないのか」と思うとかなしくなってしまう。
　　　　34. 人と話しているより，なんとなく一人でいたいと思う。
　　　　38. 病気のことが気になって，どうも気分がすっきりしない。
　　　　40. お楽しみ会などの病院の行事が楽しみだ。（反転）

**分析対象外の追加項目**
　　　　 5. 毎週，楽しみにしているテレビ番組がある。
　　　　20. 続きもののまんがよりも，よみきりのまんがのほうが読みやすくて好きだ。
　　　　26. 新しいファミコンソフトが発売されると，どんなゲームかやってみたいと思う。
　　　　32. お昼ごはんにラーメンがでると，思わず「ラッキー！」とうれしくなってしまう。

入院児という極めて敏感な存在であることに配慮し，いたずらに心をかき乱すことのないよう，質問項目の草稿ができた段階で，病弱特別支援学校教員，患児の母親，患児本人の三者に質問としてさしさわりがないかをチェックしてもらい，特に問題はないことを確認した。

項目「病院のスタッフ（お医者さん・看護婦さんなど）は自分のことをわかってくれていると思う」と「病院のスタッフ（お医者さん・看護婦さんなど）のやり方がわるいと感じる」について，当初は入院児の生活に近い存在である「看護婦さん」についてのみ尋ねる項目であったが，調査申し込みの段階で「病院のスタッフ（お医者さん・看護婦さんなど）」と直してほしいとの要請を受け，表現が多少多義的と思われるがこのような形としたこと，項目「『どうして自分だけがこんな病気になってしまったのか』と思うと，くやしくなってしまう」と「『どうして自分だけがこんな病気になってしまったのか』と思うと，悲しくなってしまう」については，同じ「どうして自分だけが……」という表現でも，くやしくなる時と悲しくなる時があり，別の情緒であるとの指摘を予備調査面接において病弱特別支援学校教員から受けたため，二つを別の項目として扱うこと，の2点を付記しておく。また，調査当時は「看護師」という呼称は用いられていなかったため，「看護婦」という旧来の呼称がそのまま用いられている。

このような手続きによって作成された「入院児の不安」質問紙を用い，1994年9月〜11月に調査を行った。病弱特別支援学校（含む分教室）または病院併設の市区町村立小・中学校特別支援学級に在籍する知的障害を伴わない入院中の児童・生徒157名の協力を得た。調査は，学校へ依頼し，各担任教員より質問紙を配布してもらい，郵送にて回収した。入院児童・生徒の年齢は，GAT等の子ども用不安検査が一般に小学校4年生以上（田研式GATの適用年齢は小学校4年生〜高校3年生）を対象としていること，および発達的検討を行うため幅広くデータ収集を行うという観点から小学校4年生から高校3年生までとした。分析対象となったのは，欠損値のない141名のデータ（男子85名・女子50名・不明6名；平均年齢13.51歳（SD＝2.25）；主な病名は筋ジストロフィー・気管支喘息・小児糖尿病・腎臓疾患・小児がん）である。

## 第3節 「入院児の不安」の構造

### 1. 不安の下位構造

　質問紙調査の結果得られた数量データの分析に先立ち，50％以上が「あてはまる」または「あてはまらない」と回答した6項目を回答に偏りがあるとの理由から除き，32項目について主因子法・バリマックス回転による因子分析を行った。因子数決定にあたっては第10因子までが固有値1.0以上をもっているため，因子構造が入院児の不安を的確に表しているかどうかという解釈可能性をより重視しながら複数回の分析結果を比較した結果，最適な因子として5因子を抽出した。さらに，複数の因子に3.5以上の因子負荷をもつ項目，どの因子にも3.5未満の因子負荷しかない項目を除いた25項目について再度因子分析を行い，最終的に5因子を抽出した（表3-2）。5因子による累積説明率は47.0％である。

　第1因子は，「自分が病気だとわかっても，ほかの友だちが前と同じようにつきあってくれるかどうか，心配に思う」「将来，みんなと同じように働けるだろうかと不安に思う」等の7項目から構成されている。これらの不安の対象は，入院生活や病状等の現在の状況というよりも，退院後の生活や病で入院してしまったという事実が自分の未来におよぼす影響といった将来のことであると解釈できる。そこで，第1因子を「将来への不安」の因子と命名した。

　第2因子に負荷が高いのは「前かよっていた学校の友だちに，自分から電話をしたり，手紙を書いたりしようと思う」等であり，これらは，自分の生活環境から一人切り離されて入院している状況で感じる孤独な気持ちの表れと解釈でき，第2因子を「孤独感」の因子と命名した。

　第3因子は「どうしてもやりたくない検査や治療がある」等検査や治療への嫌悪感・恐怖感を表す4項目と「家族の面会が少ないと感じる」という項目から構成されている。最も負荷の高い「家族の面会が少ないと感じる」項目は，他の4項目との関連性が低いように思われるが，検査や治療が嫌だからこそ家族にもっとそばにいてほしいと願う子どもの心情の表れと考えることは可能だろう。そこで第3因子を「治療恐怖」と名づけた。今田（1975）は，恐怖は脅威の対象が明確であるという点で不安とは異なるものであるとしつつ，同時に

表 3-2　因子分析表

| 入院児の不安項目 | F1 | F2 | F3 | F4 | F5 | 共通性 | Mean (SD) |
|---|---|---|---|---|---|---|---|
| **第1因子：将来への不安**（α係数=0.65） | | | | | | | |
| 自分が病気だとわかっても，ほかの友だちが前と同じようにつきあってくれるかどうか，心配に思う。 | 0.68 | 0.11 | 0.13 | 0.09 | −0.09 | 0.51 | 2.53 (1.34) |
| 将来，みんなと同じように働けるだろうかと不安に思う。 | 0.68 | 0.06 | 0.13 | 0.18 | −0.14 | 0.53 | 2.92 (1.56) |
| 「どうして自分だけがこんな思いをしなくてはいけないのか」と思うとかなしくなってしまう。 | 0.59 | 0.26 | 0.25 | 0.27 | 0.12 | 0.58 | 3.06 (1.51) |
| 自分の病気のことについて，人から話を聞いたり，本を調べたりして，もっと知りたい。 | 0.58 | 0.14 | 0.03 | −0.29 | 0.25 | 0.50 | 3.39 (1.41) |
| 退院すれば，前とおなじように楽しくやれると思う。 | −0.52 | 0.50 | 0.02 | −0.02 | 0.05 | 0.52 | 2.24 (1.32) |
| 退院したあと学校へもどって友だちとうまくやっていけるかどうか，気になる。 | 0.48 | 0.04 | 0.21 | 0.03 | 0.06 | 0.23 | 3.29 (1.57) |
| 健康な人には，自分の気持ちはわからないと思う。 | 0.37 | −0.01 | 0.32 | 0.07 | −0.10 | 0.24 | 3.42 (1.40) |
| **第2因子：孤独感**（α係数=0.60） | | | | | | | |
| 前かよっていた学校の友だちに，自分から電話をしたり，手紙を書いたりしようと思う。 | 0.00 | 0.63 | 0.12 | −0.06 | 0.23 | 0.46 | 3.72 (1.38) |
| 入院してから1日が長く感じられる。 | −0.05 | 0.61 | 0.28 | −0.01 | 0.02 | 0.45 | 2.67 (1.64) |
| 特に理由はないが，なんとなくイライラする。 | 0.14 | 0.56 | 0.03 | 0.31 | −0.22 | 0.48 | 2.84 (1.48) |
| 思いやりのたいせつさ・家族の愛情など，入院してはじめてわかったことがある。 | 0.28 | 0.54 | −0.19 | −0.05 | −0.03 | 0.42 | 2.33 (1.32) |
| もっと家族といっしょにいたいと思う。 | 0.20 | 0.48 | 0.24 | −0.14 | 0.20 | 0.39 | 3.94 (1.25) |

| 入院児の不安項目 | F1 | F2 | F3 | F4 | F5 | 共通性 | Mean (SD) |
|---|---|---|---|---|---|---|---|
| **第3因子：治療恐怖**（α係数＝0.66） | | | | | | | |
| 家族の面会が少ないと感じる。 | 0.03 | 0.10 | **0.68** | 0.06 | 0.06 | 0.48 | 2.59 (1.50) |
| どうしてもやりたくない検査や治療がある。 | 0.13 | −0.10 | **0.63** | 0.04 | 0.13 | 0.45 | 2.87 (1.60) |
| 治療はこわくて，とにかくいやだ。 | 0.21 | 0.16 | **0.61** | 0.02 | −0.35 | 0.56 | 2.28 (1.28) |
| 病気のことが気になって，どうも気分がすっきりしない。 | 0.21 | 0.25 | **0.59** | 0.14 | 0.10 | 0.48 | 2.58 (1.46) |
| 検査の前の日はゆううつになる。 | 0.24 | 0.09 | **0.51** | −0.38 | 0.06 | 0.48 | 2.61 (1.35) |
| **第4因子：入院生活不適応感**（α係数＝0.57） | | | | | | | |
| 病院のスタッフ（お医者さん・看護婦さんなど）のやり方がわるいと感じる。 | 0.16 | −0.14 | 0.07 | **0.72** | 0.16 | 0.59 | 2.62 (1.45) |
| 病院のスタッフ（お医者さん・看護婦さんなど）は自分のことをわかってくれていると思う。 | 0.14 | 0.11 | 0.03 | **−0.69** | 0.34 | 0.62 | 2.75 (1.25) |
| 病棟の規則はきびしすぎると思う。 | 0.19 | 0.10 | −0.08 | **0.60** | 0.14 | 0.43 | 3.82 (1.22) |
| 病気のために，自分のやりたいことが全部できなくなってしまった。 | 0.20 | 0.15 | 0.26 | **0.51** | −0.05 | 0.39 | 3.05 (1.42) |
| お楽しみ会などの病院の行事が楽しみだ。 | 0.25 | 0.34 | −0.14 | **−0.35** | 0.08 | 0.33 | 2.55 (1.45) |
| **第5因子：とり残される焦り**（α係数＝0.49） | | | | | | | |
| 前にかよっていた学校の勉強が，どのくらいまですすんでいるのか，気になる。 | −0.08 | 0.28 | 0.10 | 0.23 | **0.70** | 0.63 | 3.49 (1.61) |
| 人と話しているより，なんとなく一人でいたいと思う。 | 0.10 | 0.15 | 0.02 | 0.13 | **−0.65** | 0.47 | 2.35 (1.29) |
| 前にかよっていた学校の友だちのあいだで，今なにがはやっているのか，知りたいと思う。 | 0.21 | 0.33 | 0.09 | 0.01 | **0.55** | 0.46 | 3.26 (1.57) |
| 寄与率（％）： | 17.34 | 10.08 | 7.60 | 6.08 | 5.89 | | |

対処法の不明確性を「不安」の条件として挙げている。ここで取り上げている治療恐怖は，脅威の対象こそはっきりしているが，子どもたち本人には逃れることができない対処不可能な対象であると考えられ，広義の不安と考えることは妥当であると判断し，因子名として恐怖という言葉をそのまま用いることとした。

　第4因子は，「病院のスタッフ（お医者さん・看護婦さんなど）のやり方がわるいと感じる」「病棟の規則はきびしすぎると思う」等5項目から構成され，入院生活に関する不満や不適応感を表している因子であると解釈できる。よって第4因子を「入院生活不適応感」の因子と命名した。

　第5因子は，「前にかよっていた学校の勉強が，どのくらいまですすんでいるのか，気になる」等3項目から構成され，学校の友だちから一人だけ離れて入院し，勉強や話題に遅れてしまうのではないかという焦りの気持ちを表していると解釈できる。よって第5因子を「とり残される焦り」の因子と命名した。

　因子分析結果に基づき，各因子を構成する項目から「入院児の不安」の下位尺度を作成した。この際，第1因子を構成する「退院したあと学校へもどって，友だちとうまくやっていけるかどうか，気になる」「健康な人には，自分の気持ちはわからないと思う」の2項目は共通性が0.3未満であり，項目として不適切であると判断し（山際・田中，1997），下位尺度構成からは除外した。各下位尺度のα係数は表3-2の通りであり，必ずしも十分な内的一貫性が確保されているとは言えないが，先行研究の稀少な分野における研究であるとの位置づけを考慮し，探索的に本尺度を用いて分析を進めることとした。今後，満足のいく信頼性係数が得られるよう尺度項目のさらなる精錬が大きな課題となろう。

## 2. 子どもの属性による差の検討

　どのような子どもがどのような不安を抱いているのかを明らかにするために，総尺度得点および各下位尺度ごとに性差およびフェイスシート項目について検討した。フェイスシート項目の検討については，記入日から入院日を引いた日数を「入院期間」，現在の年齢から発病時年齢を引いた年数を「罹病期間」とし，当該項目が未記入のデータを除き，3群（例：入院回数の多い群・中間群・少ない群）に分け，1要因分散分析を行った。

第3章　入院中の子どもたちの不安

表 3-3　総得点および下位尺度得点の性差と発達的検討

| | | 性　差 | | | 発達段階 | | | |
|---|---|---|---|---|---|---|---|---|
| （人数） | | 男<br>(n=85) | 女<br>(n=50) | t 値 | 小学校<br>(n=51) | 中学校<br>(n=61) | 高校<br>(n=29) | F 値<br>(2/138) |
| 総得点 | 平均<br>(SD) | 55.54<br>(12.5) | 59.66<br>(12.7) | 1.89† | 57.27<br>(11.8) | 55.84<br>(11.7) | 60.38<br>(14.0) | 1.36 |
| 将来への不安 | (SD) | 13.87<br>(4.58) | 14.68<br>(12.5) | 0.95 | 13.73<br>(4.05) | 13.56<br>(5.16) | 16.17<br>(4.86) | 3.34* |
| 孤独感 | (SD) | 10.07<br>(3.55) | 12.06<br>(4.63) | 2.61** | 11.59<br>(4.37) | 10.67<br>(4.60) | 10.48<br>(3.99) | 0.82 |
| 治療恐怖 | (SD) | 12.60<br>(4.26) | (13.64<br>(4.99) | 1.28 | 13.35<br>(4.84) | 12.56<br>(4.46) | 13.03<br>(5.04) | 0.40 |
| 入院生活不適<br>応感 | (SD) | 14.48<br>(4.18) | 14.98<br>(4.03) | 0.68 | 13.75<br>(4.14) | 14.84<br>(4.21) | 16.52<br>(3.32) | 4.40* |
| とり残される<br>焦り | (SD) | 4.52<br>(3.18) | 4.30<br>(3.19) | −0.38 | 4.86<br>(3.31) | 4.21<br>(2.85) | 4.17<br>(3.65) | 0.70 |

† =p<.10　*=p<.05　**=p<.01

結果として，有意な差が認められたのは，総得点における性差（$t$ (133) = 1.89, $p<.10$, 女＞男），「孤独感」における性差（$t$ (133) = 2.61, $p<.01$, 女＞男）のみであった（表 3-3）。さらに，発達的検討を目的として，小・中・高の学校段階を発達段階として 1 要因分散分析（Tukey の多重比較）を行った結果，「将来への不安」（$F(2/138) = 3.34$, $p<.05$, 高校生＞中学生）と「入院生活不適応感」（$F(2/138) = 4.40$, $p<.05$, 高校生＞小学生）に発達段階による差が認められた。

## 第 4 節　「入院児の不安」の類型

### 1. 入院児の不安の類型

5 つの下位不安は，「入院児の不安」の下位構造を構成すると同時に，「入院児の不安」についての個人差を規定する要因でもある。そこで，5 つの下位不安尺度得点の標準化得点（平均＝0，標準偏差＝1）を用いたクラスター分析（ward 法）という手法によって，入院児を 3 つの不安の類型に分類した。

### 2. 各クラスターの特徴

1 要因分散分析の結果，「入院児の不安」尺度の総得点に関して，クラスタ

表3-4　子どもの属性のクラスター差（1要因分散分析）

|  | クラスター1 | | | クラスター2 | | | クラスター3 | | | df | $F$値 |
| --- | --- | --- | --- | --- | --- | --- | --- | --- | --- | --- | --- |
|  | n | 平均 | SD | n | 平均 | SD | n | 平均 | SD |  |  |
| 総得点 | 63 | 55.9 | 9.55 | 26 | 42.8 | 6.32 | 52 | 66.2 | 9.56 | 2/138 | 59.09** |
| 入院回数 | 55 | 9.42 | 22.30 | 24 | 11.21 | 23.01 | 44 | 8.63 | 18.69 | 2/120 | 0.11 |
| 入院期間 | 61 | 690.30 | 895.20 | 26 | 592.80 | 933.70 | 50 | 367.30 | 353.40 | 2/134 | 2.57† |
| 罹病期間 | 56 | 7.11 | 4.05 | 22 | 7.68 | 4.55 | 46 | 7.43 | 4.03 | 2/121 | 0.18 |
| 学年 | 63 | 3.71 | 2.29 | 26 | 3.15 | 2.11 | 52 | 3.44 | 2.28 | 2/138 | 0.61 |
| （小4=0・高3=8） | | | | | | | | | | | |

一間の差（$F(2/138)=59.09, p<.01, 3>1>2$）が認められた。各クラスターの平均プロフィール図，子どもの属性との関連（表3-4），および自由記述欄に綴られた子どもたちの意見・感想から，指導上の留意点を含めて各クラスターの特徴を考察する。

（1）クラスター1：長期入院タイプ（63人）

孤独感や焦りは低いが，「将来への不安」や「入院生活不適応感」をやや強く抱いているのが本クラスターの平均像である。入院期間は，他のクラスターに比べて長い傾向（$F(2/134)=2.57, p<.10$）にある。自由記述にも，「退院してから発作がおきないか心配だ」といった「将来への不安」や，病棟の規則の厳しさや自

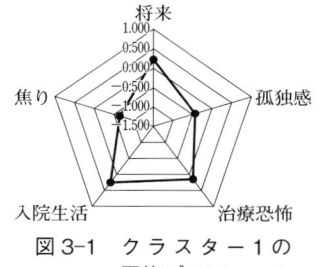

図3-1　クラスター1の平均プロフィール

由のなさ，自分たちのことを「全然わかってくれない」という医療スタッフへの不満など入院生活に関する不満がみられ，入院の長期化に伴い，狭い世界での生活への苛立ちがつのり，また社会との隔絶感の強まりから「自分はやっていけるのだろうか」という自信のなさを感じていると考えられる。「できる」という達成感を感じるような活動を教育活動に組み込む配慮や，丁寧に話を聞くなど病院では手がまわりきれないようなきめ細やかなケアを教育関係者が担う必要があるだろう。

(2) クラスター2：頻回入院タイプ（26人）

人数としては他のクラスターの半分と少ないが，「とり残される焦り」以外は平均よりも不安得点が低く，基本的には不安の低い子どもたちであると言える。統計的に有意にこそなっていないが，罹病期間や学年に差がないわりには入院回数が多めであり，ある意味，入院という状況に慣れておりそれなりに適応していると言えそうである。基本的には大きな心配はいらないと思われるが，反面，入院回数が多いということはそれだけ入退院を繰り返しているということにもなり，生活の継続性をどう保つかが教育上の課題となる。

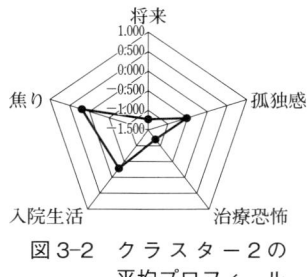

図3-2　クラスター2の平均プロフィール

(3) クラスター3：初回入院タイプ（52人）

「入院生活不適応感」のみがほぼ平均である以外は不安が高く，特に「孤独感」と「とり残される焦り」が非常に強いという平均像である。入院回数は少なめ，入院期間も短めであることから，環境の変化に対する戸惑いが大きく，現状を受けとめかねている状態であると考えられる。質問紙への感想欄には，「人に話せないことがこれでわかってもらえると思い，よかった」「自分がどのように思っているかがよくわかった」など言葉にできないもやもやした想いをかかえている様子が綴られ，人一倍配慮が必要な子どもたちであると思われる。

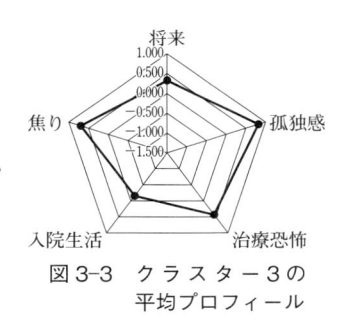

図3-3　クラスター3の平均プロフィール

## 第5節　「入院児の不安」の再検討と研究方法への疑問

### 1.「入院児の不安」と教育支援

入院児の不安が，「将来への不安」「孤独感」「治療恐怖」「入院生活不適応感」「とり残される焦り」の5つの下位不安から構成されていることが確認されたが，これにより，各ケースを検討・理解する視点が得られたと考えられる。

例えば「なんとなく心配な太郎くんの"とり残される焦り"はどうだろうか，また"将来への不安"はどうだろうか」等，これまで漠然と考えられてきた「入院児の不安」をより具体的に検討する手がかりとして活用できるだろう。

「将来への不安」に関しては，入院期間（長＞短），および発達段階（高校生＞中学生）の差が見られ，入院が長くなるほど社会との隔絶感も強まり，卒業後の職業選択が身近な問題となる高校段階の方が「将来への不安」が高まることは十分に理解できる。これまで，入院児の抱く「将来への不安」は，生活経験不足により将来像が描きにくいという意味で捉えられてきたが（全国病弱養護学校長会，2001），本書の研究により，退院後の日常生活という近未来の社会復帰に対する不安もあわせて抱いていることが明らかになった。ここから，長期的な進路指導とともに，退院時の地域の学校との連携を病弱教育担当教員が丁寧に行うことの重要性が示唆された。

「孤独感」については，男子の方が入院生活や疾患に起因する心理的混乱は大きいとの先行研究（山下・Dewaraja・吾郷，1994; 小畑・三澤，1983; 貫井，1982）の知見に反し，女子の方が強いとの知見が得られた。しかし，状態不安を測定する質問紙である日本版STAICのストレス事態における標準得点は男子より女子の方が高く（曽我，1983），本書の研究結果との整合性が見られる。これは，一般に女子の方が内省的・親和的であることが入院中というストレス状況下における不安の中でも特に「孤独感」により強く作用した結果であると思われる。

「入院生活不適応感」については発達段階による差が見られ，小学生より高校生の方がより高い不適応感を抱いていることが明らかになった。背景には，思春期の子どもが幼い子どもと同じ病棟で同じ規則に縛られた生活を余儀なくされることへの不満の高まりがあると考えられる。教育の立場から対処することは直接的には難しいが，このような不安の存在は心に留めておくべきだろう。

その他，よく指摘される「病への不安」「分離不安」「学習の遅れへの不安」は独立した下位不安としては抽出されなかった。「病への不安」を想定した項目は「将来への不安」と「治療恐怖」に分かれ，一般に言われる「病への不安」が，予後によって自分の将来の生活がどうなるかという病による将来への影響と，病の存在に伴い自分の身にふりかかってくる治療という苦痛経験への

恐怖心という二つの意味を有することが示唆された。「分離不安」を想定した項目も二つの因子にまたがっており，家族を求める気持ちが，家庭から引き離された孤独な環境での寂しさと，治療への恐怖からくる依頼心の二方向から発していることがわかる。

　また，病弱教育の意義として重みをもつ「学習の遅れへの不安」（文部省，1985; 松井，1995）については，子どもたちにとっては，学習をしないことによって自分の将来が影響されるというよりむしろ，友だちから遅れをとってしまうという意味が強いことがわかった。今回の調査対象が病弱特別支援学校の児童・生徒であり，教育の機会を保障された子どもたちであることが影響していることが考えられるが，学習の遅れに対する援助としては，子どもの将来を支えるものとしての学習の意義を再確認し，丁寧な学習指導を行うことも大切だが，前籍校との連携を密にすることで他の子どもたちと同じことができているという安心感を与えるよう努めることも必要だろう。

## 2.「入院児の不安」の類型と教育支援

　入院児が3つの類型に分かれることも見出されたが，特徴的な点として以下の3点がある。まず，「将来への不安」と「治療恐怖」の高低が一致していることがある。これは，「こんなにつらい治療が必要な大変な病気になってしまって，自分のこれからは大丈夫だろうか」というように，「厳しい治療」が「重篤な病に罹ってしまった自分についての意識」へと結びついているものと解釈できる。「治療」という現在の苦痛経験が，子どもにとっては「将来への不安」につながることには留意すべきであろう。

　第二には，「入院生活不適応感」と「とり残される焦り」の高低が逆転していることがある。これは，子どもの視線が病院内での生活に集中しているか，前の学校での生活に向いているかのどちらかであることを示すと思われる。視線が病院内に向いていれば，規制の多い生活や忙しいスタッフへの不満が募るであろうし，前籍校へ向いていれば「自分だけ遅れてしまうのでは」という焦りに悩むことになると考えられる。子どもの視線がどちらに向いているのかという観点からの理解の必要性も窺われる。

　第三には，入院回数が多く罹病期間の長い第2クラスターの不安が低く，入

院回数・入院期間が最も少ない第3クラスターが深刻な不安をかかえていることがある。度重なる入院経験を幼い頃より長く続けることによって，子どもたちは親から分離して病棟で生活する状況に適応し，検査や治療等の苦痛も含めて病をもちつつ生きることの受容が進むのではないかと思われる。

また，入院期間の長い第1クラスターが，社会からの隔絶から「将来への不安」を強く抱くことと比較して，頻回入院の子どもたちは，切れ切れながらも，それなりに社会との接点を保ち，病をもちつつ生活を送っていることが示唆される。最後に，不安の高い第3クラスターの意見・感想欄に優等生的文体ながらも自分でも把握しきれない言葉にできない気持ちの存在を示す記述がみられたことがある。ここから，心に抱く不安を表には出さずにおさえこんでいる子どもたちが数多く存在することが予測でき，より深いレベルで子どもの心理を理解する姿勢の重要性が示唆された。

### 3. 課題としての研究方法：量的手法の適切性への疑問

本章の研究は，探索的研究として，従来は混沌としたものとして捉えられてきた「入院児の不安」についての分析的理解を一歩進めることができたと思われる。また，そこから教育支援についての示唆を得ることもできた。しかし，同時に，多くの課題を残している。その最大の課題が，方法上の問題である。

ここでは，入院児の不安を探ることを目的として独自の質問紙を作成し，量的アプローチを試みたが，尺度精錬や病種による検討等，量的研究としての課題も残っている。しかし，それ以上に，「質問紙法という量的研究手法が，本分野の研究において果たして適切な研究手法と言えるのかどうか」という，より根本的な疑問が浮上した。

質問紙法とは，既存の理論もしくは先行研究を基盤として導かれた仮説の真偽について，設定された項目によって得られた情報から検討する手法である。しかし，先述したように，本分野の先行研究は数少なく，社会的にも研究分野としても未開の領域であると言える。妥当な仮説を導くだけの理論や先行研究に乏しく，問題領域についての理解が確立していない研究領域である。つまり，質問紙法によって検証するに足るだけの妥当な仮説を生成する素地ができていない分野なのである。何よりも，「入院中の子どもたちはどのような生活世界

で時を過ごしているのか？」あるいは「入院中の子どもの教育とはどのような教育の場なのか？」という，その場のありようの理解が先決であると思われた。「場のありようを問う」という基本的な問いに立ち返り，個性記述的な仮説生成型の質的研究を積み重ねる必要性が痛感されたのである。

　第4章においては，入院児の心理と教育的援助へのアプローチとして，具体的にはどのような方法が適切なのか再考し，フィールドワークという研究手法についてその有効性を検討したい。

# 第4章　入院児の世界へのアプローチ

　第3章の量的質問紙研究において浮上した最大の課題は，研究方法の再考であった。では，検証仮説を導くに十分なだけの研究の蓄積がない本分野に適した研究方法とはどのようなものだろうか。本章において今一度問い直し，新たなアプローチを探っていきたい。

## 第1節　仮説生成型研究

　心理学研究を研究設問のたて方という観点から分類すると，心理学研究には二つのスタイルがある（高木，1992; 箕浦，1998b）。ひとつは探索的研究，もしくは仮説生成型研究・モデル構成型研究と言われるもので，未知の分野を一から開拓し，新しい知を立ち上げていく研究である。もうひとつはいわゆる仮説検証型研究であり，すでに確立された誇大理論（グランド・セオリー）を基にして理論的に導かれた作業仮説を，主に実験や調査等の手法を用いて検証していく研究である。両者はいずれも「研究設問の設定」「データ収集」「データの分析・解釈」「論文に書き上げる」の4つの研究活動の要素を基本として成り立っているが，各要素を実際の研究プロセス中のどのタイミングで行うかは，両者の間で異なっている（柴山，2006）。その相違を表にまとめたのが次頁の表4-1であり，研究プロセスの相違を図示したのが，61頁の図4-1・図4-2である（谷口，2008a）。

　仮説検証型研究は，研究者の日常的経験や関心から出発し，既存の理論体系や先行研究の文献検討から関連が予想される要因や，関係性を想定する仮説を導き出すことから研究が始まる。この時点で研究の焦点が絞られることになる。それから，仮説の検証に適した分析枠組みが決められることになるが，多くの場合，この分析枠組みは先行研究を参考に決められる。そして，分析枠組みに

表 4-1　仮説生成型研究の特徴（谷口，2008a）

|  | 仮説検証型研究 | 仮説生成型研究 |
|---|---|---|
| 研究設問の焦点化をいつ行うか | データ収集前 | データ収集しながら問いを絞り込む |
| 文献研究をいつ重点的に行うか | データ収集前 | 知見浮上のプロセス中（研究の中盤〜後半） |
| 仮説をいつたてるのか | データ収集前 | データ分析後（研究結果として提示） |
| データ分析概念をいつ決定するか | データ収集前 | データ収集しながら |
| 研究者の対象との関係 | 対象者と距離のある無関係で透明な存在 | 対象者と特定のかかわりをもつ生きた存在 |

沿った，あらかじめ焦点が絞り込まれたデータが無駄のないように収集され，分析・解釈から結論を得て，論文化へとリニアな道筋で進む。

　一方，仮説生成型研究は，研究活動要素間を往復しながら，循環的に進んでいく。文献や先行研究調査の位置づけも，研究当初の問いをたてるために行うというよりも，データ収集・分析の進行に伴い，浮上した仮説的知見に関連する文献をその都度調べていくという形で進み，研究プロセスの中盤から後半にかけて手厚く行われる。研究のスタートラインは，研究者が未知の領域に関心を抱き，領域についての包括的・全体的なデータ収集を行うことである。データ収集を行う中で，その領域において重要な意味をもつ事象に研究の焦点が絞り込まれ，分析枠組みをデータの中から探索的に立ち上げていく。この研究設問の焦点化と分析枠組みの模索は，データ収集と並行して行われ，データとの適合性が随時検証的に検討され，必要に応じて修正が加えられる。複数の分析枠組みが同時にたてられ，比較検討の末，データを理解するために最も適切と判断される切れ味のよい分析枠組みが決定されることもある。こうして生のデータから立ち上げられた分析枠組みに即して，研究者は，既に収集されたデータをも含めて再度データを見直す最終的な分析へと歩みを進める。分析の結果見えてきた暫定仮説は，「データとの適合性」「反証事例の有無」という点について生のデータと照らし合わせて確認される。その上で，現実の事象を理解・説明することのできる仮説を，研究の最終結論として提示するのである。

第4章 入院児の世界へのアプローチ

図4-1 仮説検証型研究のプロセス

図4-2 仮説生成型研究のプロセス

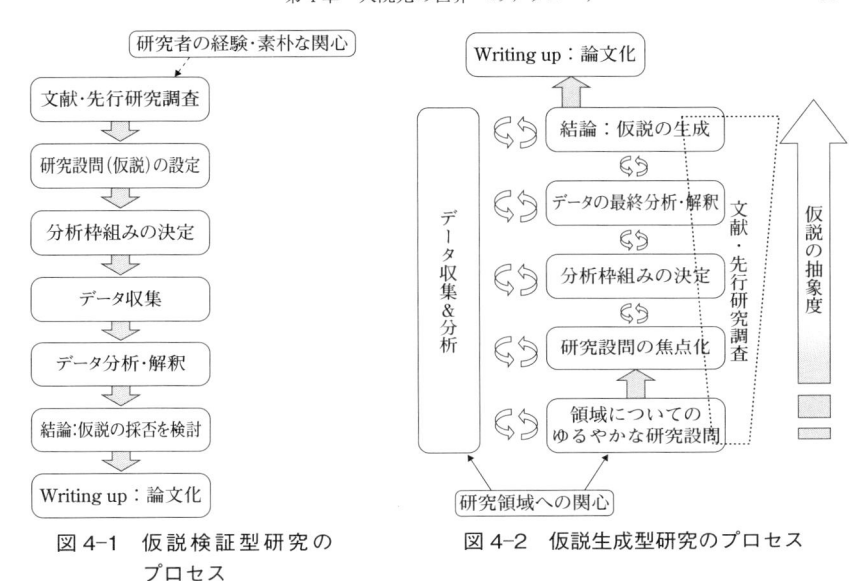

　本書のテーマである入院児の心理と教育的援助は，確立された誇大理論や先行研究の少ない分野であり，未知の問題領域である。以上のような両者の特徴を考慮すれば，誇大理論や先行研究から仮説を導くことをスタートラインとする仮説検証型研究よりも，データ収集とその解釈を繰り返しながら，ボトムアップ式に理論的仮説を立ち上げていく仮説生成型研究こそ，本領域における研究スタイルとしてふさわしいと言えるだろう。

## 第2節　質的データと量的データ

　研究においては，研究設問，すなわち自分の一番知りたいことによく答えられるタイプのデータを収集することが必須になる。問いのたて方が，その研究にふさわしいデータの種類を決定するのである。一般に，仮説生成型研究においては，現象を「数」という凝縮されたあり方で捉える量的データよりも，言語的記述として留める質的データの方が，その強みを存分に発揮することができると考えられている（柴山，2006）。

質的データは，生の現象にじっくりと向き合い，現象の"生のありよう"をできるだけ損なわない記述として収集される。「数」に還元してしまうことによってこぼれ落ちがちなデータの微妙さ・あいまいさを，そのまま残して分析の俎上にのせることが可能になるデータのあり方である。そこからデータのエッセンスが抽出され，より抽象度の高い理論的概念へと練り上げられ，仮説が生成される。仮説生成型の研究設問と質的データは相性のよい組み合わせなのである。

複雑な要因が錯綜する実際の"教育の場"のありようを詳細に記述し，そこから援助モデル生成を行うことを目的とする本研究において，質的データに基づいた検討を行うことは，教育実践のプロセス全体の理解を促進する上で有効であると言えるだろう。そして，教育の「内部過程を究明するために有効な方法」（濱名，1983）として，参与観察を主なデータ収集方法とするフィールドワークが挙げられる。

## 第3節　フィールドワークという手法

近年，心理学において，フィールドワークによる研究が注目を集めている（藤崎，1986; 南，1994; 伊藤，1995; 箕浦，1998a; 鹿毛，2002）。心理学研究においては，長らく仮説検証型の量的研究法が主流であったが，研究と現実との乖離が憂慮され（鯨岡，1986; やまだ，1986; 山本，1993; 茂呂，1997），混沌とした現実に知性というメスを入れて切り分けるのではなく，混沌とした現実をまるごと扱っていく現場（フィールド）心理学が提唱されるに至った（やまだ，1986; 1997; 佐藤，1996）。現実の系の中に入り込み，そこから得られたデータから導き出された理論が心理学理論を活性化させることが期待されている（Henwood & Pidgeon, 1992; 高木，1992; 伊藤，1993）。このデータから導き出された理論を，Glaser & Strauss（1967）は"グラウンデッド・セオリー（データ対話型理論）"と呼び，グラウンデッド・セオリーを導く最適な手法として，フィールドワークによるデータ収集を挙げている。

では，フィールドワークとはどのような方法なのだろうか。フィールドワークとは，「研究者が集中的かつ長期間，特定のフィールドに身を置いて，そこ

表 4-2　フィールドワークの利点（佐藤（1992）を一部改訂）

| | フィールドワーク（特に参与観察） | サーベイ | 実　験 |
|---|---|---|---|
| 現実の複雑性に対する配慮 | ◎ | × | × |
| 現実の社会生活に対する調査者の近さ | ◎ | × | × |
| 調べられる事例の数 | × | ◎ | × |
| 明確な因果関係の把握 | △ | × | ◎ |
| 調べられる時間の幅 | △ | △ | × |
| 調査活動に伴う干渉のバイアスの排除 | × | △ | × |
| 調査デザインの柔軟性 | ◎ | × | × |

※注：◎…特に優れている　○…優れている　△…問題がある　×…かなり問題がある

で何が起きているかを注意深く記録し，それらの記録について分析的に省察するという研究方法」（鹿毛，2002）と定義される。フィールドとは，「研究しようとしていること，調べようとしていることが実際に起こっている場所・場面，あるいはできごととして直接体験される場所・場面」（南，2004）であり，異文化環境などの特別な場である必要はない。このフィールドに研究者が長時間身をおくこと，つまり研究者が現場の空気を感じながらデータを収集することがフィールドワークの特徴のひとつである。もうひとつの特徴は，参与観察・フォーマルおよびインフォーマルインタビュー，文書資料収集分析等から成り立つ複合的な手法であること（佐藤，1992）である。佐藤（1992）は，フィールドワークを質問紙調査に代表されるようなワンショット・サーベイ（1回限りの調査）や実験と比較して，表 4-2 のようにその利点をまとめている。

　フィールドワークでは，生活者と同じ現場において経験を共有することにより，他者の生活世界を記述し，他者がどのような意味世界に生きているのかを探ることが可能になる（箕浦，1999; 古賀，2001）。未知の異文化を記述する文化人類学の研究法として 19 世紀末に登場した手法ではあるが，心理学においてはまだ新しい研究のあり方であり，研究の蓄積も決して多いとは言えない。しかし，未知の社会ならぬ未知の研究分野への探索的アプローチとして，本書の分野においても新たな発見へつながることが期待できるだろう。

## 第4節　フィールドワークの有効性

　本書の出発点は,「入院中の子どもたちには,どのような教育的な援助が提供されているのだろうか」との素朴な疑問である。この疑問は,家族の入院に伴い,病院で子どもの入院患者さんたちを目にする中で抱いたものである。つまり,文献研究を行う中で抱いた理論的関心に端を発した研究ではなく,まず研究領域への強い関心から始まっている。

　そして,先行研究を調べてみても,第1章でまとめたような病弱教育の制度上・行政上の実態を総論として提示する解説論文や実態把握研究,現場からの実践報告こそ営々と積み重ねられているが(新田, 1992; 白石, 1995; 斎藤・小暮・梅田・牧瀬・大森, 1997; 森, 1999; 奥野, 2003; 山本, 2003 他),実践を心理学研究手続きにのっとり,理論を参照しつつ検討する研究はほとんど見あたらない。現場では,確立した実践モデル不在のまま,厳しい時間的制約の中で,目の前の子どもたちのための手探りの援助が展開している。本章ではこうした現状の中での最善の研究方法とは何かについて,問い直してきた。

　一般に,質問紙や実験などの手法を用いた仮説検証型の研究においては,論文の書き手と読み手の間に当該問題についての理解の共通基盤があることが暗黙の前提となっているはずである。一例を挙げるなら,愛着に関する研究であれば,タイトルを見ただけで読み手の中に立ち上がってくる,愛着とは何かをはじめとした基礎理論等は,書き手のもっているそれとおおむね共通のものであると考えられる。そうした諸々の既存の理論や事例研究の積み重ねがあってこその質問紙であり,実験なのである。

　しかるに,第3章において提示した質問紙研究の経験から,本書の研究領域である病弱教育に関しては,質問紙云々以前の問題として,どのような"場"であり,どのような実践が行われているのか,その"場"のありようを「系の中の視点」(麻生, 1992)からきちんとおさえることが先決であると思われた。未開拓分野の探索的研究において有効であるとされ,"どのような"という問いに答えるのに適する方法として位置づけられているのは,仮説生成型の質的研究法である(能智, 2000; 澤田・南, 2001)。また,藤田ら(1995)も,濱名(1983)同様,学校という場で何が起こっているのか,その内部過程を扱う研究の必要

性と，そのための主要な方法としてフィールドワークをデータ収集法とする研究の重要性を主張している。先行研究の少ない教育分野における研究法としてのフィールドワークの有効性がわかるだろう。

　加えて，入院児および家族は非常に敏感で傷つきやすく，精神面・生活面ともに余裕がない。研究領域の特性としても，研究協力者に対して何らかの操作を加える，あるいは質問紙記入等の作業を依頼するという手法は適切とは言えないだろう。研究協力者への負担をなくすという倫理的配慮の観点からも，日常の中での教師や子どもたちの言動を丹念に拾い集めて分析データとしていくフィールドワークは，研究方法として適切であると判断できる。

　以上より，入院児への心理教育的援助という先行研究の少ない分野における探索的研究であり，そこでごくあたりまえに繰り広げられる教育実践から援助的意味を読み取り，心理教育的援助のモデルを構成することを目的とする本書においては，現場のありようをすくいとるのに最適とされる自然状況下での参与観察を中心とするフィールドワークをデータ収集方法とし（国分，1993; 箕浦，1999），収集された記述的データを研究者が解釈することで教育実践の意味を問い直し，新たな視点から教育現象を再構成することをめざす「解釈的アプローチ」（志水，1985; 柴山，2001）を採用することはきわめて有効であると言えるだろう。

　また，データ分析法としては，社会福祉や看護等臨床的ヒューマンサービスにおける社会的相互作用や対人援助の行われているコンテクストを明らかにするのに適し（木下，1999），先行研究や理論も十分構築されていない領域において，理論構築をめざすグラウンデッド・セオリー法（Glaser & Strauss, 1990; 三毛，2002）を採用する。

　以下に続く第5章から第8章は，ある院内学級の実践を記述することで場の理解をめざし，そこから，現象を理解するモデル生成を目的とするフィールドワーク研究の結果である。病弱教育機関の中でも特に病状変動が激しく短期間の入院児を対象とし，教員の困惑が頻繁に語られる院内学級における実践のありようを記述し，「こんな学校もあるのか」（志水・徳田，1991）との理解を得ることから出発したいと思う。その上で，参与観察および面接データ分析に基づ

く心理教育的援助モデルを生成し，教育の立場からの入院児への援助に理論的示唆を提供することとする。実態調査が圧倒的多数を占める病弱教育研究の中で，ひとつのフィールドにおける実践を深く掘り下げた方法論上の新しい試みを以下に提示しよう。

# 第5章　院内学級のフィールドワーク

## 第1節　フィールドについて語る意義

　本章では，研究フィールドである院内学級（プライバシー保護のため実名を伏せ，以下，Z院内学級とする）がどのような"場"であるのかを詳細に記述することで，入院児対象の教育機関のひとつである院内学級のありようを理解することをめざす。

　院内学級に限らず，病弱教育機関においては，対象児童・生徒の疾病構造や規模・歴史，併設病院の医師・看護師の考え方等それぞれの事情をかかえながらよりよい実践がめざされており，ひとつの院内学級のあり方がすべての院内学級や病弱教育機関に通ずるものであるとは言いきれない。しかし，ひとつのあり方として，その具体像を明らかにすることも，入院児への心理教育的援助について理解するという本書の目的に照らして重要であると考えられる。

　フィールドワーク研究は，特定の事例を理解し，その理解から理論的・実践的示唆を抽出することを目的とする事例研究の一種である。事例研究には，探索的・記述的な方向をもつ個性記述的な研究である「事例自体の研究」と，事例を通して事例の本質を見出し，理論モデルを構成する「事例を通しての研究」があることが指摘されている（山本，2001）。この枠組みで捉えるならば，フィールドワーク研究は「事例を通しての研究」と言えるだろう。だからこそ，提示された研究知見がどのような事例から得られたものなのか，その事例，すなわちフィールドのありようを記述することが必要になる。さらに，本書は，「事例を通しての研究」であるフィールドワーク研究であると同時に，ひとつの院内学級の記述的理解の提示をも目的とする個性記述的な「事例自体の研究」でもある。通常のフィールドワーク研究以上に，フィールドについて記述することに重きをおいていきたいと考える。

本章では，第3節においてフィールドワークの概要も併せて記述することで，フィールド研究である第6章・第7章・第8章の研究データがどのような"場"でどのようにして収集されたのかを述べていく。

## 第2節　フィールドの概要――ある院内学級のありよう

### 1．なぜZ院内学級なのか

やまだ（1986）は，質的研究におけるデータの代表性は，数量的データとは異なる基準で考えなくてはならないと主張している。「質的な典型性」を備えていること，すなわち，目的に合わせて必要な次元がカバーされていることこそが肝要であり，日本におけるスクールエスノグラファーの草分け的存在である志水（1996）も，そのフィールドが自分が見たい対象の「典型」であるかどうかをフィールドの重要な選定基準として挙げている。

本書のフィールドは，小児病院併設のZ院内学級小学部である。病弱教育機関は，重度の慢性疾患をもつ入院児を多く擁し，規模も大きい独立型の病弱特別支援学校と，特別支援学校や市区町村立小・中学校の分教室・特別支援学級が病院内の一角に設置されている院内学級に大別できることは既に述べた。院内学級においては，小児がんや難病の子どもをかかえることが多く，心身症等の子どもはほとんどいないとされている（佐々木，1998）。

本書では，小児がんや急性疾患の児童をかかえ，在籍期間も短く，より対応が難しいとされる院内学級に焦点をあてた。院内学級のあり方は対象児童の疾患種や学校規模，病院との関係等各校独自の事情に応じた部分が大きいが，Z院内学級は，入院児の義務教育に40年以上も携わってきた，他に類を見ない病院内教育の伝統をもつ学級である。このように，日本の院内学級の草分け的存在であること，また，各種研究モデル校指定を受けたり校長が全国病弱特別支援学校長会の会長を務めたことがある等から，日本の病院内教育の中核的存在と考えられる。また，第1章において述べたように，院内学級においては病棟内の一角の1,2部屋で教育が提供されることが多い中で，Z院内学級は，病院敷地内に位置しているが，病院とは別棟の建物を独立してもっており，さらに図5-1に示したように，音楽室・図工室・理科室・養護・訓練室（現・体育

第5章　院内学級のフィールドワーク　　　　　　　　　　69

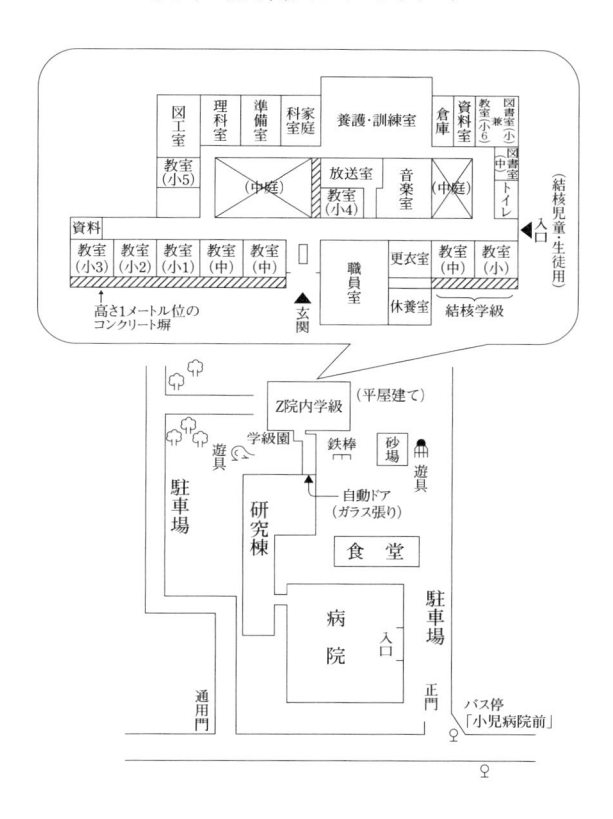

図5-1　Z院内学級の平面図

館）といった学校としての設備を小規模ながらも一通り備えている。また，歴史が古いこともあり，病院からもその存在を高い位置づけで認められており，他の院内学級に比して病院との協力体制も築かれている。すなわち，院内学級としては，極めて恵まれた学校環境であると言える。その点において，院内学級一般の平均像という意味での「典型」とは必ずしも言えないが，院内学級のひとつの「理想型」として「あるべき姿の典型」と考えることは可能だろう。ここから，ひとつの院内学級における教育実践の記述から教育実践のあるべき方向性について考察するという本書のリサーチ・クエスチョンに適したフィー

ルドであると言えるだろう。

さらに，その存在がフィールドワークの成否を大きく左右することが指摘されている「心通わせられるキーパーソン」「キーインフォーマント」(志水, 1996; 2005)の存在がある。Z院内学級のある女性教師は，病弱教育に携わる教員を主要構成員とする研究会の主要メンバーとして，筆者が本フィールドにエントリーする以前から既に3年以上の交流が筆者との間にあり，エントリーに際しても，フィールドにおいても職員室の机の割り当てへの配慮や，お茶を入れてくれたりと，随時細やかに心を配っていただいた。フィールドワーク，特にエントリー当初の最大のつらさは，「『よそ者』と『身内』のあいだ」(佐藤, 1992)と言われるような"フィールドにおける所在なさ"であることを思えば，彼女の心遣いあってこそ成り立ったフィールドワークであった。その意味においても，筆者にとっては研究活動に適したフィールドであったと言える。

## 2. Z院内学級の概略
### (1) 沿革と学校施設

1954 (昭和29) 年，関東の公立小児療養所内に，結核児を教育対象として地元小・中学校の特殊学級が各1学級開設された。現在とは形態こそ違え，これがZ院内学級のはじまりである。1977 (昭和52) 年には近隣の病弱養護学校 (当時。現在は病弱特別支援学校。以下，同様) に所属が変更となり，養護学校分教室という学校運営となる。1979 (昭和54) 年以来，学級数8 (小学部5, 中学部3) が続くが，1991 (平成3) 年に，学級数10 (小学部6, 中学部4)，教員数が小学部・中学部あわせて21名となった。調査時において小学部の教員数13 (教頭1名を含む)，在籍児童数は入退院によって変動するが，常時約20名いる。

小学部・中学部という義務教育の体制はほぼ整った現在，Z院内学級において課題として浮上しているのが，幼稚部と高等部の設置問題である。特に，入院児はその7割以上が乳幼児であるという現状と，学校生活の基盤作りとも言える就学前教育を受けていないことが，退院後の学校生活不適応の遠因となっているとも言われ，幼稚部設置実現をめざした動きが活発化している。しかし，現在病院の統廃合が進行中であり，Z院内学級も，病院の移転・合併に伴い，

第5章　院内学級のフィールドワーク　　　　　　　　　　　71

2009年には他所への移転が決まっている。

　69頁の図5-1は，データ収集時（1997年〜2003年）のZ院内学級の見取り図および病院との位置関係である。学級の教室配置は，年度ごとに変わり，年度途中でも入級してきた子どもの人数や病状等に応じて随時変更される。Z院内学級は，1976（昭和51）年完成の鉄筋コンクリート平屋建874㎡の建物である。病院と学校は車椅子2台がちょうどすれ違えるくらいの幅の渡り廊下（下足歩行が原則）でつながれている。この渡り廊下が，病院と学校のテリトリーの切り替えゾーンとして，病院から学校へ，そして学校から病院への人とモノの流れをつないでいる。おそらくは，毎日登校する子どもたちにとっても，「ここからは学校だ」あるいは「病棟に帰るぞ」といった気持ちの切り替えの場でもあり，同時にほとんどの時間を屋内で過ごす子どもたちにとっては，外の空気を感じられる貴重な場所となっていると思われる。

　学校施設に関して特筆すべきことは，調査当時，結核児童とその他の一般疾患児童との"棲み分け"がなされていたことである。医師の指示により，結核児童とその他の一般疾患児童とは別々に指導することになっていた。音楽室・体育館等の特別教室は，結核児童・生徒とその他の一般疾患児童・生徒とで使用時間帯を分けて共用していたが，学校への出入口も結核児童・生徒は東側の入口を使い，一般疾患児童・生徒は玄関からと別になっていたし（図5-1参照のこと），トイレも別の所を使うことになっていた。日常的な活動においても，音楽室を境い目として，それより東には一般疾患児童・生徒は原則立ち入ってはいけないし，結核児童・生徒もその境界を越えて西側へ立ち入ることは許されなかった。この"棲み分け"は，結核が法定伝染病であり，万一の感染の可能性を考えて，特に免疫力が低下している疾患の子どもとの接触を避けていると筆者には考えられた。しかし，子どもたちは排菌（子どもの痰に結核菌が排出されること）がなくなってから登校許可になることから，医学的には院内学級における子ども同士の接触感染の可能性は極めて低く，教師たちもこの"棲み分け"が，感染予防という医学的理由に基づく配慮というよりも，結核という伝染病に対する一般（もしくは，一般疾患児童・生徒の保護者）の警戒心への「社会的配慮」から行われていることを承知していた（この結核児童・生徒を分けての指導は2005年度に全廃されており，上記の記述はあくまでも調査

当時のものである)。

### (2) P小児病院との連携

Z院内学級が併設されているP小児病院は，約300床の中規模病院であり，1958(昭和33)年に，日本では初の「小児病院」の名称をもつ病院として開設された。本院には，大きく分けて小児内科と小児外科があり，それぞれ，次のような診療科目を有している(調査当時)。

> 小児内科：呼吸器科(含結核)，内分泌代謝科，未熟児・新生児科，循環器科，感染症科，腎臓科(含透析)，血液悪性腫瘍科，神経科，一般小児科
> 小児外科：心臓血管外科，腹部外科，泌尿器科（一般泌尿器科・腎移植科）

具体的な連携活動としては，遠足・社会科見学等の校外授業が医師・看護師の付き添いのもとに行われていることが挙げられる。加えて，以下の会合が，児童・生徒の入院生活のQOL向上をめざし，定期的に開かれている。
① 病院・学校連絡協議会（年2回）
　：児童・生徒の教育および施設の管理運営について話し合う。
　：学校（校長・副校長・事務室長）／病院（院長・副院長・事務局長・事務局次長・看護科長）
② 生活指導連絡会（年5回）
　：学校および病棟における児童・生徒一人ひとりの生活についての理解を深める。
　：学校（全教職員）／病院（病棟教育係の看護師・福祉士・臨床心理士・理学療法士）
③ 学校・病院との連絡会（年7回）
　：児童・生徒の状況，学校行事および学校の課題等を知らせたり，病棟からの要望を聞いたりして，相互の理解と協力を図る。
　：学校（副校長・小学部および中学部代表・教育相談部代表・必要に応じて企画調整会議のメンバー）／病院（教育担当医師2名・各病棟看護師長）

病弱教育においては，医療機関との緊密な連携が必須とされることは前述した。しかるに，「言うは易く，行うは難し」であり，連携の必要性は認めつつも，

実際には医療現場の多忙や双方の情報不足等から緊密な連携が実現しているとは言いがたい。こうした一般的状況にもかかわらず，Ｚ院内学級は，病院内にありながらも学校としての位置づけを保ちつつ教育にあたることができるという極めて恵まれた環境下にあると言えるだろう。その背景には，Ｐ小児病院が子どもだけを診療対象としており，基本的に子どものために運営されている病院であることと，Ｚ院内学級がそもそも病院の積極的な努力と熱意で誕生したという開設経緯がある。しかし，何よりも，小児においては医学的治療だけでは不十分であり，教育を含めた全人的なケアが必要であるとの認識を病院側がもち続けていることが大きいと考えられる。

(3) 教育計画

Ｚ院内学級においては，以下の３つの教育目標がたてられている。
① 明るく元気な子：病気からくる不安を克服し，明るく希望をもって生活する態度を身につける。
② 自ら進んで考え実行する子：自分の生活・学習・健康についてよく考え，最後までやりとげられる態度を身につける。
③ 仲良く助けあう子：友達や周囲の人に対して思いやる心や親切な心をもち，ともに協力できる態度を身につける。

(平成15年度学校要覧より抜粋)

基本方針としては，「学校と病院と家庭とが連携を密に保ちながら教育活動を進める」「病気による学習時間の不足，治療スケジュールの関係による授業時数の不足を補うために，教材を精選及び授業配当時数の工夫を行い，効率よい指導を図る」等を掲げ，教育活動が進められている。

教育内容は，教師たちが「準ずる教育」と呼ぶように，普通校同様基本は教科学習であるが，障害の理解・克服をめざした「自立活動」(1999年までは「養護・訓練」)の時間がある。授業形態は，児童によっては学習空白が存在し，教科書や進度も一定しないため，個別指導に近い形式で柔軟な対応が採られている。小学部時間割は，表5-1の通りである。

特筆すべき実践として，病棟でのベッドサイド学習と骨髄移植時の無菌室での指導が挙げられる。ベッドサイド学習とは，体調が悪く院内学級への登校は

表 5-1　Z 院内学級（小学部）時間割

| | 月 | | | | | | 火 | | | | | | 水 | | | 木 | | | | | | 金 | | | | |
|---|---|---|---|---|---|---|---|---|---|---|---|---|---|---|---|---|---|---|---|---|---|---|---|---|---|---|
| | 1 | 2 | 3 | 4 | 5 | 6 | 1 | 2 | 3 | 4 | 5 | 6 | 1 | 2 | 3 | 1 | 2 | 3 | 4 | 5 | 6 | 1 | 2 | 3 | 4 | 5 |
| 1年 | 国語 | 算数 | 道徳 | 国語 | | | 国・算／生活 | 生活 | 国語 | | | | 図工 | 自活 | | 算数 | 音楽 | 国語 | 国語 | 国語 | 体育 | 図工 | 特活 | | 音楽 | 国語 | 算数 | 生活 |
| 2年 | 国語 | 算数 | 図工 | 国語 | 道徳 | | 国・算／生活 | 生活 | 国語 | | | | 算数 | 自活 | | 国語 | 音楽 | 国語 | 図工 | 国語 | 体育 | 算数 | 特活 | | 算数 | 音楽 | 国語 | 生活 |
| 3年 | 国語 | 算数 | 社会 | 国語 | 道徳 | | 音楽／図工 | 国語 | 体育 | | | | 算数 | 自活 | | 国語 | 算数 | 社会 | 国語 | 図工 | 理科 | 国語 | 特活 | | 国語 | 算数 | 理科 | 音楽 |
| 4年 | 国語 | 社会 | 算数 | 理科 | 道徳 | | 音楽／図工 | 国語 | 体育 | | | | 理科 | 自活 | | 算数 | 社会 | 国語 | 国語 | 算数 | 国語 | 音楽 | 特活 | | 国語 | 図工 | 算数 | 理科 |
| 5年 | 道徳／音楽 | 図工 | 理科 | 国語 | 社会 | | 算数 | 国語 | 社会 | 体育 | 育／算 | 自活 | 音楽 | 算数 | 理科 | 国語 | 算数 | 図工 | | | | 理科 | 特活 | | 国語 | 算数 | 家庭 社会 |
| 6年 | 道徳／音楽 | 図工 | 算数 | 国理 | | | 算数 | 家庭 | 社会 | 体育 | 国語 | 自活 | 音楽 | 理科 | 国算 | 算数 | 国語 | 図工 | | | | 社会 | 特活 | | 国語 | 算数 | 社会 | 理科 |
| 2組 低* | 国語 | 算数 | 生活 | 国語 | 道徳 | | 国・算／生活 | 生活 | 音楽 | | | | 国語 | 自活 | | 図工 | 算数 | 国語 | 算数 | 音楽 | 国語 | 国語 | 特活 | | 国語 | 体育 | 図工 | 算数 |
| 2組 高* | 国語 | 図音 | 算数 | 社会／道徳 | | | 算数 | 理科 | 国算 | 家科 | 社会 | 自活 | 国語 | 図工 | 音楽 | 算数 | 国語 | 社会 | | | | 理科 | 特活 | | 国語 | 体育 | 理科 育科 | 算数 |

＊注：2組とは，結核クラスのことであり，低学年と高学年の 2 クラスが設定されていた。

（平成 15 年度学校要覧より抜粋）

難しいがベッド上での学習ならば可能であるという状態の子どもたちを対象に，教師が病室へ出向いて訪問授業を行うものである。しかし，ベッドサイド担当の教員配置がないまま，教師たちが時間をやりくりして教育を行っている。Ｚ院内学級では，授業は1日2時間，算数と国語を中心に午前中に行われている。子どもの病状次第で，どの子がベッドサイドになるか直前にならないとわからないため，教師は週ごとに割り当てを組んで，連絡をとりつつ交代で教育にあたっている。

無菌室での指導は，1993（平成5）年，中学1年生の生徒を対象に行われたのが最初である。Ｐ小児病院では，1988（昭和63）年より慢性・急性骨髄性白血病や再生不良性貧血の根治的療法として造血幹細胞移植（＝骨髄移植）を行っているが，移植中は，まず本人の免疫細胞一切を破壊し，感染に対して極端に無防備な状態となるため，患児はたったひとりの無菌室での生活を余儀なくされる。症例を重ねるうち，そうした厳しい状況下にある子どもたちの拘禁状態に起因する精神的ストレス（院内学級現場では，これを「拘禁ストレス」と呼んでいる）が，治療意欲の低下をはじめ，さまざまなマイナスの症状をひきおこすことが解決すべき課題として医療現場で浮上し，その対策の一環として，無菌室における教育指導の導入が実現したのである。予防衣の着用や消毒，教材の徹底した消毒（1週間前に病院側に提出して消毒）等の厳密な衛生管理のもと，無菌室内へ教師が入室しての指導が行われるようになり，学習意欲の持続やストレス軽減に評価に値するだけの効果を見せており，今日でも継続されている。

(4) 子どもたち

Ｚ院内学級の児童・生徒は，全員，Ｐ小児病院に長期入院している小・中学生である。転入の手続きは，まず，主治医から"学習依頼書"がＺ院内学級に提出され，それから，児童・生徒の保護者が在籍校から，転学書類（在学証明書，教科書給与証明書）を取得し，本教室に提出，正式な転学手続きを行い，転入学が決定されるというプロセスをたどる。学習依頼書とは，いわば医師からの「学習しても差し支えない身体的状況である」というお墨付きであり，教授形態によって「ベッドサイド」「登校」「併用」の3種類がある。「併用」と

表 5-2　Z 院内学級児童の在籍期間

| | | |
|---|---|---|
| 1 カ月未満 | 延べ 25 名 | （全体比 23％） |
| 1 カ月～3 カ月 | 35 名 | （34％） |
| 3 カ月～6 カ月 | 24 名 | （22％） |
| 6 カ月～1 年 | 12 名 | （11％） |
| 1 年～2 年 | 8 名 | （ 7％） |
| 2 年以上 | 3 名 | （ 3％） |

（平成 8 年度学校要覧より抜粋）

は，病状に応じて「ベッドサイド」と「登校」を随時変更できる柔軟な対応が許容されているものであり，病状変動が激しいことが予想される子に多く適用される。

　Z 院内学級の子どもたちの疾患種としては，結核・ペルテス病（股関節疾患）・腎疾患・血液疾患・糖尿病が主なものである。結核児童・生徒は，1965（昭和 40）年に在籍数 71 名と多かったが，以後激減し，1989 年（平成）に入ってからはおおむね 1,2 名である。ペルテス病も多く，1989 年（平成）以後常時 5 名～10 名の児童・生徒がいる。低学年の男児が多く，彼らは，リハビリテーションも入れると 1 カ月以上の長期入院になることもある。また，P 小児病院が腎臓移植の実績で著名であることもあり，本学級には腎臓疾患の子が集まってくる傾向がある。1989 年（平成）以後常時 5 名～10 名いるが，幼少時より入退院を繰り返している児童・生徒も多く，就学前教育を受けずに Z 院内学級に入学してくる子もいる。Z 院内学級には，病弱教育の主たる対象である喘息はまれに 1 名いる程度であり，筋ジストロフィーはゼロ，心臓病・膠原病もほとんどいないと考えてよい。また，どこの病弱特別支援学校でも最近増加傾向にあるといわれる不登校を主訴とする児童・生徒の受け入れ実績は今のところない。

　在籍期間は，データのある 1996（平成 8）年度に関しては，上記の表 5-2 の通りであり，転出・入が非常に多いことがわかる。平均して，転入は 3 日に 1 人，転出は 2.6 日に 1 人の割合で存在する。学校の性質上やむをえないこととは言え，この頻繁な転出入が，長期的展望にたった一貫指導の実現を難しくしていることはまちがいない。

第5章　院内学級のフィールドワーク

### 表5-3　Z院内学級の時程表

|  | 教室登校 | ベッドサイド学習 |
|---|---|---|
| 8:30～8:40 | 職員朝会 |  |
| 8:50～9:05 | 各病棟へ児童・生徒の迎え |  |
| 9:10～9:15 | 朝の会 |  |
| 9:15～10:00 | 1校時 | 9:15～10:00　1校時 |
| 10:10～10:55 | 2校時 | 10:10～10:55　2校時 |
| 11:10～11:55 | 3校時 | 11:10～11:55　3校時 |
| 12:05～13:05 | 昼食・安静 |  |
| 13:05～13:15 | 各病棟へ児童・生徒の迎え<br>（中学部の生徒および小学部4・5・6年生の火曜日） |  |
|  | 小学部　　　　　中学部 |  |
| 13:15～14:00 | 昼の運動（特別自立活動）<br>4校時（4・5・6年生の火曜日） |  |
| 14:10～14:55 | 5校時 | 5校時 |
| 15:05～15:50 | 6校時 | 6校時 |
| 15:50～16:00 | 各病棟へ児童・生徒を送る |  |

（平成15年度学校要覧より抜粋）

　子どもたちの1日は，朝8時55分，各病棟へ迎えにきた教師たちと登校するところから始まる。午前中3校時の授業を受け，各病棟へ教師が送っていく。昼食は病棟でとり，肥満・糖尿病等で医師から依頼のあった児童は4時限目として昼の運動が予定されているが，今回のフィールドワーク中は観察されなかった。5校時開始までに，子どもたちは迎えにきた教師たちと，または看護師に伴われて再登校する。6校時終了後，病棟へ教師が送っていき，下校となる（表5-3参照）。

　近年つとに指摘されることに，児童・生徒の疾患の種類や程度が多様化していることがある。疾病構造の変化や同じ疾患で頻繁に入退院を繰り返す児童の増加に伴い，療養生活自体大きく変化し，その変化に対応した指導のあり方が求められている。

## 第3節 フィールドワークの実際

### 1. フィールドワークのプロセス

本書のフィールド研究においては，Glaser & Strauss（1967），Spradley（1980），箕浦（1999），Ponterotto & Gieger（1999）に倣い，基本的には以下の8つのステップを踏んでいる。

① フィールドの選定→フィールドエントリー
② フィールドへのスタンスの自覚と参加構造の決定
③ 網羅的・全体的な観察
④ リサーチ・クエスチョンの設定
⑤ 観察の焦点化
⑥ リサーチ・クエスチョンの再検討
⑦ データ収集⟷分析
⑧ Writing up：論文化

### 2. フィールドにおける研究者の位置づけ

秋田（1997）は，どのような"場"で，いかなる関係性の中で研究が成立しているのかを詳述した心理学論文の不在を嘆き，研究者が対象とどのような関係にあり，いかにかかわったのかを方法として明示すべきであると主張している。この主張は，フィールドワークに関しては，特に重みをもつものと言えるのではないだろうか。

研究者は，フィールドでは"壁のハエ""透明な存在"であることを心がけるよう言われ，フィールドに対して白紙の状態で臨むことが望まれるような印象を与えがちであるが，現実にはそのようなことはあり得ず，研究は常に特定の立場から現象と向き合ってなされるものと言える（Banisterら，1994）。フィールドでは，研究者自身が唯一無二のデータ収集のツールである以上，現象とデータの間には，研究者のフィールドでの位置づけやスタンス，偏見や暗黙知などの主観性が介在し，観察の視点や得られるデータに少なからぬ影響をおよぼす（谷口，2000; 遠藤，2007）。参与観察によって得られた記録は，「一定の視点に立って見る」ことによって「再構成された現実（＝reality remade）」であ

ると言える（箕浦，1998c）。つまり，本書第6章から第8章の研究結果は，ある一定の位置づけやスタンスをもつ"筆者"が，"生の現実"と向き合ってすくいあげ，"再構成した現実"ということになる。黒澤明監督の映画『羅生門』の例を俟つまでもなく，筆者とは異なる位置づけやスタンスをもった人が観察し，記述すれば，本書とはまったく別の記述となる可能性を含むものである。心理学においては，データの客観性が重視されるが，Henwood & Pidgeon（1992）およびPidgeon & Henwood（1997）は，質的研究の主観性は研究者の個性・創造性と捉えるべきとし，南（1994）は「独自の『心理学的リアリティ』をすくい取るためには，むしろ特殊な対象との特殊な関係の中にある特殊な観察者だからこそ見えてくる『事実の層』に着目することの方が重要」であると主張している。また，それゆえにフィールドにおいて観察者がどのような立場にあったのか，その立ち位置を提示することが必要であるとされている（鯨岡，2005）。

本書では，これらの主張を肯定する立場をとり，"主観的"であるということだけで観察の結果を切り捨てるのではなく，どのような位置づけの筆者がどのようなスタンスから『生の現実』と向き合った末にくみ取られた『現実』なのか，その"位置づけ""スタンス"と予想される"観察の歪み"を自覚し，明示することで，主観性に対する批判への対処と考える。以下，フィールドへのエントリープロセス，フィールドにおける筆者の位置づけとスタンスについて述べ，第6章から第8章において提示されるデータや知見が，どのような立場の人のどのような目を通して得られたものかを明らかにしたい。

(1) フィールドエントリーのプロセス

フィールドエントリーは，事前に教員研究会で面識のあったZ院内学級教師の援助を受け，指導教官の依頼状・職員会議の許可付きのフォーマルな形式でなされた。フィールドワークがボランティア，アルバイト等"研究"という本来の目的を伏せたインフォーマルな立場からなされることも多い中で，筆者のフィールドエントリーは，フォーマルな手続きを踏んだものであることを，ここに明記しておく。エントリー直後に，Z院内学級には中学部もあるが，中学部は在籍生徒数が少ないこと，および中学部生徒の方がより他者の目に敏感な発達段階にあることから，Z院内学級側より中学部の観察は控えてほしいと

の要請があり，小学部のみを観察することとなった。

(2) フィールドでのスタンスと予想される歪み

もともと，筆者の問題意識は，家族と自分の入院という個人的経験から出発している。入院という経験が本来的に人間，特に子どもにとってはストレスの多いものであり，医療スタッフではない"教師"が，入院中の子どもたちにとって重要な援助者となり得るのではないか，との考えが筆者にはある。つまり，フィールドの当事者（本書の場合は，教師および子どもたち）への「心情的な共感」（志水，1996）が筆者のフィールドワークの根底にある。この「心情的な共感」は，フィールドワークという難行を継続する上で重要なポイントであるとされるが，同時に，その共感に捉われすぎると，共感が偏屈な"思い入れ"となり，狭い観察視野からの偏ったデータしか得られない恐れを含むとも思われ，自らのスタンスにかかわる"予想される歪み"について自覚しておく必要があるだろう。

今回のフィールドワークにおいて予想される歪みとしては，"病院内教育のいいところ"を発見しようという暗黙の姿勢が筆者にはあり，それ以外の部分が筆者の目からはこぼれ落ちている可能性があるという選択的注視と事象の解釈の歪みの問題がある。つまり，院内学級の実践に対してポジティブな価値観をもっていることが，観察記録やデータ解釈に影響している可能性がある。こうした自らのスタンスにかかわるデータの歪みの可能性を自覚した上で，中立な構えをもち続けながら，フィールドに臨むよう心がけた。

(3) フィールドでの筆者の位置づけ

本フィールドワークにおいて筆者とかかわりのあったフィールドのメンバー，すなわち子どもたちと先生方のあいだでの筆者の位置づけについて，ここで確認する。

子どもたちには，観察初日にひとりの女性教師が「今日はお客様がいます」と口火をきり，「みんながどんなふうに入院生活を過ごしているかな，っていうのを勉強している谷口先生です」と"先生"としてご紹介頂いている。もともと見学者の多い学校のせいか，子どもたちは「へー」という顔をしただけで，

## 第5章　院内学級のフィールドワーク

格別関心を示すわけでもなかった。観察当時のZ院内学級には，筆者くらいの年格好の女性教員が多く，筆者の存在を受け入れるのに，この「先生」の位置づけは，子どもたち，特に低学年の子どもには理解しやすかったようで，筆者はすんなりと場になじむことができたように感じた。この"先生"の位置づけは，以下のエピソードからも窺い知ることができる。

> 1998（平成10）年4月の学年初め，「養護・訓練」（現「自立活動」）Bグループ（慢性疾患児のグループ）の担当教員を男性教師が子どもたちに紹介する。
> 「Bグループの担当は，X先生と，…（中略）…Y先生の4人です」
> と筆者を除くその場にいる4人の先生が紹介される。すると子どもたち，一斉に筆者の方に笑顔を向け，
> 「もう一人**先生**いるよー」「いるよいるよ」
> と，盛んに主張する。
> 「あ，そうか……。じゃぁ，お名前を知っていますか？」
> の男性教師の問いには，「そういえば名前は知らない……」と言わんばかりの表情で，小首をかしげ目を丸くしながら筆者を見つめていた。ここで，あらためて名前だけの自己紹介をした。

　このエピソードから，筆者が子どもたちから"先生"として認識されていることがわかる。参与観察中の記録についても，ごくたまに，低学年の子どもたちからは「何書いてるの？」「見せて」「僕のこと書いといてね」等と話しかけられることはあっても，「みんなが院内学級でこんなことしてますって書いてるのよ」などとさらりと答えると，それで満足したのか，「ふーん……」とわかったような，わからないような顔をしたまま筆者から離れていった。

　先生方にとっての筆者の位置づけとしては，研究目的の大学院生としてはっきりと認識されていたことと思う。指導教官の紹介状つきというフォーマルな形でフィールドエントリーしていることもあり，当然筆者が研究目的に観察をしているということはご存知である。最初の2,3回は，筆者の目を意識して，「板書をいつもよりもきちんとしました」（女性教師の授業中の談話）ということがあったり，「どうぞどうぞ」という感じで，活動へ招き入れて下さったりということがあったが，すぐにそれもなくなり，データ収集中の教育活動そのものに筆者の存在の影響があったとは考えにくい。

参与観察においては，研究者がフィールドにはいることの影響が指摘されることがあるが，今回のフィールドワークにおいては，こうした研究者効果は大きくないと思われた。

## 3. データ収集の基本スタイル
### (1) 参与観察

1997年10月～1998年6月，1999年3月～2000年2月，および2002年10月～2003年3月の合計27カ月にわたり，平均して週に1度，全58回，参与観察を行った。テープ録音は，職員会議の許可後1997年11月から5カ月にわたり，「養護・訓練」（録音当時。1999（平成11）年3月より「自立活動」）の時間のみ行った。昨今のフィールド観察研究では，ビデオの使用による相互作用研究が盛んであるが（岡本，2001; 苅田，2004），今回のフィールドワークではビデオは一切使用していない。ビデオの利用は，詳細にわたり繰り返し観察することを可能にし，研究者の解釈が介入していない，よりオリジナルな出来事に近い資料を提供してくれるというメリットをもつことが利点として指摘されている（茂呂，1997）。しかし，事象全体を捉えるのではなく，現実の一部のみしか扱えないこと（無藤，1986），機動性がなくなり，観察者効果が大きくなる（無藤，1988），というデメリットもある。今回のフィールドワークにおいては，なるべく自然な場の流れを捉えることを意図したことと，子どものプライバシーに対する配慮の必要性が高く，子ども自身も（全員ではないが）投薬等治療の影響による整容面の変化（脱毛・顔が満月のようにむくんでしまうムーンフェイス等）からビデオ撮影への抵抗感が高いというフィールドの特性を考慮して，ビデオを用いることは適切ではないと判断した。

フィールドへの関与については，極力関与を控える方針でのぞんだ。Spradley（1980）は，参与観察のタイプを，そのフィールドへの関与の度合いによって次の5つに分類している。

① 完全な参与：Complete Participation
　　役割をもち，full membershipをもって当事者として関与する。
　　（例：教師あるいは生徒として参加しながら教室活動のメカニズムを探

② 積極的な参与：Active Participation
その場の人と同じ活動をすることで，文化的行動規範を獲得する。
（例：文化人類学の異文化観察，ボランティアとしてフィールドエントリーする時）

③ 中程度の参与：Moderate Participation
②と④の中間，すなわち，「インサイダー」と「アウトサイダー」のちょうど中間。
（例：ゲームセンターでゲームをしながら（勝つことは目的とせず形だけの行為）人々の行動観察する時）

④ 消極的な参与：Passive Participation
場に入ってはいるが，関与を最小限にし，観察場所から淡々と記録をとる。うろうろするだけの傍観者，壁の花という存在。場の文化的ルールの理解には大きく寄与する方法。
（例：バレエ教室の隅で活動の様子を観察する時）

⑤ 非参与：Non-participation
場の人・活動への関与は一切なし。
（例：ワンウェイミラーを用いた観察やテレビ番組の分析）

本フィールドワークにおいては，現実の教育実践をなるべく妨害しないこと，および記憶に頼る部分をできるだけ少なくし，その時その場でフィールドメモをつけること，の2点を考慮し，5つの参与観察タイプのうち，消極的な参与のスタイルを採用した。実際の活動への関与は，先生方や子どもたちから声をかけられた時のみ，座をしらけさせて活動の流れを阻害しない程度には参加する，または子どもが危険な状態になった時は助けるという，最低限のレベルにとどめるスタイルを一貫してとった。

具体的には，授業中や休み時間に，教室の傍らにボードにはさんだ記録用紙（A4判）をもって立ち，教師と子どものやりとりを中心に表情や非言語的なコミュニケーションにも注意を払いながら，逐一記録していった。職員室の講師用机を使うことをお許し頂いたので，授業時間以外は，そこを拠点に校内を

自由にうろうろし，許可の上，掲示物等随時目についたもの，耳にしたこと（インフォーマル・インタビューを含む）全てをその都度メモした。この現場で取ったフィールドメモを，録音記録を合わせて拡充し，時系列にそって日誌風に記述したものが，分析資料となったフィールドノーツである。

録音記録の扱いは，場そのものが通常の教室活動のように整然としたものではなく混沌としており，きちんとした逐語録にするには必ずしも向かないものであることや，表情・身振り等音以外の要素が完全に洩れてしまうということもあり，「記憶やメモの穴を埋めるための補助手段」（佐藤，1992）とするにとどめた。フィールドノーツの記録には，「主な言動は記録されているが，細かいところで抜けおちている」（無藤，1996）可能性は否定できないし，ビデオテープのように映像を再現して繰り返し観察することもできない。しかし，フィールドノーツによる記録からは，切り取られた現実ではなく，文脈の流れをもつ実践の全体像が捉えられ，質的な分析に適している「よいエピソード」（無藤，1988）が抽出でき，生の現実に基づいた新たな仮説生成が期待できる。

次に，時系列に沿ったフィールドノーツから，意味的なまとまりをもった一連のやりとり，すなわちエピソード（山本登志哉，1995）を切りだした。その際，柴山（1999）に倣い，各エピソードについての解釈や理論的メモ，方法上の覚え書き，素朴な感想も，観察記録とは別に，日付とともに記入していった。具体例を挙げれば，「母子相互作用によくみられる子どもの気持ちの代弁であるが，ここでは教師が子どもの気持ちを代弁，状況説明することでけんかを未然に防いでいるのではないか」のようなコメントが各エピソードについての解釈で，「心情的なところを支える情緒的サポート」のような心理学理論と関連づけた考察が理論的メモである。また，「次回はA子へのB先生の働きかけに着目してみよう」等の観察にかかわる留意点や気づきを方法上の覚え書きとして記した。

分析単位を決めるにあたっては，Corsaro (1985)，Erickson & Schultz (1981) を参考にし，

① 物理的状況：physical setting
② 人的環境：combinations of persons
③ 何をしているのかの行動内容：what people are doing

表 5-4　面接協力者の概要

| 面接時期 | (1)1998年3月～10月 | (2)2003年11月～12月 |
|---|---|---|
| 人　数 | 14名（教頭1名を含む） | 7名 |
| 性　別 | 女性8名／男性6名 | 女性4名／男性3名 |
| 年　齢 | 32歳～57歳（平均40.2歳） | 34歳～53歳（平均42.0歳） |
| 教員経験 | 8年～33年（平均18.6年） | 11年～26年（平均18.1年） |
| 病弱担当経験 | 1年～25年（平均6.2年） | 4年～13年（平均7.7年） |

④　行動生起の時と場所：when and where they are doing it
の4事項の記述を含めるものとした。得られたエピソードは，1997年10月～1998年6月の参与観察からは223個，1999年3月～2000年2月の参与観察からは308個，および2002年10月～2003年3月の参与観察からは170個の計701個である。701個の各エピソードには，内容を端的に表すタイトルをつけて整理した。分析対象となったのは，この切り取られた701個のエピソードであるが，意味の解釈に際しては，もとのフィールドノーツに適宜戻り，出来事の流れを確認しながらエピソードの意味を考察するという手続きをとった。

(2)　半構造化面接

観察できない視点からのデータ収集を目的として，Z院内学級教師を対象に，1998年3月～10月に教師14名，2003年11月～12月に教師7名の協力を得て，1対1で行った（1時間～2時間半）。面接の時期および協力者の概要は表5-4の通りである。

面接場所は，Z院内学級内の空き教室を利用した。面接においては，家庭や病院・地域の学校とのかかわり等学校場面のみの観察ではわからない点を中心に尋ねた。他に，日々の教育活動において注意していることや困っていること，教育目標，さらに当該教師自身がかかわる観察エピソード事例を呈示し，その背景にある意図や，研究の結果得られた図を提示し，筆者の解釈の妥当性についても質問した。面接は，あらかじめインタビュー・ガイド（表5-5）をたてた上で，協力者の語りの流れを妨げないよう，比較的自由に語ってもらった。

いずれの場合も，面接調査への協力依頼時に，面接は録音の上，逐語録を作

表 5-5　インタビュー・ガイド

〈教師フェイスシート〉　年齢・教員歴・病弱勤務歴・病弱を特に希望したか？
〈病院との関係〉
　①病院との連携について，御校でのとりくみにはどのようなものがありますか。
　②病院に対して何か要望はありますか。また連携のあり方についての改善点・困っている点はありますか。
〈家庭との関係〉
　①保護者と具体的にはどのような形で連携をとっていらっしゃいますか（頻度・タイミング・内容）。
　②親の会と連絡をとることはありますか。どのような情報のやりとりをしていらっしゃいますか。
　③先生の方から，保護者自身を支えるというような働きかけをすることはありますか。
　④保護者の方との関係で，戸惑いや困ったなと感じる点はありますか。
〈子ども同士の関係について〉
　①子ども同士の自然なやりとりが少ないように思いましたが，それについてどう思われますか。
　②その原因としては何があるとお考えですか。
　③子ども同士のやりとりを促すことを念頭においた働きかけはなさいますか（課題の設定も含めて）。
　④どのような時に働きかけがうまくいった，あるいはいかないとお感じになられますか。
〈前籍校・転校先との関係〉――時間軸に沿って
　①入校時に前籍校からはどのような引継ぎをしていらっしゃいますか。
　②行事への招待など前籍校とのつながりを保つための働きかけはなさいますか。
　③転校先への移行をスムーズにするための働きかけにはどのようなものがありますか。
〈子どもとの関係〉
　①学校の存在の情報や入学手続きの説明は誰が，いつどのような形でしているのですか。
　②子どもとの関係で特に心がけていらっしゃることはありますか。
　③とても対等で近い関係のように思えたのですが，それは意図してそうなさっているのですか。
　④なかなか学校にきたがらない・勉強の状態ではないような時に何か工夫なさっている点はありますか。
　⑤子どもとの関係で戸惑いを感じられたり，対応に困ったようなことはありますか。
　⑥先生の指導目標と申しますか，子どもたちにこんな子になってほしいというお考えはおもちですか。
　⑦先生のご経験から，「どうもこういう点が気になる子が多いなぁ」という点はありますか。
　⑧子どもたちの特徴として，どうも集団行動が苦手なように思われますが，それに

対して先生方の叱責がないのがとても印象的でしたが，意識して「叱らない」の
でしょうか。それとも集団行動がとれないことが気にならないのでしょうか。
〈病弱教育観〉：病弱教育に対する perspective
①病弱教育の果たすべき役割とは何だとお考えですか？
②病弱教育教師は何を期待されているとお感じですか（親・医師・看護師・社会一
般それぞれから）。
③病弱教育における問題点・課題はどんなことでしょうか。
④〈つなぎ〉ということを考えた時に，一番大切なのはどのつなぎだと思われます
か。
〈その他〉　各教師がかかわっているエピソードに関するコメント。

成し，分析資料とする予定である旨を伝えている。また，Z院内学級側からの
要請により，主な質問事項をあらかじめ提出した。録音は，面接時に再び協力
者本人の許可を得た上で行い，1998年に実施した面接の逐語録（1），2003年
に実施した面接の逐語録（2）を，それぞれ作成した。さらに，2003年に実施
した面接時に一部の教師から，うっかり話してしまったことも含めて逐語録と
して文字化され，分析対象となることへの不安が語られたことに配慮し，2003
年に実施した面接の逐語録（2）についてのみ，作成した逐語録を面接協力者
7名全員に返し，「論文引用・分析使用ともに控えてほしい箇所」「論文引用は
控えてほしいが，分析に使用するのはかまわない箇所」「言い間違い」を指摘
してもらい，本人の了承を得たデータのみを分析対象データとした。

分析にあたっては，逐語録を意味のまとまりによって切片に区切り，逐語録
（1）からは749個，逐語録（2）からは279個，計1028個の切片を得た。各切
片の意味の解釈にあたっては，エピソード解釈の時と同様，もとの逐語録を適
宜参照し，話の流れの中でその該当部分の意味を考察した。

(3)　文書資料の収集

参与観察と半構造化面接と同時並行的に，学校要覧をはじめ，不要になった
掲示物や学年だより等の文書資料収集も行った。学校要覧は，Z院内学級の沿
革や教育課程，子どもたちの疾患種，教員氏名等に関するフィールドの基本情
報を得る上で活用し，また掲示物や学年だより等は「生活目標」等教育活動に
かかわる基本理念や病院との連絡会，転出入の状況等本学級の動きに関する情

報源となった。

　以下，文中の『　』はフィールドノーツまたは面接逐語録からの引用であることを示し，長い引用の場合は1段下げてある。エピソードや面接逐語録中，特に重要であると思われる箇所には筆者が下線を施し，筆者による意味の補足部分は（　）でくくった。〈　〉はコード名またはカテゴリー名に用いている。プライバシー保護のため，エピソードの生起した年はすべてX年として伏せ，教師名・児童名は仮名とし，子どもの疾患名他に内容を損なわない程度の変更を加えた。発話者の後の（→A）は，その発話がAに向けられたことを示すものとする。

# 第6章　院内学級における教育の特徴

## 第1節　実践の問い直し

　入院児への学校教育導入が進む中で，実際の院内学級現場では，教師たちが日常的な教育実践を通して入院児に対する援助を脈々と続けている。院内学級においては，通常学級とは異なる指導上の配慮が必要とされている。例えば，通常学級においては学級担任が毎朝児童・生徒の顔色や様子を見ることですまされることの多い健康状態の確認も，院内学級においては，薬の影響を含めた病状を，病院との緊密な連携に基づいて把握することが求められる（文部省，1985；全国病弱養護学校長会，2001；山口，2004）。また，学習内容や教育方法も病状や治療内容，地域の学校の進度等個別の事情にあわせて決定され，一人ひとりのニーズへ対応することが強く求められる（全国病弱養護学校長会，2001）。

　昨今，子どもの状態の多様化（疾病構造・病状・障害の程度）や退院後の不登校問題の浮上，特別支援教育のあり方の再考等を受けて，院内学級担当教師の専門性があらためて問い直され，研修のあり方が模索されている（中井，2001；武田・笠原，2001）。しかしながら，先行研究の少ない病弱教育においては，専門性の理解や心理教育的援助の組みたての一助となるようなモデルも見あたらない。今ここで，現場の状況をふまえながら，院内学級における教育がどのような特徴を有するのかを明らかにすることは，今後の心理教育的援助のあり方や教師の専門性を考えるためにも必要と考えられる。

　そこで，本章においては，Z院内学級における個々の教育実践の記述的データから心理教育的援助の特徴の要素カテゴリーを抽出し，院内学級における心理教育的援助の特徴をわかりやすく把握するためのモデル生成を試みる。

## 第2節　データ分析のプロセス

### 1．分析資料

　分析資料は，フィールドノーツ，教師対象の半構造化面接逐語録，学校要覧・掲示物等の資料である。データは，第5章で述べた手法により収集された。フィールドノーツから切り出した計701個のエピソードのうち，院内学級における特徴を表しているエピソードを特定し，このエピソードと半構造化面接逐語録を主な分析対象データとし，文書資料はZ院内学級の沿革や教育目標などフィールドの基本情報を把握することに役立てた。

### 2．分析手続き

　分析は，データに根ざした仮説生成をめざすグラウンデッド・セオリー法（Glaser & Strauss, 1967）に則り，5段階で行われた。まず，第1段階として，エピソードおよび面接逐語録に含まれる教師の教育実践を最も端的に表す言葉（例，〈ユーモア〉〈ストレス受容〉〈病院からの情報収集〉等）によるラベルづけ作業である概念化を行った（Strauss & Corbin, 1990）。第2段階として，"エピソードや面接逐語録内の教育実践がどのような機能を有しているのか"という機能に特に着目しつつ，第1段階で得られた概念の意味を，データを参照しながら考察し，ラベルに加えた（例，〈ユーモア・雰囲気づくり〉〈ストレス受容・心理的ケア〉等）。第3段階では，こうして得られた概念の中で類似したものを統合し，院内学級における教育の特徴を構成する特徴カテゴリーの生成を試みた。質的分析は円環的プロセスをたどることが知られているが（Spradley, 1980; 原田, 2003），本書においても，第4段階としてデータと概念のあいだを繰り返し往復しながらカテゴリーを構成する概念の意味を解釈し，カテゴリーの練り直しを行い，結果として，7つのカテゴリーを生成し，暫定的なモデル図を作成した。しかし，〈「カウンセリング的」要素〉の位置づけが不明瞭なまま課題として残された。そこで，第5段階として，カテゴリーが観察中に一貫して得られるかどうかの検証と〈「カウンセリング的」要素〉の位置づけの明確化を目的として，新たなデータを収集した。学会発表時および研究会における現場教師のコメントを参考にしつつ，新たなデータ分析から得られた知見を

第 6 章　院内学級における教育の特徴

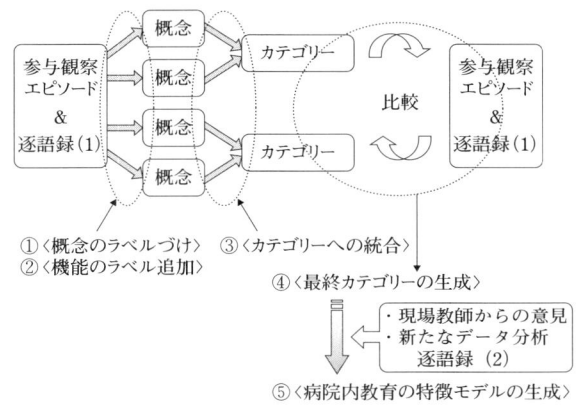

図 6-1　分析手続きの流れ

もとに，最終的なモデル生成に至った。原田（2003）を参考に，この流れを図示したものが図 6-1 である。各カテゴリーを構成するコーディングされた概念の例，およびカテゴリー統合の根拠となる各カテゴリーの特徴を分析プロセスに沿う形で次頁表 6-1 に示した。

## 第 3 節　院内学級における教育の特徴カテゴリー

　院内学級は公教育の場である。それゆえ，「学校教育」としての基本構造をZ院内学級が有するのは当然のことと言える。しかし，その教育実践をマイクロに分析した結果，Z院内学級における教育実践が，「特別支援教育的要素」「普通校的要素」「小規模校的要素」といった教育の枠を超え，「保育的要素」「家庭的要素」「医療的要素」「『カウンセリング的』要素」といった多様な特徴を備えていることが見出された。以下，生成したカテゴリーの説明を記す。

### 1. 特別支援教育的要素
《エピソード No. 6-1》（エピソード中の氏名はすべて仮名）
　DATE：X 年 1 月 20 日（養護・訓練の授業）
　場　所：養護・訓練室

表 6-1 病院内学級における教育の特徴カテゴリー

| コーディングされた概念の例 | 特　徴 | カテゴリー名 | |
|---|---|---|---|
| 〈生活介助・障害への配慮〉〈道具の提供・ハンディキャップのカバー＆授業への参加援助〉 | 子どものハンディキャップをカバーする働きかけや，個別の配慮に基づく教育実践。 | 特別支援教育的要素 | 教育 |
| 〈教科指導・戻った時の適応〉〈生活指導・社会性育成〉 | 学習指導や生活指導等通常の学校教育の範囲で行われる教育実践。 | 普通校的要素 | |
| 〈友だち役・遊びの成立保障〉〈対等なやりとり・心情的交流〉〈枠のなさ・学校ぐるみの援助〉〈課題の代行・授業の成立保障〉 | 児童の人数が少ないことが原因となって展開される教育実践。活動の成りたちを支えるために教師が児童と全く同等の立場で一緒に活動に参加したり，学校ぐるみの子どもの援助。 | 小規模校的要素 | |
| 〈母親語・幼さへの配慮〉〈課題の設定・遊びによる育成〉〈大げさな表情・幼さへの配慮〉 | 季節を意識した特別活動や，大げさな表情や身振り，母親語の使用，遊びを通して達成感や充実感を感じ成長することがめざされていると考えられる教育実践。 | 保育的要素 | |
| 〈しつけ・家庭機能の代行〉〈愛情確認・安心感の付与〉〈身の回りの世話・親代わり〉 | 『母親役』『父親代わり』として行うしつけやスキンシップ等，通常なら「家庭」が担う役割を病院内学級教師が担っていると思われる教育実践。 | 家庭的要素 | |
| 〈医療用語・病院的要素〉〈行動規制・健康上の注意事項確認〉〈転出入・メンバー不定〉 | 治療上の必要性からくる生活指導や子どもの病状への配慮や入退院（＝転出入）が随時おこり，メンバーが固定しないこと等の教育実践の背景となる特徴。 | 医療的要素 | |
| 〈攻撃性の受容・心理的ケア〉〈見守る・心理的ケア〉〈励まし・心理的ケア〉〈なぐさめ・心理的ケア〉 | 『黙ったままそばで見守る』という消極的な働きかけも含め，入院という事態に伴う不安やストレスを受容あるいは解消する援助的かかわりの教育実践。 | 「カウンセリング的」要素 | |

第6章 院内学級における教育の特徴　　　　　　　　93

内　容：全校・ゲーム〈カルタとり大会〉
人　物：三宅と広岡（両名とも小1・男子・整形外科系）・金田先生・水戸先生・数野先生

　　——普通のカルタの後は，「ばらまきカルタ」である。「ばらまきカルタ」は，養護・訓練室のバスケットコートの白線内側いっぱいにカルタをばらまき，走りながら札を探すというルールで行うカルタである。

　　金田（→全員）「じゃぁ，3回目は少し体を動かします。この白いビニールテープの中に，かるたをばらまきます」
　　子どもたち，「エーッ！」
　　金田先生（→全員）「体をつかって探して下さいね。広岡君は数野先生が（車いすを）押してくれます。三宅君はね，じゃ，先生（＝金田先生自身）が押します。自分でこがないで，探しましょう」
　　水戸先生，すっと姿を消し，車いすを使用している2人に長さ1メートルの竹製ものさしを持ってくる。これがあると右図のような感じで，カルタ札をものさしで指すことができ，車いすでも参加できるようになる。
　　水戸先生（→広岡・三宅）「車いすの人さー，これ使ってやるといいよ」
　車いす使用の2人，ものさしを使ってばらまきカルタに参加する。

《ものさしの使い方の様子》
図は，フィールドスケッチをもとに筆者が書き直したもの

《エピソードNo.6-1》は，第1段階では〈道具の提供〉，第2段階では〈ハンディキャップのカバー＆授業への参加援助〉とコーディングされたエピソードである。通常の「ばらまきカルタ」の課題状況では，車いすを使用している子はカルタを見つけてもカルタ札の上に手をついてとることができない。車いすを使用している子が自らそうした状況の不利を主張して解決を求めることはないが，《エピソードNo.6-1》に示したように，1メートルの長いものさし（通常は家庭科で裁縫の授業時に使うもの）を指差し棒として使うことで，養護・訓練室のフロア上にばらまかれたカルタ札をとる「ばらまきカルタ」にも，車いすに乗りながら参加可能になっている。補助的道具（しかも，本来の用途

は別にある）の提供という教師のとっさの工夫が子どものハンディをカバーし，授業への参加を援助していると考えられる。

　他にも，紅白2チームに分かれた子どもたちが籠を背負い，相手チームの子どもの籠に自チームの色の玉を入れるという通常の「追いかけ玉入れ」に，「教師が籠を背負って走りまわり，子どもたちは移動しない」という一工夫を加えることで，車いすや点滴のため自由な移動が制限されている子どもの参加が可能になっているエピソード（136頁参照・〈課題設定の工夫・ハンディキャップのカバー＆授業への参加援助〉とコーディング）等も観察された。

　このような観察および面接から得られたエピソードは，通常の活動様式のままでは活動への参加を阻む要因となってしまう子どもの障害が，教育場面でハンディキャップとして浮上しないよう特殊な配慮を行うものであり，〈特別支援教育的要素〉をここに見ることができると解釈し，カテゴリーとして統合した。

　本書冒頭でも述べたように入院中の子どもたちは教育上の特別なニーズを有する存在であり，院内学級は，教育行政上は特別支援教育に区分されている。教師たちも盲学校や聾学校，肢体不自由・知的障害等の特別支援教育での教員歴が長いというバックグラウンドをもっており，日常的な教育実践においても，子どものハンディキャップをカバーする働きかけが直接的・間接的に展開している。子どもが有する健康上の問題を障害とみなし，「児童及び生徒の障害に基づく種々の困難を改善・克服するために必要な知識，技能，態度及び習慣を養うこと」（文部省，2000）が，学習指導や生活指導同様に教育の中で重視されている。健康上の問題への配慮という教育上の特別なニーズをもつ子どもたちを対象とする〈特別支援教育的要素〉が院内学級の教育の基本的要素として考えられる。


## 2．普通校的要素

　Z院内学級の授業は教科学習中心であり，特別支援教育の枠組みにありながらも基本的には普通校同様の教育を展開している。

　　『教科に準じてやってるんで，まぁね，これは，どうとも言えないんだけれども，

知的障害とか肢体不自由とはちょっと違うよね。<u>教科指導中心的だからね。どっちかっていったら，小中学校に近い，内容だよね</u>』

[50代男性教師，逐語録（1）より]

との語りに見られるように，教師自身によっても教科学習中心であることは，他の特別支援教育との相違点として認識されている。学校教育法第71条においても，「病弱者（身体虚弱者を含む。以下同じ）に対して，幼稚園，小学校，中学校，高等学校に準ずる教育を施」すことが特別支援教育の目的として掲げられているが，Z院内学級においては，その「準ずる」度合いが際立って高いと思われた。

背景には，次の教師の語りに見られるように，子どもたちが外見上および行動面でも健常児と変わらない部分が多いこと，および完全治癒が望める疾患においては将来的には全くの健常者として生活することが期待できることがある。

『要するに治れば，普通の社会に復帰していくわけですよね。その力はやっぱりね，その中（授業の中）でみつけていかないとなんないと思うんですけどね。だから，勉強は普通の子どもと同じにやりますよと子どもには話すんですけどね。…中略…復帰していく学校を想定して，あの，この，病弱教育はいったときですね，はいってからね，想定して，連絡しながら，進度とか，向こうの学校のね，使ってる教材とか，できるだけ同じ物をして，向こうへ行った時に，すぐに適応できるような，そういう下地を作っていくってことが，そのぐらいですね，病弱の学校で特に気をつけてるってことはね』　　　　　　　　　　　　　[50代男性教師，逐語録（1）より]

日常的にも普通校同様の活動が可能であり，また上の教師の語りに見られるように退院後の学校生活を見越して普通校同様の授業展開をする必要性もあり，他の特別支援教育より特に〈普通校的要素〉が色濃く反映した教育展開となっていると考えられる。

### 3．小規模校的要素

Z院内学級においては，教師が子どもと同じ立場で活動に参加するというエピソード（例，文化祭の劇や音楽会に子どもと同じ立場で出演する）が頻回観察されている。

『休み時間なんかは，人数がこぅ少ないから，その時間は自分も友だち役になって，一緒に，遊んでたこともあったんですねー』　［30代女性教師，逐語録（1）より］

という女性教師の語りに見られるように，Z院内学級では，子どもの人数が少ないがゆえに不足しがちな子ども同士のやりとりや複数人数で成立する遊びなど子どもらしい経験を保障するために，教師が『友だち役』をとっているものと思われた。このような教育実践は，僻地小規模校の教師に見られる「さまざまな工夫をして集団活動の教育的機能を高める努力」（高旗，1997）と同じであると考えられ，普通校の枠内にありながらも，特に"人数の少なさ"ゆえに展開する〈小規模校〉ならではの教育実践であると解釈できるだろう。

また，学級や学年という学校内の集団枠がなく，全校の教師が全児童・生徒の氏名他を把握し，休み時間も小学部中学部の区別なく病棟に出向いて声をかけたり，教師と入院児が一緒に遊んだり，と学校ぐるみで子どもたちとの関係が築かれていることも観察された。教師と子どもの1対1の関係レベルでは，教師のことを呼びすてで呼ぶ等，会話プロトコルだけを読むと誰が先生で生徒か判別できないくらい対等で近しい教師—生徒関係が築かれている。こうした「学校全体での子ども理解」と「心情的交流」という特徴は，小規模校のメリットとして挙げられている（堀井，1997）。

教師面接においても，たびたび『人数が少ないから……』『人数の問題がからむけど……』と少人数の子どもを対象とする教育であることが語られていた。人数が少ないという，学校規模に起因する〈小規模校的要素〉も院内学級には存在していると言える。

### 4．保育的要素

『遊びの醍醐味とか，ほんとのこぅおもしろさみたいなものってわからないでここへきちゃう子がけっこう多いからねー』『思いっきり遊ばせてあげたい』『遊びを大切に』したいと，教育実践において「遊び」を重視していることがZ院内学級の教師たちから語られている。参与観察中も，『紙飛行機を作って飛ばす』『ダンボールでおうちを作る』『豆まき（教師が鬼のお面をつけてうなり，子どもたちが豆をぶつける）』といった保育の場で見られる課題が授

業内容として設定されていることがたびたびあった。入院という状況下，どうしても少なくなりがちな遊びを，学校教育の授業の枠組みの中で保障しようとしている教育実践であると解釈できる。このような心理教育的援助の中での遊びの重視は，遊びを子どもの「主体的活動の中心」（厚生省児童家庭局，2001）であり，「発達に必要な体験が相互に関連し合って総合的に営まれる」（同上）ものとして捉え，遊びを通して一人ひとりの子どもの発達援助を行うことを基本的指針とする〈保育〉に通じるものと考えられた。

　また，教師の個々の児童へのかかわり方についても，声のトーンが高く，抑揚が大きくなり，語尾をのばすいわゆる「母親語」（正高，1995）を用いたり，大げさな身ぶりや表情を示すエピソードがたびたび観察されている。低学年の子どもたちの中には，入院中のため保育所や幼稚園に行く機会がなく，幼児期の発達課題を達成しないまま院内学級に入学して来る子どもも多い。知的・社会的側面において実年齢に比して幼さが目立つ子どもが多いこと，また，病気のため身体的発達も遅れぎみで，幼い外見の子どもたちが多いことから，無意識的に採用された教育実践のスタイルであると考えられた。

　このように，子どもの幼さゆえの働きかけのスタイルや，遊びを通して社会性・協調性を育むというねらいに基づき，遊びを通しての指導を行うというZ院内学級の教育実践には，〈保育的要素〉も含まれていると考えられる。

## 5．家庭的要素

　Z院内学級においては，〈しつけ・家庭機能の代行〉〈スキンシップ・安心感の付与〉〈身の回りの世話・親代わり〉とコーディングされたエピソードが観察され，通常なら家庭が果たす機能を院内学級の教育実践が果たしていると考えられた。

　次の《エピソードNo. 6-2》は，〈スキンシップ・愛情確認〉とコーディングされたエピソードである。

《エピソード No. 6-2》
　　DATE：X年11月25日（養護・訓練の授業）
　　場　所：玄関前の中庭
　　内　容：全体養訓・やきいも

人　物：手塚（小2・男子・整形外科系疾患）・田森先生

　　——秋たけなわの季節。昼休み中に金田先生が玄関前の中庭で枯葉を集め，いかにもやきいもやりますよといわんばかりにこんもりと直径1メートルくらいの山にしてある。さつまいも10本ほどをあらかじめレンジでふかし，半分から3分の1の大きさに切ったものが大きなボウル2はいにもりあげてある。それを子どもたちがアルミホイルでくるみ，たき火にほうりこんで焼けるのを待っている。火の勢いが強く，周囲にいる子どもたち，火に煽られて，暑いくらいである。

　　手塚，車いすをこいで田森先生に近づき，火にあたってまっ赤になった（多分熱くなっている）自分のひざを指差しながら，
　　手塚（→田森先生）「田森先生，ここさわってみて」
　　田森先生，手塚のひざをさわってその熱さを確かめてから，まっかに上気した手塚のほっぺをふんわりと両手でおおい，顔を寄せて微笑みながら，
　　田森先生（→手塚）「うわー，ほっぺはもっと熱いよー」
　　手塚，にっこり笑って車いすをこいで田森先生から離れていく。

ふんわりと頬を包んだしぐさと，教師の表情から，とにかく田森先生が手塚をかわいいと思っている気持ちが見ている筆者にも伝わってきたひとこまであった。手塚の方も，先生の対応に満足したがゆえに，そのまま離れていったと考えられる。おそらく，教師の側に特別な意図はなく，自然な心情の発露として表れた行動であると思われるが，「教師—生徒の信頼関係」というよりも，「親子の情愛」といった趣のかかわりであった。

　このような家庭的なかかわりについて，教師たちは次のように語っている。

　　『（「男の先生たちのことを子どもたちが慕ってますね」という筆者の話題提供に対して）そのぉお母さん方外来でいらっしゃることがほとんどで，お父さんはやっぱ週末とか外泊の時にしか会えないから，他の先生，男の先生どう思ってるか知らないけれども，僕，僕はっきりいって，父親代わりでもいいと思ってるんです。ある場面では，この学校。うん，だから，家庭的に怒っちゃう時は怒っちゃうし，家庭的に誉めちゃう時は誉めちゃうし。よく普通校では学校と家庭との違いはやっぱり出さなきゃいけないっていうのもあるんですけれども，ここは特殊ですよね，だから，ある意味ではこぉとても，アットホーム的なところで指導が行われているのか

もしれないですよね，家庭的に。ね。うん』　　［30代男性教師，逐語録（1）より］

『やっぱり髪の毛がざばざばざばっとこぅなってると，髪の毛とかしてあげたりとか，ねぇなんかそういうような，普通学校ではあんまり先生がこういうことやってくれたりとかしないのかもしれないけど…中略…やっぱりそういうの自然に手が出ちゃいますよね。髪の毛，編んであげたりとか。…中略…だからそういう家庭的なもの？……をやっぱりフォローしようっていうのは，すごく，あると思いますね』
［40代女性教師，逐語録（1）より］

これらの語りから，"親代わりの役割を果たそう"という教師たちの意識が，家庭的な教育実践の背景にあることが窺われる。子どもたちが，家庭からの分離を伴う入院生活を送っていることによって，教育実践における〈家庭的要素〉が大きく意識化されている教育の場が院内学級なのであろう。

## 6. 医療的要素

　Z院内学級では，授業中も体調確認が随時行われ，糖尿病をもつ子に『血糖値測った？』と検査にかかわる指示も出している。子どもたちは，院内学級でも点滴・蓄尿（尿量を計測するため尿をためておくこと）を行っているし，『走っちゃだめ』『あなたは（ジュース類は）飲めないもんね』等医療上の生活規制が教師によって子どもに確認されることもある。教室内でも薬の名前をはじめとする医療用語が，子ども同士あるいは教師と子ども間で飛び交っていたり，工作で使用するダンボールが薬の箱だったりと，病的要素が随所に観察される。また，子どもの転出入は当然のことながら入退院という医療の事情によって決まり，院内学級と子どもの関係は，病院との関係同様，一時的である。院内学級に通う子どもたちが，長期にわたる医療的措置を必要としており（田中，1988），医療との関係の上に成り立つ教育であることが，教育実践にも大きく影響している。

『しんどい時にやっぱり一緒にいるっていう状態が，うーん，その辺はやっぱり普通校とはちょっと違うんだろうなって思って，ますね』
［30代女性教師，逐語録（1）より］

との語りに象徴されるように，通常なら体調が悪い時は学校を欠席するため会わないはずの"教師"という立場にある者が，子どもの体調が悪い時のみにかかわる援助者（＝通常は医療者）として位置づけられていることも，院内学級の教育の特徴と言えるだろう。

また，下の《エピソード No. 6-3》のようなユーモアあふれる教師の態度もたびたび観察されている（谷口，2004b）。

《エピソード No. 6-3》
　　DATE：X 年 1 月 20 日（養護・訓練の授業）
　　場　所：養護・訓練室
　　内　容：全体養訓・ゲーム〈かるたとり大会〉
　　人　物：魚住（小 2・男子・感染症）他子どもたち・本郷先生・数野先生

　　　――全員で輪になり，通常の形式のかるたとり。

魚住「ハイッ」と元気に札をとる。が，それはおてつきであった。
他の子どもたち，「あっ，おてつき！」とすかさず指摘。
「あ～あ」という感じで一瞬"しーん"となる。
　本郷先生（電車の車内アナウンスのような声・口調で）「<u>魚住君，おてつきぃ～，おてつきぃ～，おてつきでございます。おまちがえの方は，（声色を変え，低い声で）まちがえないでください</u>」
「あはは」と，子どもたち（魚住を含めて），笑う。
　数野先生（→魚住）「ざんねーん」とこの場はおさまる。
しかし，魚住，次の札でも続けてお手つきをしてしまう。
　本郷先生（さっきと同様の口調で）「<u>魚住君，おてつきでございます。おてつきのぉ，大サービス</u>」


《エピソード No. 6-2》は，第 1 段階では〈ユーモア〉，第 2 段階では〈楽しい雰囲気づくり〉とコーディングされたエピソードである。教師のユーモアには，緊張場面において子どもたちの精神的疲労や倦怠感を減じる"息抜き"の機能があると言われる（田中・蓮尾，1981）。同時に，ユーモアは，「患者に感情表出を促し，不安と緊張を軽減する役割をする」がゆえに「患者が適応的対処行動

第6章　院内学級における教育の特徴

を生み出し，自己評価を高める援助」となることが指摘され，看護師による治療的コミュニケーション技法のひとつとしても位置づけられている（川野，2003）。Z院内学級教師たちのユーモアは，退屈かつ不安・緊張を余儀なくされる入院生活を送る子どもたちに，少しでも楽しい想いを味わってもらおうとの職業的配慮に基づき表出されたユーモアであると考えられ，看護師のユーモア同様，治療的機能をもっていると言える。つまり，通常の教師のユーモアの機能と看護師のユーモアの機能が融合した働きをもっていると考えられる。

このように，教育の枠組みにありながらも〈医療的要素〉をも併せもつことも，院内学級の特徴と言えるのではないだろうか。

### 7．「カウンセリング的」要素

院内学級の特性として，「心のケア」を行うことが挙げられている（院内学級担当者の会，2004）。第3章においても入院児の不安について検討したが，こうした不安を取り除くような働きかけをすることが必要とされ，「カウンセリングマインド」（院内学級担当者の会，2004）で子どもの悲しみや怒りを受けとめることが，院内学級教師たちに求められている。その意味で〈カウンセリング〉の要素を院内学級の教育が有していることはまちがいないだろう。実践のエピソードと教師たちの語りから確認してみよう。

《エピソード No. 6-4》
　　DATE：X年10月21日（養護・訓練の授業）
　　場　所：養護・訓練室
　　内　容：Bグループ・製作〈ダンボールの家づくり〉
　　人　物：辺見（低学年・女子・内科系疾患）・夏木先生・金田先生

　　　――いらないダンボールを病院その他からもらってきて，Bグループでひとつの家を作ろうという課題である。先生たちは，基本的には知恵は貸しても，手は貸さないという方針であることをはっきり子どもたちに伝えている。製作中，辺見は，夏木先生，金田先生の傍らに立っている。

　何の脈絡もなく，
　　辺見（→夏木先生）「手だして」

と言う。夏木先生，言われるままに手をだす。突然，パチン！　辺見，夏木先生の手を思い切りぶつ。夏木先生，あまりの唐突さにちょっとひるみながらも，
　　夏木先生（→辺見）「ハッ，ちからもちのパワーウーマンだったのか」
とだけ言い，どうしてそんなことをするのか等の叱責のニュアンスを含む言葉は発せられない。
　　辺見（→夏木先生）「もいっかい手ぇだして」
再び差し出された夏木先生の手をまたまたパチン！　とぶとうとするが，今度はぶたれる寸前で夏木先生さっと手をひっこめ，辺見は空振りに終わる。辺見，すぐに方向を変え，隣にいた金田先生にぶってかかる。
　　金田先生（→辺見）「<u>本性がでてきたな</u>」
と言いながら，ぶってきた辺見の手を，腰のあたりで上に向けた自分の両手のひらで受けるようなしぐさをする。
　　夏木先生（→辺見＆金田先生）「こんなに元気なお嬢さんだったのね。いつも朝，しょぼんと『おはよー』っていってるのにぃー」
〈…中略…〉
しばらくして，辺見，また脈絡なくいきなり金田先生の腕をパチン！　とぶつ。
　　金田先生（→辺見）「<u>たたきたいんだね。いいよ</u>」
<u>と言いながら，みずから手を差し出す。</u>辺見，その手を思い切りパチンと大きな音がするほど再度たたく。
　　金田先生「いてて」
とちょっとユーモラスにリアクション。辺見は無言のままである。

思わず「右の頬を打たれたら左の頬を差し出せ」というキリストの言葉を思い出してしまうエピソードである。このエピソードは，第1段階では〈攻撃性の受容〉，第2段階では〈心理的ケア〉とコーディングされたエピソードである。いわれのない攻撃を注意したりすることもなく，微笑みながらそれを甘んじて受けとめている金田先生の対応が印象的であった。ただ，やはり攻撃を受けとめるのはなかなか大変なことらしく，夏木先生のように，非難はしないまでも思わずよけてしまうこともあるようである。いずれにせよ，子どものストレスの表現であり，甘えの裏返しとも言える攻撃を注意することもなく，むしろ積極的に受けとめようという教師の基本姿勢が窺われる。他にも，攻撃だけではなく，通常の教師への甘えの範囲をはるかに超える甘えも"ここまで受容するのか"という程の許容範囲で受けとめられているエピソード事例も観察された。

## 第6章　院内学級における教育の特徴

家庭からの分離に起因する"攻撃のやり場のなさ""甘え足りなさ"を教師が補っていこう，そしてそうした家庭役割を補えるだけの関係を作っていこうという，心情的なかかわりがめざされていると言えるだろう。

では，こうしたかかわりの背景には，どのような教師たちの意識があるのだろうか。先の《エピソードNo. 6-4》の金田先生は攻撃性の受容について次のように語っている。

> 『出し方がへたな子って攻撃ですよね。だから，それを受けとめてあげないとますますへたくそになっちゃうんで。人間…へたな子に限って，人間関係，対人関係のへたな子に限ってわざといじわるなことをしたりとか，結構ぎりぎりっとするようなことをして，で，相手の反応を見ていたがるんで。それもだからなれてきたら，ある程度関係できてきたら，「あんまりやっちゃだめだよ」っていう風な指導はいるんですけど，なるべくそのやっと出し始めたような子の所では，まずは受けとめちゃおうかなっていう感じでいるんですけれども』
>
> ［30代男性教師，逐語録（1）より］

攻撃性を自己表出のつたないあり方と捉え，受容していこうとの教師の意識が語られている。『やっと出し始めたような子』との表現から，攻撃でも何でもまずは"子どもが自分を出す"ことを重視し，それを教師が『受けとめ』ることで，教育の土台づくりをしていこうとの意図が読み取れる。次のエピソードを見てみよう。

《エピソードNo. 6-5》
　　DATE：X年9月17日（お昼休み）
　　場　所：病院内の食堂
　　内　容：お昼休みの教員同士の会話
　　人　物：丸山先生・藤吉先生・滝田先生

　　　――昼休み。先生方と連れ立って病院内の食堂で昼食中。先生同士，子どもたちの様子について話し合う。

　　丸山先生：ゆりちゃん，ごきげんななめ。ちょっとドア閉めても，「閉めないで」

「なんで閉めるの」（きつい口調で）って。
藤吉先生：思春期になるとねー。でも，それだけ自分の気持ちを出せるようになったと思えば（いいじゃないの）。
丸山先生：まぁね。置物みたいに，"にこーっ"てのよりはずっといいんだけどね。お母さんにもあたっちゃってすごい。……ま，それでストレス発散してくれればこっちとしてはいいけど。
滝田先生：でも，こっちもストレスたまるよね。毎日だとね。

《エピソード No. 6-5》は，第１段階では〈ストレス受容〉，第２段階では〈心理的ケア〉とコーディングされたエピソードである。ここでも，子どもたちのネガティブな感情表出がよしとされ，ストレスの受け皿となることが教師の役目であるとの共通認識が語り合われている。エピソード中の丸山先生は，子どもたちの授業態度や教師への口のきき方が悪くても『ストレス解消だと思って……（許してしまう）』（X 年 10 月 7 日フィールドノーツより抜粋）とフィールドワーク中の筆者との立ち話の中でも語っている。院内学級教師たちが，子どもの行動や感情表出を制御する役割よりも，子どもに共感し，感情を受容する〈カウンセリング〉的かかわりを心がけていることが表明されているエピソードであると解釈できるだろう。

　面接においても，Z 院内学級教師からは，子どもたちには『ストレスがね。非常にたまっている』との認識が頻繁に語られており，子どもたちの心理的問題への対処も，自らの教育実践として重視していると考えられる。入院中の子どもたちはさまざまな不安をかかえながら日々を送っていることは，第３章において確認した通りである。こうした心理的問題の緩和は，院内学級における教育目標のひとつとして掲げられ，子どもの心に寄り添い共感する「カウンセリング的対応」の重要性が指摘されている（伊藤・中橋，1999; Burnett, 2000; 院内学級担当者の会，2004）。また，日常的な活動の場での攻撃性の表出をよしと考え，受容していく教師の意識は，「子どもの，蓄積された緊張感，欲求不満，不安定感，攻撃性，恐怖，当惑，混乱等を，あそぶことによって外部に表す機会を子どもにあたえてやるのです。」（Axline, 1947）との「遊戯療法」の基本理念に通じるものがある。こうした〈カウンセリング〉の要素は，確かに院内

学級の教育実践の特徴のひとつと言える。

　では，教師たちは専門のカウンセラーと全く同じかかわりをしているのだろうか。また，この〈カウンセリング〉の要素は，教育の中でどのような位置づけをもっているのだろうか。院内学級における〈カウンセリング〉的対応の位置づけを半構造化面接時に尋ねたところ，

　　『特別に時間を設けてやってるわけではありませんし，子どもの様子を日々見ながら，その時々で，あの授業中であったりだとか，休み時間，放課後も，その子に必要な時にそういった……スタイルというかね，カウンセリング的なことをやる。という，ま，授業でもそういった一部を担うこともあるかもしれないですけど……』
　　　　　　　　　　　　　　　　　　　　　　　〔30代女性教師，逐語録（2）より〕

と，本来のカウンセリングとの相違点を指摘した上で，

　　『カウンセリング的な部分は，…中略…目に見えないベールのような感覚で教員の気持ちの中に存在するような気がします』　〔30代女性教師，逐語録（2）より〕

と語られ，また，研究会や学会において現職教員からも，教育実践の一部というよりベースになっている部分であるとの指摘がなされた。院内学級の教育実践全体の土台部分として『カウンセリング的な部分』が位置づいていると解釈できるだろう。

　時間や場所を定めず，日常的なかかわりの中で展開されるものであるという点において，本来のカウンセリングとの相違点も意識されていることから，カテゴリー名に括弧を付し，〈「カウンセリング的」要素〉とした方が適切と思われ，修正を施した。院内学級の教育は，子どもが入院中であるがゆえに，通常学級と比べ，より〈「カウンセリング的」要素〉が強調される教育であると言えるだろう。

## 第4節　院内学級における教育の特徴モデルの生成

　本章では，Z院内学級というひとつのフィールドにおいて得られた参与観察

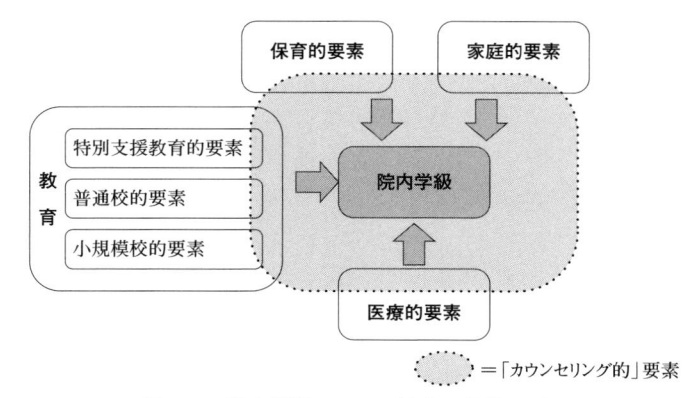

**図6-2 院内学級における教育の特徴モデル**
院内学級における教育には，通常の学校教育を超えた
多様な援助実践の要素が含まれている。

および半構造化面接による質的データより，院内学級における教育には，図6-2にまとめられるように，多様な要素が含まれていることが明らかになった。特に，「カウンセリング的」要素の必要性については教育一般においてもつとに語られることでもあるし，もちろん，医療・保育・家庭においても必要な要素であることから，これまでに見出してきた他の特徴カテゴリーとの重なりも考慮に入れて，図示した。

こうした院内学級における教育の多様性の一部は，教師たちにもある程度は意識されていることが次の女性教師の語りからも窺われる。

『ええと，それもやっぱり人数とどうしてもからんでしまうんだけど，すごく少数だ，相手が少数だ，2対1とか1対1の場合，こぅある時は，まぁ教える先生だけど，ある時は友だちになって，また親がなかなか面会に来れない子だと，ある時には母親役になって，低学年だとね，そういうこともあ，やっぱり時によってあったりするんで……』　　　　　　　　　　　　　　　　　　　　［30代女性教師，逐語録（1）より］

さらに，こうした各特徴カテゴリーは，個々の教育実践の中で常に均一な重みづけをもつわけではないことも示唆された。院内学級教師たちは，日頃の心理教育的援助の困難な点として，『なかなか難しいのは，一人ひとりものすごく違う……お子さんだっていうこと』『（体調変動が激しいので）長い見通しでや

るっていうことは，なかなかここでは難しいですね』『大変個別的で』と，口を揃えて個々の子どもへの対応の個別性を挙げている。このような対応の個別性は，パーソナリティの特性論のように，心理教育的援助を構成する各特徴要素の重みづけの問題として考えると，理解可能になるのではないだろうか。すなわち，病状・障害の程度，心理的状態，発達段階，入院期間の見通し等子どもの状態のアセスメント結果に基づき，本章で見出された7つの要素のうち"どの要素にどのくらい重みをおいた対応をするべきなのか"という重みづけが変動し，全体の心理教育的援助の個別性が形成されると考えられる。

> 『一人ひとり違うからどうしたもんかわからないっていうか，そういう意味では聾学校にいて，まぁ聾学校っていうと一応みんな違うんだけど，一応聴覚障害のお子さんっていう風にいた中で，じゃぁ自分はどうするのかっていうことがまぁ（理解）できたんだけど，（院内学級では）すごくアプローチのし方自体が全然違うというか，そこがすごく戸惑った』　　　　　　　　［30代男性教師，逐語録（2）より］

との教師の語りに見られるように，従来は捉えどころがないとして教師たちの戸惑いとなっていた心理教育的援助の個別性を理解し，自らの心理教育的援助を構成するための一助となる枠組みのひとつをここに提示することができたと言えるだろう。

　院内学級教師の専門性再考の必要性が高まっていることは，第1章第3節において教育の課題として述べた。従来，院内学級教師の専門性として挙げられてきたのは，「病気についての知識」「共感的態度」等，医療の枠組みや特別支援教育の枠内において想定される専門性のみであり（山本・武田・中井・横田，1996），〈保育的要素〉〈小規模校的要素〉そして〈家庭的要素〉をも併せもつ教育として心理教育的援助のあり方が再考され，教師の専門性もそうした複合的な心理教育的援助を行うために必要なものとして検討されることはなかった。また，個々の教育実践が，院内学級教師の業務内容としてばらばらに指摘されることはあっても（院内学級担当者の会，2004），図6-2のような多様な要素を併せもつ援助として，教育の特徴が捉えられることもなかった（表6-2）。その意味で，本章において，院内学級における心理教育的援助を理解し，次の援助を構成する新たな視点を提供することができたものと考えられる。さらに，専

表6-2 生成された院内学級教育の特徴カテゴリーと先行研究との対応

| 生成された<br>カテゴリー | 病弱教育教師の専門性<br>(山本ら, 1996) | 院内学級の業務内容(院<br>内学級担当者の会, 2004) |
|---|---|---|
| 教育 | 特別支援教育的<br>要素 | 養護・訓練(現自立活動)の指導力<br>子どもを介助できる体力<br>根気よく指導できるねばり強さ<br>コンピュータの知識・技術<br>医療関係者との協調性・健全な障害児観 | 個別の指導計画をたてる<br>子どもの障害への配慮 |
| | 普通校的要素 | 豊かな感受性・広く豊かな教養<br>心の豊かさと包容力・教師としての使命感<br>子どもを思いやるやさしさ・鋭い洞察力<br>謙虚に学ぶ姿勢・人間尊重の精神<br>他の教師/保護者との協調性・教科の指導力 | 教科の指導 |
| | 小規模校的要素 | | |
| 保育的要素 | | | |
| 医療的要素 | | 病気についての知識 | 病気に応じた配慮<br>保護者の心を支える |
| 家庭的要素 | | | |
| 「カウンセリング」的要素 | | カウンセリングの知識・共感的態度<br>心理検査の知識・技術 | 心のケア<br>カウンセリングマインド |

門性向上をめざした研修においても，この視点から必要な資質を考え，研修内容を構成することで心理教育的援助の改善に寄与できると思われる。

　本章においては，教育実践のエピソード事例と教師対象の半構造化面接データの意味を，研究者という立場から詳細に検討・解釈してきた。その結果，心理教育的援助の当事者である院内学級教師たちが，当事者であるがゆえに必ずしも気づかない心理教育的援助についての新たな視点をひとつ呈示することができたのではないだろうか。

# 第7章　院内学級における〈つなぎ援助〉
―――教育実践の隠れた機能

## 第1節　実践の隠れた機能への着目

　前章において，院内学級における教育が，多様な援助実践の特徴を併せもつものであることが確認された。では，そうした心理教育的援助は，実際の場ではどのような機能を有しているのだろうか。

　前述の通り，関連する先行研究は少なく，院内学級という場で展開する心理教育的援助の機能をフィールド・データに基づいて検討したものは見あたらない。病院の統廃合や特別支援教育への移行等さまざまな変革の波が押し寄せる今こそ，院内学級において日常的に繰り広げられる教育実践の現実を見つめ，その隠れた意味を問い直すことは，貴重な知見をもたらすはずである。

　本章においては，院内学級における教育実践がどのような機能をもっているのかを明らかにし，院内学級における心理教育的援助のひとつの仮説的モデルを提示することをめざす。

## 第2節　実践の機能へのアプローチ

　分析資料は，フィールドノーツ，学校要覧・掲示物等の資料，教師対象の半構造化面接逐語録である。データは，第5章で述べた手法により収集され，フィールドノーツから切り出したエピソードと面接逐語録を主な分析対象としている。学校要覧・掲示物等の資料は，教育目標などフィールドの基本情報を把握し，エピソードの意味を考察する際に補足的に用いた。

　本章で提示される知見は，フィールドワーク初期のデータから得られた探索的な結果である。フィールドワーク研究においては，次頁図7-1に示すように，ひとつの研究の中でデータ収集と分析が同時並行し，研究プロセスの中で知見

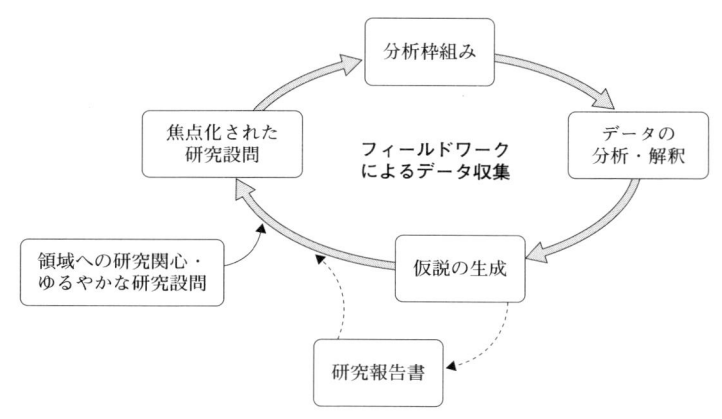

**図 7-1 フィールドワークの円環的プロセス**（谷口，2008b）
何周かのサイクルの後に，一旦論文化し，さらなる研究設問のもとに
研究を継続し，第2の論文を呈示することも多い。

が順次練り上げられていく円環的なプロセスをたどることが知られている（Spradley, 1980）。ここでは，第1周目の分析として，フィールドノーツから切り出されたエピソード701個のうち，1997年10月〜1998年3月に行われた全19回の参与観察から得られた223個のエピソード，および，面接逐語録のうち1998年6月〜10月施行の教師14名を対象とする半構造化面接の逐語録（1）を中心に分析した結果を示す。分析結果をサポートすることを目的として，適宜逐語録（2）のデータも用いているが，中心はあくまでも初期のデータである。

分析は第6章と同様にグラウンデッド・セオリー法（Glaser & Strauss, 1967）を援用して質的分析を行った。以下，データから仮説的モデル生成までの研究プロセスの順を追いながら，院内学級における教育実践の機能について考えていこう。

## 第3節　教育実践カテゴリーの抽出
　　　　──エピソード事例のコーディング

エピソードの分類は，2段階で試みた。まず，"どのような行動なのか"とい

う行動形態の観点から，エピソード中に見られる教師たちの行動に〈賞賛〉〈課題の代行〉等のタイトルをつけるオープン・コーディングの作業（Strauss & Corbin, 1990）を行い，類似のタイトルをまとめ，25の行動形態カテゴリーにまとめた。次の段階として，各行動について"どのような意図をもってなされた教育実践なのか"という教育実践の背後にある教師の意図を解釈し，7つの教育実践カテゴリーを得た。この時，第1段階では同じ〈賞賛〉として分類されたエピソードでも，子どもの気持ちへの配慮が意図されていると解釈されたエピソードは〈心理的ケア〉へ，誉めることで活動させようとしているものは〈参加援助〉へ，というように同じ行動形態カテゴリーに属するエピソードでも，意図の解釈によっては異なるカテゴリーへ分類し直した。以下に，3つのエピソード事例を通して，カテゴリー抽出のプロセスを示す。

《エピソード No. 7-1》（エピソード中の氏名はすべて仮名）
　　DATE：X 年 10 月 7 日（養護・訓練の授業）
　　場　所：養護・訓練室
　　内　容：全体養訓（＝小学部・中学部全学年合同の授業）・歌とゲーム〈あてっこゲーム〉
　　人　物：中村先生（30代女性）・田森先生（30代女性）・子どもたち

　　――真保先生のギター伴奏で『まっかな秋』と『とんぼのめがね』を全員で歌った後『あてっこゲーム』となる。『あてっこゲーム』とは，2台の卓球台をたた

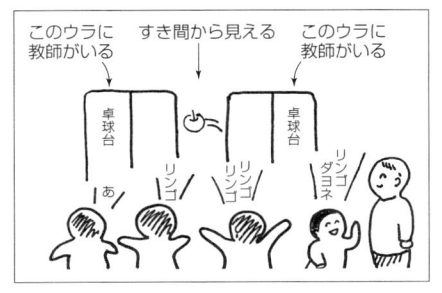

〈あてっこゲームの様子〉
フィールドメモの記述をもとに情景を想起して筆者が描いたもの

んだ状態で立てたまま少し隙間をあけて横に並べ，それぞれの台の陰に一人ずつ教師が隠れ，右の台から左の台へ隙間を通るように何かモノを投げ，子どもたちは，その隙間を通る一瞬の影から，投げたものが何だったかをあてるというシンプルなゲームである。2チームに分かれ，チーム対抗という設定で行う。

課題そのものが容易であることもあり，低学年の男の子たちは「ハーイハイ！」と元気よく手を挙げる。
　中村先生（→全員）「チームごとに相談してー」
と指示を出すが，あまり効果はなく，子どもたちのあいだで相談らしきものはまったく成立しない。また「ハイハイ」とそれぞれ手を挙げるので，
　中村先生，再度（→全員）「みんなで（低くて太い声色に変えて）そーだん」
と全員に向かって促すが，それぞれの子が"個別に"最寄りの教師に答えを耳打ちしただけで，子ども同士の相談はやはりない。
　田森先生「きみたちは相談しないねー」
と苦笑まじりに，誰にともなく言う。
〈…中略…〉
Aチーム，相変わらず相談はなく，先生と子どもとの1対1の相互作用のみである。
　田森先生（→全員）「相談して。そ・う・だ・ん」
とはっきりと働きかけるが，効果はない。

《エピソードNo. 7-1》において，教師たちは，すぐに大人との1対1の関係でものごとを処理しようとする子どもたちに子ども同士で『相談』するよう複数回"よびかけ"ており，第1段階では〈よびかけ〉とコーディングした。これは，少ない子ども同士のやりとりを活性化させ，子ども同士の仲間関係を育てようとの意図をもってなされていると考えられる。本エピソードの他にも，教師が子どもの気持ちを本人に代わって説明したり状況の意味を解説することで子ども同士の関係悪化を未然に防いでいるエピソードや，通常の教師―生徒間以上の対等で近しいやりとりも観察された。いずれも良好な人間関係を作ろう，あるいは維持しようとの意図をもっていると思われ，これらのエピソードをまとめるカテゴリーに〈関係調整〉と命名した。
　次のエピソードを見てみよう。

《エピソードNo. 7-2》
DATE：X年11月8日（文化祭）
場　所：養護・訓練室
内　容：文化祭・小学部高学年の劇
人　物：南原（小6・男子・内科系疾患）・甘粕先生（30代女性）

　　――たくさんの保護者や看護師さんも来校し，養訓室がぎゅうぎゅう詰めになるほどの盛況で，子どもたちも興奮気味である。小学校4年～6年は，高学年のだしものとして，『どろぼう学校』という劇を，教師も配役に交えながら上演する。

　しばらく前から感染防止のため病室から出られなかった南原は，文化祭当日も，やはり出演できず，甘粕先生が，南原の代役をつとめる。黒装束にサングラスをかけ，いかにもどろぼうらしい装いと，包丁をぎらつかせたりといった甘粕先生のみぶりが見事である。しかし，代役といっても，甘粕先生はみぶりだけで，せりふは南原本人の参加である。劇の間中，甘粕先生がカセットデッキをかかえ，病室で担任教師と一緒にテープに録音した南原の声を，劇の進行にあうようその都度スイッチをいれて流し，その声にあわせて先生がみぶりを加え，劇を進行させている。つまり，南原は舞台に立てないながらも，テープに流した声だけ参加しているのである。

　《エピソードNo. 7-2》では，教師は子どもの代役を舞台上で演じるという〈課題の代行〉を行っている。教師は，深刻な病状で登校できない児童のせりふを病室で録音したものを流しながら，教師がその声にあわせてみぶりを加えるという形で代役をつとめている。"一人の役者がせりふを言い，かつ演じる"という本来のあり方を教師と児童で分担するという工夫をすることで，"病状のため舞台に立てない"という一般学級の前提のままなら当然行事への不参加の決定的要因となる条件をかわしているのである。その結果，せりふだけという限られた範囲ながら，本児童の学校行事への参加が可能になっている。教師が子どもの代役をつとめるという実践が，子どもの学校行事参加を援助する機能をもっているのである。児童本人も，声だけの参加ながらも，劇への参加意識をもてたことが，下記の担任教師の語りの中の『俺たちの劇』という表現からも窺われる。

『そいで，あの，うん，（当日病室で劇のビデオを教師と一緒に見ながら）"どの劇が一番面白かった？"って言ったら，"俺たちの劇が一番面白かったよ"っ言って，ああ"俺たち"って言ってくれたなって……』［30代女性教師，逐語録（1）より］

この語りは，半構造化面接において本エピソードを提示し，南原本人の参加意識が生まれたのかどうかについて尋ねた際に得られたものである。

また，次の《エピソード No. 7-3》のように，通常なら授業の流れをスムーズにするために，すぐに他の子に役割をスイッチしてしまうような状況でも，あくまでも児童が動くのを待つことで，院内学級での教室活動への参加を実現しているエピソードもあった。これらは，体調や，薬の副作用，また単調な入院生活に起因する意欲の減退のために援助なしでは活動へ参加できない（あるいは参加しない）子どもの活動への参加を促そうという意図をもっている事例として，〈参加援助〉のカテゴリーにまとめた。

《エピソード No. 7-3》
　　DATE：X年2月24日（養護・訓練の授業）
　　場　所：小5教室
　　内　容：グループ別養訓・Bグループの工作〈レインボー UFO づくり〉
　　　　　　（筆者注：Bグループ＝小学部の内科系疾患の子どものグループ）
　　人　物：狭間（小2・男子・内科系疾患）・森藤まゆ（小5・女子・内科系疾患）・
　　　　　　甘粕先生（30代女性）・夏木先生（40代女性）・金田先生（30代男性）

　——転入してきたばかりの狭間は，なかなか席につかなかったり，先生の指示に対して返事をしなかったり，「いやだ」「きらいです」と院内学級での反抗的な態度がめだっている。この日，授業のはじまりの挨拶をする時のこと。

　甘粕先生（→狭間）「じゃ，（はじまりの）挨拶を，狭間くんにしてもらおうかな」
　夏木先生（→狭間）「これからようくんをはじめますって。きをつけ」（小さな声でこう言うんだよと教える）
狭間，黙ったまま何も言わない。
　甘粕先生（→狭間）「これから養訓をはじめますって言える？」
狭間，それでもだまって机に両手をのせている。
　甘粕先生（→狭間）「じゃ，ちょっとね，まゆちゃん『きをつけ』言ってあげて」

まゆ（すかさず）「はい，きをつけ」
　　甘粕先生（→狭間）（小さな子に諭すように）「これから養訓をはじめます」
甘粕先生，狭間が養訓という言葉の意味がわからないかと思ったのか「ようくん，ようくん」と言いながら，ひらがなで『ようくん』と黒板に書く。
　　狭間（→甘粕先生）「ようくん？」
　　甘粕先生（→狭間）（少しトーンを落として）「ようくん，ようくん，言って」
　　狭間（→甘粕先生）「なんでー!?」（「なんで言わなきゃいけないの？　言いたくない」のニュアンスで）
　　甘粕先生（→狭間）「『なんで』かぁー」
　　夏木先生「へっへっへ……」
と気まずい雰囲気をやわらげるようなユーモアあふれる笑い声を作る。
　　甘粕先生（→狭間）「これから国語をはじめますとか，これから養訓をはじめます。はいどぞ」
　　狭間（→甘粕先生）「ぼく？　なんでー」
甘粕先生ふふっと笑う。
　　金田先生（→狭間）「きみがやらないと始まらないんだよ」
　　甘粕先生（→狭間）「お当番さんが言うの。はい」
　　狭間（→甘粕先生）「なんでぼくがお当番なの？」
　　甘粕先生（→狭間）「きょうのお当番は狭間くんってかいてあったの違う？」
　　甘粕先生（→狭間）「よし，（少し小さな声で）これからようくんをはじめます」
　　狭間（→甘粕先生）「これからようくんをはじめます」
　　甘粕先生「はい。れい」
ようやく挨拶がおわる。

　ここでは，院内学級の心理教育的援助のありようを明らかにするというねらいに照らし合わせ，病院との情報交換や車いすや点滴台を使用している子どもに補助道具を提供するエピソード等院内学級ならではの教育活動と判断されるものについては，構成するエピソード数は少なくともひとつのカテゴリーとしてたてた。その結果，上記２つのカテゴリーの他に，入院中のストレスや落ち込みへの配慮として重視される〈心理的ケア〉，退院までという時間の制約のために１回の活動でなんらかの成果が見込めるよう制作物を教師が半分仕上げて提供されるエピソード等から成る〈環境設定〉，入院に伴い中断されがちな学習が継続される〈学習援助〉，子どもの病気の理解を促進する〈疾患理解援

助〉，普通なら家庭が行うようなしつけを入院中とあって教員が行う〈しつけ〉を加え，表7-1に示す通り計7つの教育実践カテゴリーを得た。以下，各カテゴリーの特徴を述べる。

A. 関係調整

　子どもたち同士の人間関係の構築やこじれの解決を援助する，またはこじれの発生を未然に防ぐ等人間関係を円満に保つことを意図した教育実践のエピソードから構成されるカテゴリーである。先行研究によると，一般に病弱児は，精神的に未熟で社会性に欠け，特に，人間関係のまずさが目立つという（栗原，1972; 藤田・松嵜・根本・飯倉，1985; 小笠原・甲村，1992）。また，教師自身も半構造化面接において，子どもたちは『（教師が）言葉をつなげてあげないと，他の子とコミュニケーションがうまくとれない』し，『人の気持ちを類推できない』『余裕がない』（逐語録（1）より抜粋）という認識を有している（谷口，2004a）。本カテゴリーに含まれる教育実践は，こうした子どもについての基本認識のもと行われている。本カテゴリーは，4つの行動形態カテゴリーから成る。

　A-1)　関係調整：よびかけ

　　直接的に言語で人間関係について言及し，特定の行動を要請する教育実践のエピソード。具体的には，「相談してー」「けんかしないでー」等の声かけがここに入る。

　A-2)　関係調整：代弁・状況説明

　　自分では表現できない子どもの気持ちを，本人に代わって教師が言語化したり，状況の意味を説明したりするという教育実践のエピソード。誤解を解いたり，子ども同士の関係悪化を未然に防ぐ役割があると思われる。

　A-3)　関係調整：課題の設定

　　課題の中には，"友だちづくり"を意図していると思われるものも観察された。課題の立案段階の観察記録はないので，課題についての説明のエピソードから本カテゴリーを構成した。

　A-4)　関係調整：一緒に活動

　　"基本的に子どもと同じ立場で一緒に活動する"というエピソードのうち，

表7-1 院内学級における教育実践カテゴリー

| 行動形態カテゴリーの特徴 | 行動形態カテゴリー | 教育実践カテゴリーと特徴 |
|---|---|---|
| 「けんかしないで」等，直接言語で人間関係に言及し，特定の行動を要請する。 | A-1) よびかけ (2) | A：関係調整 (30)<br>子どもたちの人間関係構築を助けたり，関係を円満に保つ，こじれを未然に防ぐことを意図している。 |
| 自己表現が下手な子どもの気持ちを教師が察して言語化したり，状況の意味の読み取りが苦手な子どもに現状の意味を説明する。 | A-2) 代弁・状況説明 (6) | |
| "友達づくり"を意図して相談や協力が必須となる課題を設定する。 | A-3) 課題の設定 (2) | |
| 子どもとの関係づくりを意図して子どもと同じ活動をする。 | A-4) 一緒に活動 (3) | |
| 日常会話中に他の子どもへの理解を促したり教師との近い関係を確認する。 | A-5) その他 (17) | |
| 直接的に言語で誘う，課題に関する質問をなげかけたり身体的誘導により，活動へ誘う。 | B-1) 勧誘 (28) | B：参加援助 (76)<br>活動意欲が減退している子に対して，学級の活動への積極的な関与を促したり，子どもが課題を行うのを何らかの形で助けることを意図している。 |
| 純粋に子どもを"誉める"のではなく，子どもに活動参加を促すストラテジーとして賞賛が用いられているもの。 | B-2) 賞賛 (5) | |
| 「がんばって」「だいじょうぶだよ」「失敗してもいいよ」等と子どもを励まして活動への参加を促したり，参加意欲を鼓舞する。 | B-3) 励まし (6) | |
| 子どもに直接的に何か働きかけをするのではなく，黙ってそばにいるだけ，また，子どもの様子を見守ることで，子どもの活動参加を支える。 | B-4) そばにいる (4) | |
| 教師が一緒に活動することで，一人では活動に参加できない子どもの参加を助ける。教師自身との関係づくりよりも，子どもの活動を支える意図が強いと解釈されるもの。 | B-5) 一緒に活動 (3) | |
| 普通校でよくある課題状況のままでは，活動できない子どものために，課題の設定を変えるなど，一工夫することで活動への参加を可能にする。 | B-6) 課題の設定 (6) | |

※注：( ) 内の数字はカテゴリーに含まれるエピソード数を表す。

| 行動形態カテゴリーの特徴 | 行動形態カテゴリー | 教育実践カテゴリーと特徴 |
|---|---|---|
| 課題の遂行を補助する道具を提供する。必ずしも特別な道具ではなく，通常は別の用途に用いられるものが，思わぬ形で活躍することもある。 | B-7) 道具の提供 (1) | |
| 課題がなかなかじょうずにできない子どもに対して，教師が手伝う。それによって子どもは課題が完成でき，自分が課題を仕上げたという達成感をもてる。 | B-8) 手助け (4) | |
| 子どもがやるべき課題を，子どもに代わって教師が遂行する。特に製作場面において，「いつのまにか先生が作っている」という形で頻繁に観察された。 | B-9) 課題の代行 (8) | |
| 課題について丁寧な教示がなされたり，うまくできない子どもにアドバイスを与える。 | B-10) 説明・助言 (11) | |
| 叱責などによりがっかりした子どもに声をかけたり，頭をなでたりして慰める。 | C-1) 慰撫 (10) | C：心理的ケア (58) 子どもの気持ちに働きかけて，落ち込みがちな心理状態をポジティブにすることを意図している。なお，「心理的ケア」とは病弱教育現場で，子どもの気持ちを支える働きかけについて用いられており，そのまま援用した。 |
| 些細なことでもとにかく誉める。言語のみならず，「パチパチ」といった擬音語つき拍手も含む。 | C-2) 賞賛 (18) | |
| 緊張・萎縮している子どもの気持ちが上向くように言語的・非言語的（例：そばで見守る）に励ます。 | C-3) 励まし (3) | |
| ぽつんとひとりでいる子へのよびかけ等，C-1)～C-3) 以外の意味をもつ声かけ。参加を促すというより君のこと見てるよというメッセージを伝える。 | C-4) 声かけ (8) | |
| 教師からの自発的な身体接触によりC-1)～C-3) 以外のメッセージを伝える。 | C-5) スキンシップ (4) | |
| 子どもの攻撃的な言動をそのまま受け止める。 | C-6) 攻撃性の受容 (2) | |
| 子どもからの身体接触や普通校ではおよそ認められない要求を受け入れる。 | C-7) 甘えの受容 (8) | |

※注：( ) 内の数字はカテゴリーに含まれるエピソード数を表す。

| 行動形態カテゴリーの特徴 | 行動形態カテゴリー | 教育実践カテゴリーと特徴 |
|---|---|---|
| 普通校なら当然教師の叱責の対象となると思われる行為に叱責がない事例。 | C-8) 叱責のなさ (5) | |
| 材料の準備や会場となる教室の整備など活動の準備を整えておく。作品など半完成に近いくらいまであらかじめ教師が作っておくことがある。 | D-1) 準備 (8) | D：環境設定 (38)<br>院内学級という子どもの活動の"場"を整える。参加援助の意味もあるが，「活動環境の整備」に主眼がおかれる。 |
| 場の雰囲気を"楽しい"ものにしようと，あの手この手で座をもりあげる。具体的には「冗談」を言ったり，「座をもりあげるために歌う」等。 | D-2) ムード作り (21) | |
| 少人数の子どもたちだけだと活動が成立しないため，教師が子どもと同じ立場で一緒に活動して活動として成立させる。"活動の成り立ちを支えるための人数確保"の意味が強い。 | D-3) 一緒に活動 (7) | |
| 子どもにとって「学校」という場が居心地のよいものになるよう，子どもの移動に応じて，子どもの生活面における情報を交換することで環境を整える。 | D-4) 情報交換 (2) | |
| 入院中はとぎれがちな学習や生活経験不足から起こる一般常識欠如を補う指導。 | | E：学習援助 (6) |
| 「健康状態の回復・改善に必要な知識・技能の習得」（文部省，1985）という病弱教育の目標に沿い，子どもの自分の疾患状態の理解を助ける。 | | F：疾患理解援助 (9) |
| 入院中はどうしても甘くなりがちなしつけを行う。退院後の社会生活に支障をきたすのではないかとの危惧のもとに提供される。 | | G：しつけ (6) |

※注：( ) 内の数字はカテゴリーに含まれるエピソード数を表す。

　共通体験を通して教師と子どもの関係の近さ・対等さをお互いに確認すること，もしくは"一緒に活動する"ことそのものが目的となっている教育実践のエピソードである。先行研究においても院内学級教師がこころがけ

ていることとして，"一緒に遊ぶ"ということが挙げられている（伊藤・中橋，1999）。ただし，同じ"一緒に活動する"という行動でも，参加を援助することが意図されていると思われたものは「B-5）参加援助：一緒に活動する」に，活動人数の確保という意図があると思われたものは「D-3）環境設定：一緒に活動する」に入れた。

A-5）　関係調整：その他

ごく日常的な会話の中で，他の子どもへの理解を促したり，あるいは教師と児童の近しい関係を構築・確認しているエピソードからなる。具体的には，教師のことを呼び捨てにすることを許容したり，子どものことをファースト・ネームで呼んだりといった呼称のスタイルにかかわるもの，ベッドサイド学習の子のことをクラスで話題に取り上げたりといった教育実践のエピソードが，本カテゴリーに含まれる。

B．参加援助

「とりあえず他に行く所もないし……」「看護師さんやお母さんが行けって言うし……」のようになんとなく院内学級に身をおいている子や，病状その他の理由により活動意欲が減退している子に対して，学級の活動への意欲的な参加を促したり，子どもが課題を行うのを何らかの形で助ける教育実践のエピソードであり，以下の10個の行動形態カテゴリーから構成される。

B-1）　参加援助：勧誘

声をかけたり，身体的に誘導したりして，活動にのれないでいる子どもを活動へ誘う教育実践。「やってみようよ」と直接的に言語で誘ったり，子どもの関心を引くように，課題に関連した質問を投げかけたりといったエピソードが含まれる。

B-2）　参加援助：賞賛

「C-2）心理的ケア：賞賛」が純粋に子どもを"誉める"ものであるのに対し，本カテゴリーには，"誉める"ことが，子どもに活動参加を促すストラテジーとして用いられているエピソードが含まれる。"ちょっとおだてて活動させよう"という類の教育実践である。

B-3）　参加援助：励まし

## 第7章　院内学級における〈つなぎ援助〉

子どもを励まして活動への参加を促したり，参加意欲を鼓舞するというエピソード。「がんばって」に代表されるような声かけの他に，萎縮してしまいがちな子に「だいじょうぶだよ」と保証したり，「失敗してもいいよ」と気持ちを楽にするような声かけをすることもある。

B-4)　参加援助：そばにいる

子どもに直接的に何か働きかけをするのではなく，黙ってそばにいるだけ，また，子どもの様子を見守ることで，子どもの活動参加を支えているという，間接的な援助のエピソード。

B-5)　参加援助：一緒に活動

一人では活動に参加できない子どもに対して，教師が一緒に活動することによって子どもの参加を助けるというエピソード。参加を援助するという目的があるという点において，「A-4) 関係調整：一緒に活動する」「D-3) 環境設定：一緒に活動する」とは区別される。

B-6)　参加援助：課題の設定

普通校でよくある課題状況のままでは，活動についてこられない子どもでも，課題の設定を変えるなど，一工夫することで活動への参加が可能になることがある。本カテゴリーは，そうした課題の設定に一工夫することで，子どもたちの参加を可能にするという教育実践のエピソードから構成される。

B-7)　参加援助：道具の提供

課題の遂行を補助する道具を提供するエピソードである。道具は，必ずしも特別な道具ではなく，通常は別の用途に用いられるものが，思わぬ形で活躍することもある。

B-8)　参加援助：手助け

課題がなかなかじょうずにできない子どもに対して，教師が手伝ってあげるというエピソード。

B-9)　参加援助：課題の代行

子どもがやるべき課題を，子どもに代わって教師が遂行するというエピソード。特に製作活動場面において，「いつのまにか子どもはぶらぶらしており，先生だけが製作活動を行っている」という形で頻繁に観察された。

B-10）参加援助：説明・助言
　　課題について懇切丁寧な教示がなされたり，うまくできない子どもにアドバイスを与えるというエピソード。

## C．心理的ケア

　病弱教育の大きな教育目標として，「障害を克服する意欲の向上」（文部省，1985）が掲げられている。これは，病をもつ子どもには疾患から二次的に派生する不安・ストレス・劣等感他さまざまな心理的な問題があることを前提に，この心理的な問題の克服を援助することの重要性を説いたものである。第3章においても，子どもたちが「将来への不安」「孤独感」「治療恐怖」「入院生活不適応感」「とり残される焦り」からなる独特の不安を抱いており，入院児が普通学級の生徒とは異なる心理状態にあることが確認されている。この子どもの"気持ち"に働きかけて，ややもすると落ち込みがちな心理状態をポジティブにすることを意図してなされる教育実践のエピソードから構成されるカテゴリーであり，8つの行動形態カテゴリーからなる。この〈心理的ケア〉というカテゴリー名は心理学の観点からはいささか奇異に感じられるが，病院内教育現場において，子どもの気持ちを支える働きかけを総称して用いられている言葉のひとつであり，本書においてはそのまま援用した。

　C-1）　心理的ケア：慰撫
　　失敗したり，教師から叱責されたり，また，自分の思い通りにことが運ばなかったりといった，がっかりした状態の子どもを慰めるエピソード。具体的には，「残念だったね」などの声かけや，声をかけないまでも「頭をなでる」などの非言語的な行動が，ここに含まれる。

　C-2）　心理的ケア：賞賛
　　課題に限らず何かが"できた"子どもに対して，どんな些細なことでも誉めるエピソード。「すごいねぇ」「じょうず」「やったね！」と言葉で誉めたり，あるいは「パチパチ」と擬音語つきで拍手を送ったりといった非言語的な行動の双方を含む。

　C-3）　心理的ケア：励まし
　　緊張していたり，萎縮している子どもの気持ちが上向くよう励ましている

エピソード。言語的な励ましの他，"近くで見守ることで子どもに安心感を与える"というような非言語的な行動のエピソードも含めた。なお，「がんばれ」など課題への参加を支援するものは「B-3）参加援助：励まし」に入れ，ここには，自信のなさをかばうというような心情的な意味合いの濃い励ましのみを入れた。

C-4）心理的ケア：声かけ

C-1）〜C-3）以外の意味をもつ子どもへの声かけである。具体的には，ぽつんと一人でいる子の孤独感を和らげるような声かけなどがここに含まれる。

C-5）心理的ケア：スキンシップ

身体接触によって何らかのメッセージを伝えようとしているエピソード。ただし，子どもの方から教師に接触してきたものは，「C-6）心理的ケア：攻撃性の受容」や「C-7）心理的ケア：甘えの受容」等の"受容"として扱い，本カテゴリーには，教師の方からの自発的な身体接触のみを含めることとした。

C-6）心理的ケア：攻撃性の受容

子どもから向けられた攻撃的な言動に対して，避けたり，たしなめたりせずに，そのまま受けとめているエピソード。

C-7）心理的ケア：甘えの受容

子どもの方からの接触を受けとめたり，子どもの出してくる要求をそのまま受け入れているエピソード。特に子どもの要求に関しては，普通校ではおよそ正当な要求と認められないような"甘え"と筆者の目に映ったもの（例えば，すぐ目の前にある紙飛行機を『とってぇー』と教師を使って拾わせる行為など）への対応を入れた。

C-8）心理的ケア：叱責のなさ

普通校なら当然教師の叱責や注意がはいると筆者が感じた場面において，叱責がなかったエピソード。特に"時間を守る"とか"集合する"といった普通校において集団行動が強調される場面においてこの叱責のなさが目立った。

D：環境設定

院内学級という，子どもの活動の"場"を整えているエピソードから構成されるカテゴリーである。子どもたちの活動の参加を援助するという意味合いも含まれるが，「活動環境の整備」にその主眼がおかれているという点において，「B：参加援助」とは区別される。以下の4つの行動形態カテゴリーからなる。

D-1) 環境設定：準備

活動の準備をあらかじめ整えておくという教育活動のエピソード。材料の準備や会場となる教室の整備以外にも，製作課題などは子どもたちは最後の仕上げだけをすればいいところまであらかじめ半分教師が作っておき，子どもに「できた」という達成感を味あわせるための準備等さまざまな活動が含まれる。

D-2) 環境設定：ムード作り

場の雰囲気を"楽しい"ものにしようと，あの手この手で座をもりあげているエピソード。具体的には「冗談」を言ったり，「座をもりあげるために歌う」という行動がある。

D-3) 環境設定：一緒に活動

子どもたちだけだと人数が少なくて活動が成り立たないところを，教師が子どもと同じ立場で"一緒に活動"することで，なんとか活動として成立させるというエピソード。一緒に参加するという行動が，子どもとの関係づくりや子どもの参加を助けるといった意味合いよりも，"活動そのものの成り立ちを支えるための人数の確保"の意味が強いと思われたエピソードが本カテゴリーに含まれる。

D-4) 環境設定：情報交換

子どもについての理解を深めるために，子どもに関する情報交換をしているエピソードである。情報交換の相手は，病院・前籍校他さまざまであるが，観察場面が学校のみであったため，実際の情報交換場面を直接観察する機会は少なかった。

E：学習援助

入院に伴う学習の遅れや学習空白ができないよう，学習指導をしているエピ

ソード。いわゆる教科の授業における指導全般が含まれる。しかし，子どもたちが地域の学校で使っていた教科書をそのまま使うため，同じ教室でも別々の教科書を使い，別の単元をそれぞれ学習するのを個別に援助したり，できるだけ子どもの希望に沿うような学習のあり方を考える等の院内学級ならではと考えられる学習援助のエピソードも含まれている。

### F：疾患理解援助

病弱教育の特色として，「健康状態の回復・改善に必要な知識・技能の習得」（文部省, 1985）を教育目標として掲げていることがある。本カテゴリーは，子どもが自分の疾患の状態を理解することを助けるというエピソードから構成される。具体的には，病院での禁止事項を学校で確認したり，子どもの病気のメカニズムを教師が説明したりするといったことが挙げられる。

### G：しつけサポート

家庭から離れた環境や，病気であることを理由にどうしても甘くなりがちな"しつけ"を学校において教師が行っているエピソード。あまりにわがままでは，退院後の社会生活に支障をきたすのではないかとの危惧のもとに提供される心理教育的援助である。

## 第4節　教育実践の〈つなぎ〉機能の発見
　　　　——概念化から仮説生成へ

第3節において抽出された実践カテゴリーに基づき，さらなる概念化を試みたのが本節である。ここでは7つの教育実践カテゴリーごとにエピソードをまとめ，カテゴリーに共通するテーマ発見をめざし，エピソードを何度も読んだ。しかし，情報量が多すぎるためか，なかなか包括的テーマらしきものはつかめなかった。そこで，「関係調整」エピソードの理論的示唆の部分だけを拾い読みし，キーワードを書き出したところ，『子ども同士のやりとりを促す』『教師―生徒の信頼関係を急いで作る』などの"関係性を作る"という意味をもつ言葉が繰り返しでてくることがわかった。そこから，"Z院内学級の教師たちの

教育実践は，入院児の生活世界において"関係性を作る"役割を果たしているのではないか"との暫定的仮説を生成した。"関係性を作り直す"援助としては，「悩まないこと」を特徴とするスチューデント・アパシー大学生（以下，アパシーとする）への援助技法として開発された「つなぎモデル」がある（下山，1997）。本書で検討している心理教育的援助の対象である入院児は，憂慮すべき事態が何かを認知できる発達段階に達していないこと，入退院の繰り返しという生活パターンから諦めることを妙に学習してしまっていること等，アパシーとは異なる背景が予想される。しかし，下に引用した半構造化面接における子どもたちの気になる点についての教師の語りに見られるように，"悩んでいない"そして"低エネルギー状態"という点でアパシーとの共通点が見出される。

> 『（自分で何かを）決められなくて困るっていう感覚の前に，困ってないことが多いすよねー，僕から見ると。ほんとはだからせっぱ詰まって，"どうしよう先生わかんねぇよ"ってなってると，こっちだって色々手つくしたりいろいろやるんだけど，（子どもが）困らない（笑）。悩んでないというか，僕たちが要望してるほど，この子悩んでないな，困ってないなっていう……。ありますね』
> 　　　　　　　　　　　　　　　　　　　　　　　［30代男性教師，逐語録（1）より］

さらに，半構造化面接において『自分の病気で頭がいっぱいで余裕がない』『（治療や病棟での気遣いで）エネルギーを使い果たしている』といった言葉で教師たちから語られ，また，参与観察においてもなかなか活動へ参加しない，あるいはすぐに疲れて活動から脱落してしまうといった子どもたちの姿が頻繁に観察された。このように全員ではないまでも，多くの子どもたちは低エネルギー状態にあり，また，"悩んでいない"がゆえに何とかすべく動こうとしないという点においてアパシーとの共通点を見出すことができる。そして，そこに援助者が"関係性を作る"必要性が生じるのではないかと考えられた。そこで，本書においては，アパシーへの援助である〈つなぎ〉という概念によって"関係性を作る"という視点から教師の援助を捉えることとし，再びエピソードデータに立ち返り，理論的示唆を含むキーワードの書き出しを続けると同時に，〈つなぎ〉というテーマを暫定的に念頭におきつつ全エピソードを解釈し直した。以下に再解釈のプロセスを示す。

## 第7章　院内学級における〈つなぎ援助〉

第3節において，〈関係調整〉カテゴリーにまとめられた《エピソードNo. 7-1》(111頁参照）では，教師たちは，子どもたちの人間関係形成のきっかけづくりをしていると解釈したが，この背景には，

> 『("集合"なんていったって）どうせ集まりゃしないぜー。ほんっとに"それぞれ"の方達ですからねー。…中略…三々五々の連中だぁー』
> ［30代女性教師，フィールドノーツより］

との教師の言に表れる"子ども同士のまとまりのなさ"を問題視している教師の認識がある。加えて，入院児が『他者への関心が希薄』で，『子ども同士の関係を築く力が弱い』ことも指摘されている。このように，《エピソードNo. 7-1》の教師たちの教育実践は，"バラバラの子どもたち"の人間関係をつなぐべく展開されていると解釈できる。

また，前出の《エピソードNo. 7-3》(114頁参照）の女性教師の断固たる態度については，半構造化面接において当該教師（エピソード中の甘粕先生）から次のようなコメントがなされている。

> 『やっぱり，ただでさえ声でない子だから，それをのがしてしまったらもう絶対出さなくてもいいやって，そういうのが，"僕は黙っててもすぎるんだ"みたいになって，それが普通になっちゃうとやだなっていうのはある，んですよ。…中略…そういう，なんか，自分の役目みたいなのは，うん，なんか果たしてほしい，みたいな』
> ［30代女性教師，逐語録（1）より］

"黙っていれば，果たすべき役割も果たさないままですんでしまう"という経験はさせたくないとの信念が読み取れる。ややもすると病状を理由に，やれることもやらずになあなあですませてしまいがちな子どもたちに，"病気でもやるべき時はやる"という譲れない一線を呈示することで，活動意欲が低下するままに学校生活からずるずると引いてしまいがちな子どもを，やや強引に"学級活動"につなぎとめているという解釈が可能である。

他のエピソード事例の理論的示唆のメモ書きにも『人間関係の橋渡し』『顔つなぎ』などの〈つなぎ〉という意味をもつ概念が繰り返し立ち表れていることから，〈つなぎ〉が本学級の実践を理解する鍵概念のひとつとして適切であ

表7-2 各〈つなぎ援助〉を構成する教育実践カテゴリー

| 〈つなぎ〉援助 | 教育実践カテゴリー | |
|---|---|---|
| ① 「子どもと子ども」をつなぐ | A-1) 関係調整:よびかけ<br>A-2) 関係調整:代弁・状況説明 | A-3) 関係調整:課題の設定<br>A-5) 関係調整:その他 |
| ② 「教師と子ども」をつなぐ | A-4) 関係調整:一緒に活動<br>A-5) 関係調整:その他<br>B-8) 参加援助:手助け<br>C-1) 心理的ケア:慰撫<br>C-2) 心理的ケア:賞賛<br>C-3) 心理的ケア:励まし | C-5) 心理的ケア:スキンシップ<br>C-6) 心理的ケア:攻撃性の受容<br>C-7) 心理的ケア:甘えの受容<br>C-8) 心理的ケア:叱責のなさ |
| ③ 「院内学級と子ども」をつなぐ | B-1) 参加援助:勧誘<br>B-2) 参加援助:賞賛<br>B-3) 参加援助:励まし<br>B-4) 参加援助:そばにいる<br>B-5) 参加援助:一緒に活動<br>B-6) 参加援助:課題の設定<br>B-7) 参加援助:道具の提供 | B-9) 参加援助:課題の代行<br>B-10) 参加援助:説明・助言<br>C-4) 心理的ケア:声かけ<br>D-1) 環境設定:準備<br>D-2) 環境設定:ムード作り<br>D-3) 環境設定:一緒に活動 |
| ④ 「子どもと地域の学校」をつなぐ | D-4) 環境設定:情報交換<br>E) 学習援助 | G) しつけ |
| ⑤ 「病院と院内学級」をつなぐ | D-4) 環境設定:情報交換 | |
| ⑥ 「病院と子ども」をつなぐ | F) 疾患理解援助 | |
| ⑦ 「家庭と院内学級」をつなぐ | (面接のみで確認) | |
| ⑧ 「家庭と子ども」をつなぐ | (面接のみで確認) | |

ることが確かめられた。

　さらに"どことどこをつないでいるのか"を軸に考察した結果,「子どもと子ども」・「教師と子ども」・「院内学級と子ども」・「子どもと地域の学校」・「病院と院内学級」・「病院と子ども」を"つなぐ"という6つの〈つなぎ〉が得られ,これを〈つなぎ援助〉カテゴリーとして統合した。半構造化面接においても,『教師が媒介としてでないと子ども同士がスムーズにかかわれない』『戻る小学

第 7 章　院内学級における〈つなぎ援助〉

校とのつながりは大切にしたい』『病棟に乗り込んで行き，看護婦さんをつかまえて治療の見通しなど聞く』等，6つの〈つなぎ援助〉が教育実践の中で展開されていることが頻繁に語られ，その存在が確認できた。さらに，面接からは，教師に焦点化した学校場面の観察からは得られなかった"家庭"がからむ2つのカテゴリーの存在も示唆され，「家庭と院内学級」・「家庭と子ども」を"つなぐ"援助を追加した。

各〈つなぎ援助〉を構成する教育実践カテゴリーを表7-2にまとめた。以下に，各カテゴリーを構成する代表的なエピソード事例もしくは面接逐語録を適宜示しながら，各カテゴリーの特性を述べる。

## 1.「子どもと子ども」をつなぐ

前出の《エピソードNo. 7-1》は，『相談してー』と子ども同士のやりとりを促す言語的働きかけを行っている。結果的には，働きかけの効果は皆無だが，子ども同士を"つなぐ"ことが，はっきりと言語化されている事例である。

また，以下のように道具の数を調節することで，子ども同士のやりとりを活性化させようとの試みも面接によって語られている。

> 『わざとはさみとか，ガムテープとか減らして，貸し借りをしながらとか，協力してできるようにわざと道具を減らしてやらせようと。それぞれ持ってしまうと，それぞれが一人ひとりの活動になっちゃうんで，それよりみんなでわざともめながら，ごたごたしながらできるようにってことで，そういう風に配慮して少しやってみた。ガムテープやるのも，ひっぱって抑えて切る人とか，ガムテープの貸し借りがおこるといいんじゃないかと思ってやってみた』　［30代男性教師，逐語録（1）より］

こうした教育実践の背景には，本学級が，地域を基盤とした1年単位の継続的な子ども同士の関係が前提となっている一般学級とは異なり，入院という医療的措置を目的として今まで通っていた学校から引き離されて本学級へ来ている児童の"寄せ集め所帯"であるという学校としての特殊性がある。"寄せ集め所帯"であることは，子どもたちの上履きがそれぞれ違う種類のものであることにも象徴されている。転出入も激しく，"転校生が団体でいる状態"と言っても過言ではない。したがって，通常なら毎日学校で顔を合わせる中で自然と培

われていく集団規範や，子どもたちのあいだにある共通の知識・ルールといった学級文化とでも呼ぶべきものが，Z院内学級には基本的に存在しない。しかし，多くの子どもたちは，院内学級で楽しいこととして，「皆と遊べる」「友だちと会える」ことを挙げており（伊藤・中橋，1999），子ども同士のかかわりは子どもたち本人にとって重要な意味をもつと言える。こうした基本的には関係性の薄い子ども同士の相互作用を促し，子どもにとってプラスの意味をもつ仲間関係を育てる援助がこの〈つなぎ〉であると思われる。

次に〈A-2〉関係調整：代弁・状況説明〉とコーディングされたエピソードを見てみよう。

《エピソード No. 7-4》
 DATE：X年1月20日（養護・訓練の授業）
 場　所：養護・訓練室
 内　容：全体養訓・〈かるたとり大会〉
 人　物：三宅まこと（小2・男子・整形外科系疾患）・大塚（小6・男子・内科系疾患）
   水戸先生（30代女性）・高井先生（50代男性）・金田先生（30代男性）・本郷先生（30代男性）

――全学年でかるたとり。ルールは普通の「かるた」で，本学級によく見られるルールのアレンジはない。読み手は田森先生。判定は高井先生と金田先生が適宜行う。場の設定は，養訓室中央にパステル調の色合いのパッチワークキルトのシート（1メートル×1メートルくらいの大きさ）を敷き，その上にかるたの絵札を配り，子どもたちはそのキルト上に円陣を組んで座っているというものである。整形外科系疾患の子どもたちは，車いすを降り，足を開いた状態で装具で固定したまま座っている。自由に動くことができないということもあり，この子たちにはお助け役として先生がそれぞれつく。

当該札を見つけたのは三宅まことが一番早かったが，足が装具で固定されており，自由に動けないため手が届かず，三宅は指差すだけである。結局「ハイ」と，札の上に手をのせて札をとったのは大塚であった。
 水戸先生（→三宅）「指差すだけだね」
 三宅（→水戸先生）「だって届かないんだもん」

高井先生「(三宅) まこと。まこと」(札をとったのは三宅であるとの先生の判定がはいる。)
　金田先生「まこと。とどかないから。(札を握っている大塚に向かって，札を三宅に) あげて」
それでも札を握りしめ，動かない大塚。
　<u>本郷先生「とどかないんだもん」</u>
ちょっと残念そうな大塚だったが，結局無言で札を渡す。
　高井先生 (→三宅)「そのかわりお前 (指差しが) はずれてたら，おてつきかんな」
　三宅 (→高井先生)「うん」

《エピソード No. 7-4》において，教師たちは 2 つの役割を果たしている。ひとつは，"誰が札をとったのか"という勝敗の判定，もうひとつが子どもの状況の説明である。判定に関しては，通常なら先にかるた札の上に手を置いた人が勝者であり，誰の手が一番早く札の上にのったかが判定の基準となるが，ここでは病状のため動けないという特殊な事情を考慮して，一番初めに見つけた人，との判定が下されている。が，大塚は，なかなか素直にその判定を受け容れられないでいる。ここで，下線部の本郷先生の発言だが，この時，札に手が届かなかったのは，話し手の本郷先生ではなく，三宅である。三宅自身は大塚に対して自分の状況を説明して，札の所有権を主張することはない。その代わりに教師が子どもの立場になって状況を語り，判定の正当性を子どもの代わりに主張しているのである。子どもだけだと，どちらが勝者か，ややもするとけんかに発展してしまったり，うやむやのまま諦めた方に漠然とした不満感が残ってしまったりしがちである。この教師の代弁により双方の納得が促され，気まずい気持ちを残すのを未然に防いでいると解釈できる。
　状況の意味や友だちの行動の意図を読みとる子どもたちの力が乏しいがために誤解が生じてしまった時や，そうした誤解を子ども自身が自己主張して解くことができないでいるような場合，教師は，状況の意味を解説することで誤解を解き，あるいは子どもの気持ちをその子に代わって説明することで，けんかを未然に防いでいる。先の《エピソード No. 7-1》や「わざと道具の数を減らす」というエピソードほど積極的な意味で子どもと子どものあいだをつないで

いるわけではないが，誤解やけんかを未然に防ぎ，関係悪化を防止するという消極的な意味でのつなぎであると言えるだろう。

　Brenner（1984）は，職業的セラピストではない援助者が子どもたちのストレス対処を援助する際のひとつの方法として，子どもに友だちの作り方を教えることを挙げている。上述したエピソードに示されたような子ども同士の関係づくりを援助したり，良好な関係を維持する「子どもと子ども」をつなぐ援助によって，第3章で見出された入院児がかかえる孤独感が減少することが期待できる。

### 2.「教師と子ども」をつなぐ

　『あのやっぱり，仲良くなりたい。仲良くならないと，授業やれない……んじゃないかっていう……。教科の特性もあるし。あとやっぱり仲良くならないと，なんかお互いにお話してもむなしいというか。特にやっぱり病気の子どもって，あのぉ変に心をとざしたりとかやたらに近すぎたりとか，いろいろお互いに距離感が難しいと思うんですけれど，やっぱりとりあえずわかり合わないと話にならないので。それとやっぱりそういうのを求めてる人もいるので，子どもの中には……』

〔40代女性教師，逐語録（2）より〕

この語りからは，『仲良くなりたい』という教師としての率直な気持ちと，病気をもつ子どもだからこそ相互理解が必要であるとの教師の認識が窺われる。このような意識に裏づけられた，通常の「教師―生徒間の信頼関係」をベースにしつつも，その枠を超えて，より心情的な教師と子どもの関係を作ろうとするのが，この〈つなぎ援助〉である。

　本学級を観察していて，素朴な印象として筆者の心に残ったことがらに，"教師と生徒の関係が非常に近く，かつ対等である"ということ，そして"教師の対応が非常にきめ細かく，子どもをつつみこむようであること"の2点があった。教師は，子どもがうまく何かできた時には小さなことでもこまめに誉め，できなかった時でも，「残念だったね」「でも，頑張ったよね」と慰めている。梶田（1988）は，「自分自身を基本的に価値あるものとする感覚」と「自尊心」を定義し，自尊心が保たれている場合のみ，「意欲的で積極的であることができるし，また心理的な充実感をもつことができる」と述べている。

入院児童は，疾患の存在や環境のため，"以前はできていたことができなくなってしまった"との経験を数多くもつし，"治療してもらう""看護してもらう"という自分では統制不可能な受動的生活を余儀なくされる。こうした経験構造のため，どうしても「無力感」（宮田，1991; 沢田・小畑，1995）を獲得しやすいし，"自信喪失"，"意欲減退"という状態に陥りやすい。上述した定義に則るならば，自尊心が低下した状態にあると言うことができる。本カテゴリーに属する教育活動にこめられた「君のことちゃんと見てるよ」「評価しているよ」という教師からの暗黙のメッセージによって，子どもは，自分が"ケアされ，認められている"ことを感じ，どうしても低下しがちな子どもたちの自尊心を保つことができるのではないだろうか。

　他に，教師が身体接触を通して，子どもを"かわいい"と思っている気持ちを伝達することで，教師と子どもとのあいだの心情的な人間関係を形成・相互確認するというエピソードや，教師が子どもと全く同じ立場でゲームその他に参加することで"先生も生徒も皆一緒"という感覚で，同じ地平に立つ対等な関係であることが強調され，子どもは教師をより身近な存在として認知していくことになる。

　こうした「教師」と「子ども」の関係性構築が，「教師と子ども」をつなぐ援助である。

## 3.「院内学級と子ども」をつなぐ

　114頁の《エピソードNo. 7-3》が，活動意欲が低下するままに学校生活からこぼれ落ちてしまいがちな子どもをやや強引に"学級活動"につなぎとめていると解釈できることは前述の通りである。他にも次の〈B-9〉参加援助：課題の代行〉とコーディングされたエピソードも観察されている。

《エピソードNo. 7-5》
　　DATE：X年12月16日（養護・訓練の授業）
　　場　所：家庭科室
　　内　容：全体養訓・製作〈クリスマス・リースとツリーの飾り付け〉
　　人　物：馬渕（小2・男子・内科系疾患）・佐藤（小4・男子・内科系疾患）

夏木先生（40代女性）・数野先生（40代女性）

――作りかけのリースがある子はそれを仕上げ，前回お休み等で作りかけのがない子は廊下でツリーの飾り付けをする。リースはドーナツ型に切ったダンボールに，金銀他で着色した色々な形のマカロニをはりつけたもので，よく保育園や児童館の工作の時間に作られるものである。本日はそれに仕上げのリボンやまつぼっくりの飾りをつけて完成をめざしている。冬休み間近ということもあり，すでに一時退院した子もいて，教師の人数の方が子どもよりも多くなっている。リースづくりでは，暗黙のうちに，ひとりの子どもに教師がひとりついて，何かと援助をする形になっている。馬渕（小2・男子・内科系疾患）には夏木先生がついているが，馬渕は製作活動があまり好きではないらしく，活動に取り組む意欲が全く感じられない。

夏木先生，馬渕のリースを手に取り，細いリボンの色あわせをしている。
 夏木先生（→馬渕）「これここつけるだけでいいの？」
 馬渕（→夏木先生）「うん」
夏木先生，馬渕のリースにリボンをボンドではりつける。
 夏木先生（→馬渕）「これでいいの？」
馬渕，返事なし。
 夏木先生（→馬渕）「細いの2本，ちょっとさみしいような気もしないでもないですけど。これでいいんですか？」
 馬渕（→夏木先生）「うん」
馬渕，佐藤の方をぽけっと眺めて，自分のリースはまったく見ずに適当に生返事をする。
 夏木先生（→馬渕）「じゃ，こだわりの少ない馬渕君。（夏木先生，リボンをリースにつける）こんなんでいいんすかぁ？」
 数野先生（→馬渕）「馬渕君，見てるとこが違うよ。『うん』とか言って。（笑い）」
 佐藤（→馬渕）「そっちはそっちでどーでもいいのかよ，おまえ」
あまりのやる気のなさに，佐藤のヘルプをしていた数野先生と佐藤，笑いながら注意をする。
 夏木先生（→馬渕）（微笑みはするが，あまり笑わない）「さみしくない？　いいの？」
 馬渕（→夏木先生）「うん」（うなずく）
 夏木先生（→馬渕）「よろしいですか？」

馬渕（→夏木先生）「……」
夏木先生（→馬渕）「これでいいの？　ねぇ」
馬渕（→夏木先生）「ふん……」

　佐藤の『どーでもいいのかよ』の言葉からも窺われるように，「リースづくり」という課題への関心が極端に低い馬渕。夏木先生は，何色のリボンにするか等これでもかと言わんばかりに質問をもちかけ，なんとか馬渕の参加意欲を鼓舞しようと働きかけている。注目したいのは，ここで実際に"リースを作る"という課題を実行しているのが，馬渕ではなく，夏木先生であることである。馬渕は，「それでいい」という自分の意志を教師に伝えるという形で，かろうじて活動に"つながって"いる。この馬渕の活動への"つながり"は，夏木先生の〈課題の代行〉があってはじめて成り立っていると言え，夏木先生の〈課題の代行〉がなければ，馬渕は製作活動にまったく関与しないことが予想される。これより，夏木先生のこの教育活動が馬渕と活動との"つなぎ"として機能していることがわかる。また，教師面接では，こうした〈課題の代行〉について次のように語られている。

　　『あの，床上（＝ベッドサイド学習）だとそういうことよくあるんですよ。で，あのぉ，子どもが実際には自分の手や体を動かして何かやる元気はないんだけども，「こうしてほしいああしてほしい」っていうのを，まぁこっちで取り入れて言う通りに，まぁ「こうする？　ああする？」言いながらひとつのものを二人でこしらえる？，うーん，そういう風に一緒に作ったねっていうようなことは，わりとよくあることで，登校してる子については，できることは自分でやりなさいって私なんか（笑）思っちゃうけど，うーん，でも，まぁ，難しければ？　手伝ってあげるし……』
　　　　　　　　　　　　　　　　　　　　　［30代女性教師，逐語録（1）より］

　この面接データからも，意欲が低下している子どもに代わって，教師が当該課題を遂行することで，製作の場を共有している，もしくは自分の意志が作品に反映されているという状況を作り，子どもたちに自分の作品であるという気持ちをもたせようとしていることがわかる。このように，教師が課題を代行することが，課題状況の成り立ちを支え，ややもすると課題状況もしくは授業とい

う枠からこぼれ落ちてしまう子どもたちをかろうじて院内学級と"つなぐ"という機能を果たしていると言えるだろう。

同じく〈B-9）参加援助：課題の代行〉とコーディングされた次のようなエピソードもあった。

《エピソード No. 7-6》
　　DATE：X年10月7日（養護・訓練の授業）
　　場　所：養護・訓練室
　　内　容：全体養訓・歌とゲーム〈追いかけ玉入れ〉
　　人　物：子どもたち・教師たち

　　——秋を連想させる2曲を歌い終わり，ゲームをする段になる。通常，「追いかけ玉入れ」とは，紅白2チームに分かれた子どもたちが籠を背負い，相手チームの子どもの籠に自チームの色の玉を入れるという小学校の運動会でよく見られる種目である。

「次は追いかけ玉入れです」の声に，ここでは車いすの子や点滴をガラガラ引きずっている子もいて，どうするのかと思っていたところ，すでに心得ている様子の子どもたちは，チームごとに2列に向かい合って並んで座り，玉をにぎってかまえている。二宮金次郎風に籠を背負うのは教師数名であり，子どもたちのあいだを走りまわり，子どもたちは座ったまま走り回る先生の背中の籠に玉を入れようと，近く

〈追いかけ玉入れの様子〉
フィールドスケッチをもとに筆者が描き直したもの

に落ちている玉を拾っては投げるのである。遠くへ飛んでしまった玉は，籠を背負っていない先生が拾って，子どもの近くに放っている。災難なのは籠を背負っている先生で，飛び交う玉の中を「いてて」と言いつつ，走り回らなければならない。

　上記《エピソード No. 7-6》および前出の《エピソード No. 6-1》（91 頁参照）は，いずれも病状や治療的措置のために通常の課題設定のままだと学級活動ができなくなってしまうが，課題設定にひと工夫を加えることで，院内学級における活動と子どもの関係を保っていると考えられる。

　現に在籍しているのだから，わざわざ「院内学級と子ども」をつなぐ必要などないではないかと思われるかもしれない。しかし，《エピソード No. 7-3》《エピソード No. 7-5》にも示されているように，入院中の子どもたちは，治療により心身ともに消耗し，ややもするとエネルギーが低下するままに「無気力化」（宮田，1991）してしまい，そのまま，学校というシステムそのものについていけなくなってしまうこともある。《エピソード No. 7-6》のように，さまざまな行動上の制約のある子どもたちも多く，その行動上の制約が子どもたちの学校活動を制限してしまうこともある。ここに院内学級の活動と子どもを教師がつなぐ必要があると思われる。また，子どもの側に"学校＝勉強"という図式があると，「私は病気なんだから勉強しなくていいの」という考えのもと，「勉強ヤダ」「何もやりたくない」とだだをこねたり，あるいはひたすらぼーっとしているだけという事態も起こりがちである。本〈つなぎ援助〉は，子どもの「何もしたくない」「しなくていい」または「できない」状態へ教師が働きかけて，院内学級という"場"とそこでの"活動"へ子どもたちを"つなぐ"という意味をもっている。

## 4.「子どもと地域の学校」をつなぐ

　『学級通信とか，あー地域の子どもたちにもってきてもらえるようにしてもらえますかみたいなね，あのぉそうするとお母さんも安心するし，子どもも。こっち側（＝院内学級）に直接送られると，どうしても僕から渡すことになっちゃうから，そうするとつながりとして薄くなっちゃうから，できれば。うん，お願いしてます。…中略…学級通信 1 枚でいいんですよ。そんなお手紙なんかいらないですから，つ

ながり下さいっていう風には，してますけどね』

[30代男性教師，逐語録（1）より]

　上記のように，教師面接逐語録（1）において，『つながり』という言葉がはっきりと用いられているのが，地域の学校との関係性であった。先行研究においても，院内学級が地域の学校との関係性において「橋渡し」の機能をもっていることが指摘されている（足立，2003）。通常なら，入院という事態に伴って中断されてしまう学校教育という子どもへの働きかけを，入院前の学校から受け継ぎ，退院に伴いまた元の学校（もしくは，別の学校）へ引き継ぐという，文字通りの"つなぎ"である。"学校"というシステムにおける時間的な流れを"つないでいる"とも考えられる。

　具体的な教育実践としては，子どもにとって学校という場が居心地の良いものになるよう，子どもの移動に応じて，院内学級と地域の学校という"学校同士"で，子どもの生活面における〈情報交換〉を行い環境を整える援助の他に，入院中はどうしても甘くなりがちなしつけ面を院内学級で確認する〈しつけ〉や，学習空白のために退院後地域の学校の勉強についていけないという事態にならないよう，子ども一人ひとりの病状や進度に配慮しつつ学習指導をするという〈学習援助〉がある。次のエピソードを見てみよう。

《エピソード No. 7-7》
　　DATE：X年11月25日（小4の授業）
　　場　所：小4の教室
　　内　容：1時間目・算数〈小数の引き算〉
　　人　物：山下浩太（小4・男子・整形外科系疾患）・杉田まい（小4・女子・内科系疾患）・藤吉先生
　　――朝1時間目の算数の授業である。この日の小4の登校者は2名だけである。

藤吉先生（→浩太・まい）「浩太くんはここ（小数第2位）まではやってないよね。きのうは浩太君は小数第1位。まいちゃんは小数第2位までのをやったの。今日は，浩太君は小数第2位までのをやるの。まいちゃんは，藤吉先生のまちがいをみつけるようによーいどんで10分でこれ（別の計算プリント）をやる」

第 7 章　院内学級における〈つなぎ援助〉　　　　　　　　139

杉田（→藤吉先生）「やだやだ」
藤吉先生（→杉田）「じゃー，ゆっくりやっていいよ。だんだん先生も自信がなくなってきた。引き算むずかしいから」
杉田（→藤吉先生）「やだこれーやだこれー。なんかこっちが自信なくなっちゃうじゃないの」

　《エピソード No. 7-7》では，ひとつの教室の中での同学年の算数の授業中に，子どもたちはそれぞれの進度に応じて，異なる教材を使って異なる学習をしている。このように，子どもたちの欠席等の影響による学習空白や前籍校の学習進度等を考慮して，それぞれの地域の学校に極力あわせる形で個別の教育を展開している。特に，〈学習援助〉については，子どもたちは，「院内学級で楽しいこと」として，「苦手な勉強が出来るようになる」ことを挙げていることから（伊藤・中橋，1999），第 3 章において見出された入院児の不安のうち，地域の学校の友だちから「とり残される焦り」を軽減する効果もあるものと考えられる。こうした援助の背景には，

　『（文化祭等の学校）行事もね，外をお招きできるようなのは 2 回だけなので，…中略…　本人に聞いてみて「いいよ」っていえば，あの，その，元の担任の先生のとこに案内状送ったりするんですけど。あと，兄弟がいたら，あのお知らせとかを，（地域の学校から）もらって，もらうようにしたらどうでしょうかっていうような話をお母さんにしたりしますけども。戻る地域の小学校とは，つながっていたいっていうのが，やっぱりありますよね，だから向こうの小学校のお知らせですとか，そういうものを，なるべく送ってもらうように。兄弟がいると一番いいんですけどね。いなくても，お母さんが顔をつないでおく，熱心な方は受け取りにいらして，いらっしゃって，直接行って先生とお話をして，プリントをもらってくるっていうようなことも，中にはいらっしゃったみたいですけど。中々ね，お母さんに時間的余裕が（ない），面会にも来なくちゃいけませんから』
　　　　　　　　　　　　　　　　　　　　　　　［40 代女性教師，逐語録（1）より］

との語りに見られるように，子どもの入院によって家庭に余裕がなくなり，子どもと地域の学校との"つながり"を確保することまで手がまわらなくなるという事情がある。家庭が自力で"つながり"を確保できれば，教師が〈つなぎ援助〉を行う必要性は必ずしも高くないのだが，現実には難しいことが多いよ

うである。
　また，子どもの地域の学校が近郊で，かつ担任が熱心な先生だと子どもに援助的働きかけをしてくれることがまれにあるが，転入時も地域の学校から子どもの様子等詳しいことの連絡を受けることは『基本的にはない』とのことで，必要に応じて，『院内学級教師の方から電話なりの連絡を入れ』て適宜情報を仕入れているとのことであった。院内学級入級にあたって学籍の移動が必要なため，どうしても地域の学校からの援助は入院して時間がたつにつれて希薄になっていくのは避けられず，子どもと地域の学校の"つながり"が切れないよう，院内学級教師が積極的につなぐ必要があるのである。
　院内学級教師の中で，〈つなぎ援助〉の考え方が最も明瞭に意識化されているのが，本「子どもと地域の学校」の「つなぎ援助」カテゴリーである。

### 5.「病院と院内学級」をつなぐ

　病院との連携については第5章 第2節「フィールドの概要」において，3つの話し合いがもたれていることは既に述べた。しかし，教師面接においては，話し合いの状況について，

　　　『議題はこっちがみんなセットするんですよ。向こう（＝病院）は忙しいからね』
　　　　　　　　　　　　　　　　　　　　　　　　［50代男性教師，逐語録（1）より］

　　　『こちらが申し立てないと何も動かない』　　　［50代男性教師，逐語録（1）より］

と語られている。この語りから，院内学級の積極的な準備や働きかけがあって初めて，これらの話し合いが意義のあるものとして機能していることが窺われる。それ以外に，必要に応じて教師が『病棟に乗り込んで行き』，『看護婦さんをつかまえて治療の見通しなど聞く』ということが日常的に行われていることも語られている。特に退院の情報等，当然病院から学校サイドへ連絡がはいっていると筆者が思っていたような重要な情報についても，「来週退院なんだ」等の子どもからの情報に基づき，教師が病棟へ赴いて確認するとのことであった。
　以上のように，病院との連携と一口に言っても，通常"連携"という言葉か

ら連想されるような双方向的な協力関係ではなく，院内学級教師による積極的な関係づくりの働きかけがあってこその"連携"であることが示唆された。子どもの指導を進める上で必要な情報を，「病院」から得ることを目的とする〈つなぎ援助〉であると言えよう。

### 6.「病院と子ども」をつなぐ

　　　『装具をつけないうちは，車いすから動いちゃだめじゃないか!!』
　　　　　　　　　　　　　　　　　　　　　　　　［フィールドノーツより抜粋］

　　　『おまえ運動禁止なんだから，走るなよ』　　　　［フィールドノーツより抜粋］

全般に禁止や叱責が少ないZ院内学級学級のかかわりにおいて，医療上の注意事項確認に関しては，禁止や叱責がはいっていることが観察された。病弱教育の特色として，その教育目標として「健康状態の回復・改善に必要な知識・技能の習得」（文部省，1985）を掲げていることがある。他の病弱教育機関においては，自立訓練の時間の指導目標をここにおき，子どもたちの疾患についての知識習得をはかっている所もあるようだが，Z院内学級においては，疾患に関する知識の伝達は病院の仕事であるとの基本認識に基づき，身体的知識の獲得を直接ねらいとする取り組みは行っていない。学校生活において，医師の指示をきちんと守れているかを確認・指導するのみである。この医療上の注意事項に関する知識の伝達や確認という行為は，病院の医療的な指示を徹底させるという点で，病院と子どもを"つないで"いると思われる。

　医療上の注意事項を媒介とする〈つなぎ援助〉は，教師面接からも観察からも，教師の教育活動としてのウェイトはさほど高くない〈つなぎ〉であると思われた。基本的には，病院の中のことにまで口は出さないという不文律があるようで，教師にとっては難しいところのようである。もともと医療のテリトリーに属する事柄であることに加え，病名告知を子どもが受けていない場合，疾患に関する知識の伝達をするのが実際問題として難しいという事情もある。それ以外には，

> 『子どもの様子によっては，病棟の看護婦さんに「ちょっとかまってあげて下さいね」なんて声かけたり』
> [30代男性教師，逐語録（1）より]

といった，学校での出来事をふまえて病院から子どもへの配慮を依頼することがなされている。"差し出たこと"にならない範囲で，との限定つきで，多忙から手薄になりがちな子どもへちょっと目を向けてもらうことを促す，〈つなぎ援助〉であると言えよう。

### 7.「家庭と院内学級」をつなぐ

病弱教育においては「病院との連携」と並んで，「家庭との連携」も重視されている（文部省，1985）。子どもが親元から離れて病と闘うという特殊な状況下にあることから，院内学級教師たちには，通常より深く子どもの心身の状態を理解することが求められ，不安定な病状や生育歴等についての家庭との情報交換や，子どもの家庭環境への配慮等「家庭」と手をとりあって子どもを支えていくことが必要となる。

Z院内学級においては，フォーマルな連携としての「全体保護者会」が年に1回，4月に催され，学期に1回の「授業参観」，年に3回の「個人面談」が設定されている。しかし，面接において全ての教員がまず挙げた"連携"は，こうしたフォーマルなものではなく，『保護者が面会に来ている時間に病棟に出向いて，ちょっとした話をする』というものであった。こうした日常レベルでの顔と顔をあわせてのコミュニケーションが，教師からは非常に重視されていることが，以下の語りからも窺われる。

> 『面会時間に，だいたい何時くらいに（保護者が）来てるかとかが，わりとわかる。わかってくるので，その時間になるべく行って，顔を見せようかなと。そうすれば何かお話があれば，話すチャンスがあるんじゃないかと。お互いに。そんな感じで，なるべく，（病棟に）出没しております（笑）』
> [30代女性教師，逐語録（1）より]

さらに，病棟でのコミュニケーションと同じくらいの重みをもつものとして連絡帳がある。連絡帳自体は，普通小学校でも，幼稚園・保育園でも見られる家

庭との連絡手段であるが，本院内学級においては，単なる連絡事項の伝達以上の意味をもつことが語られている。

『(子どもの様子を) お知らせすることで，何て言うか，つながってるっていうか，安心するというか，いつでも，連絡がやりとりできる手段があるっていうかね，そういうので，なんかとてもね，役立っております』
[30代女性教師，逐語録 (1) より]

自分の子どもの，病棟とは違った子どもらしい姿を連絡帳を通して確認することで，情報伝達とともに，何かと不安・ストレスの多い保護者自身が支えられている側面もある。また，教師にとっても，連絡帳の存在が家庭との"つながり"を確かめる材料ともなっている。

以上のように，「面会時に病棟へ教師が出向く」「連絡帳で連絡する」等，子どもの病気でほとんど身動きができない状態の家庭へ院内学級教師から働きかけることで関係を築いていると考えられ，〈つなぎ援助〉カテゴリーとしてたてた。

### 8.「家庭と子ども」をつなぐ

子どもは本来その家庭に生まれ，育っているので，今さら教師の出るまでもないことが大半である。しかし，次の語りに見られるように，教師の働きかけが功を奏することがある。

『それ (＝連絡帳で知らせた学校活動のこと) を話題にして (お母さんが) 子どもとも話が通じたりとか，そういう面があるような感じがしているので，なるべく，あのー，お話，お知らせしようかなと，できる限りと，私としてはと思っているんですが。まぁ，自分で話せるじゃないかーなんておっしゃる先生もいるんですが，まぁ1年生だし，低学年のこともあるし，「何やったの？」って聞くと，「忘れた」とかいう子がけっこう (笑)。女の子はね，まぁ，(話) はずむ子もいるんだろうけれども，うん，そういったこともあって，うーん，ちょっとぉなるべく，できれば，知らせたいなっと。…中略…ま，連絡帳，は，ま，私としては，特に低学年の子なんかには，うーん，重要かな』　　　[30代女性教師，逐語録 (1) より]

学校の様子を連絡帳で知らせることが、子どもと母親との間の話題提供の役割を果たし、病棟にお見舞いに来ても母も子もベッド脇で話すこともなくうつむいて一緒にいるだけという事態を避け、母子の会話のきっかけを作っていることになる。また、なかなかお見舞いに来ない、あるいは仕事等で来られない親には、教師から子どもの様子を知らせる電話を入れて、子どものことを頭に上らせるよう働きかけたりといったこともなされている。さらに、親とのかかわりがうまくいっていないと思われる子どもに対しては、

『お母さんもそう（＝自己表現が下手）なので、宿題を出した。"学級農園でとれたものを使ってお母さんと一緒に何か料理をする"といったようなお母さんと一緒にかかわるようなものを出して、「月曜日に先生に話してね」と、かかわるネタをばらまいた。コミュニケーションを取れるような感じのことを意識した』

[30代男性教師，逐語録（1）より]

というような働きかけも提供されている。

また、なんとなく落ち込んでいるように見受けられる保護者に対しては、話相手になったり、つらい気持ちに共感したりといった人間的なかかわりが提供されている。

『（お母さんの）お話は聞きます。とにかく言いたいことがある時は、もぅ……とことんお話していただきます（笑）。あのぉ直接役にはたてないけれど、聞くだけは聞けるからっていうことで。で、なんか、そん中で方法があれば一緒に考えましょみたいな感じで、聞くだけは聞きます』 [40代女性教師，逐語録（2）より]
『特に病状があんまりよくない、とか、まぁ、あと、なんていうかなー、親に対しても、中々自分、の要求とかいろんなものをこぅ、ん～、しゃべるのもつらいような状態っていうかなー、そういう時に、例えば午前中の様子を具体的にね、連絡ノートに書いてあげて、お母さんもま、知りたいだろうし、そんなの、なんかやったりとか、容態があんまりよくない時なんかはほんとに毎日？ ま、顔出してお母さんとは話しをするようにしたりとか……。具合の悪くなった時なんかは、あのぉ、お弁当差し入れたりとか、まぁそんなのはあれですけど、そんな程度なんですけどねー』

[30代女性教師，逐語録（1）より]

第7章　院内学級における〈つなぎ援助〉　　145

こうしたかかわりによって，教師たちは，混乱や落ち込みのために子どもを支える余裕をなくしている保護者を支えている。学校心理学においては，問題をかかえる子どもをもつ保護者の不安や葛藤を解消するための支援が，結果として子どもを支える「援助者としての保護者」を支える意味があることが指摘されている（田村・石隈, 2003）。院内学級教師たちの上記のような保護者への配慮もまた，不安や悩みを抱える保護者自身を支えるという意味と同時に，保護者をエンパワーすることによって，子どもの援助者としての保護者の機能を高め，家庭から子どもへの援助が適切に提供されることを促進していると考えられる。

この〈つなぎ〉は，保護者の援助者としての機能や，家庭との関係がまったく問題のない子どもに対しては必要のない〈つなぎ援助〉ではあるが，多少親子関係の距離が遠い子どもに対しては，考慮されるべき〈つなぎ援助〉であると考え，ひとつのカテゴリーとする。

## 第5節　〈つなぎ援助〉モデルの生成

前節において見出された8つの〈つなぎ援助〉をまとめたものが，表7-3である。病弱教育そのものが心理教育的援助であることは先に述べた。見出された教師たちの8つの〈つなぎ援助〉は，その特性から，入院児の生活がスムーズに流れるよう入院児の周囲の関係性を整える援助であると言えるだろう。半構造化面接より，「①　子どもと子ども」「④　子どもと地域の学校」「⑦　家庭と院内学級」「⑧　家庭と子ども」のように関係づくりが意識されている場合もあるが，「②　教師と子ども」「③　院内学級と子ども」「⑥　病院と子ども」のつなぎのように教師自身には〈つなぎ〉として意識されていないものも含まれており，この〈つなぎ援助〉という考え方は，院内学級における教育実践の"日常性に埋もれた実践の機能"であると言えよう。

ここで，本書で見出された〈つなぎ〉という機能の意味を確認してみよう。〈つなぎ援助〉カテゴリーの特性を検討すると，教師たちの〈つなぎ〉が，入院児の生活がスムーズに流れるよう，入院児とその生活世界の関係性，もしくは生活世界の要素同士の関係性を整えるという働きをしていると考えられる。

表 7-3 〈つなぎ援助カテゴリー〉の概要

| 各つなぎ援助カテゴリーとその特色 |
| --- |
| ① 「子どもと子ども」を"つなぐ"<br>実践カテゴリー〈A：関係調整〉のうち，子ども同士の関係づくりを意図したエピソードから構成される。院内学級では，メンバーの入れ替わりや本人の"仮の宿"的意識・病状変動による精神的余裕のなさから，『安定した（友人）関係までいかない』。このような相互関係の希薄さをカバーすべく行われる教師たちの積極的な働きかけが，寄せ集められたばらばらの子どもたちの間の関係づくりという機能を果たしている。 |
| ② 「教師と子ども」を"つなぐ"<br>実践カテゴリー〈A：関係調整〉のうち，教師と子どもの関係づくりを意図したエピソードと〈C：心理的ケア〉から構成される。親子関係を彷彿とさせるような身体接触を伴うかかわり（例：ほっぺたを手で包みこんで体温を確認する）や，"理由なく教師をぶつ"等の攻撃的行為の受容などが含まれる。背景には，頻繁な転出入から自然な関係形成を待つ時間的余裕のなさや，家庭から分離している子どもの親代わりとして危機状況にある子どもの心を支えることも教師の役割と捉える信念がある。通常の枠を超えて心情的で親密な教師と子どもの関係を，なるべく短時間で構築する機能を有している。 |
| ③ 「院内学級と子ども」を"つなぐ"<br>病弱児は治療に伴うストレスや生活環境の激変によって消耗，無気力化してしまい，ずるずると学校についていけなくなることがある。また，"病気"を言い訳に何もやらずにいることが許容されてしまうこともある。こうした「何もしたくない」「しなくていい」または「できない」子どもに学級活動への参加を促したり，作品づくり等の課題を代行してとりあえず授業課題状況の成り立ちを支えている。エネルギー低下のままに院内学級での"活動"にうまくのれない子どもたちと"場"の接点を保つという機能を有する。 |
| ④ 「子どもと地域の学校」を"つなぐ"<br>しつけ・学習指導の基本的な指導以外にも，前籍校・転籍校に出向いて児童の状態を確認・説明したり，入院中に学級通信の送付をお願いしたりすることで関係を保ち，子どものスムーズな移行を援助する。参与観察段階では，通常なら入院によって中断される学校教育を入院前の学校から受け継ぎ，退院に伴いまた元の学校（または，別の学校）へ引き継ぐという，時間的〈つなぎ〉と思われたが，半構造化面接より教師たちが前籍校・転籍校を子どもの"地域"と捉えていることがわかり，カテゴリー名を修正した。 |
| ⑤ 「病院と院内学級」を"つなぐ"<br>Z院内学級においては，病院との公式の会合が3種類（年14回）設定されている（学校要覧より）。より非公式なレベルでは，『病棟に乗り込んで』子どもの指導を進める上で必要な情報交換をすることで，多忙にまかせて忘れられがちな"医療と教育と情報の流れ"を積極的に築いている。参与観察データからは，（つづく↗） |

| 各つなぎ援助カテゴリーとその特色 |
|---|
| 病院スタッフが院内学級に来ているという事実しかつかめず"動かない相手に働きかける"という本書のつなぎ機能の定義にあてはまるかどうか不明であったが，教師面接における『こちらが申し立てないと何も動かない』との語りから，本書の〈つなぎ〉との適合が確認された。 |
| ⑥「病院と子ども」を"つなぐ"<br>全般に禁止や叱責が少ない本学級において，療養上の注意事項に関してのみ厳しい禁止や叱責がはいっており，病院の指示を徹底させるという点で日常の学級活動の中で「病院」と「子ども」を〈つないで〉いると思われる。他にも，看護師に子どもへの配慮を依頼することもある。ただ，「基本的には病院のことには口をださない」という不文律があるようで，教師の活動としてのウェイトはさほど高くない。 |
| ⑦「家庭と院内学級」を"つなぐ"<br>病弱教育においては，"病院との連携"と並んで"家庭との連携"も重視されている（文部省，1985）。学校行事としての保護者会や面談の他に，面会時間をみはからって何気なく病棟へ教師が『出没する』，連絡帳等でこまめに子どもの様子を連絡する，暗い表情の保護者に声をかける等，「家庭」へ院内学級教師が働きかけて関係を築いている。子どもの入院で生活上も精神的にも身動きができず「病院色」一色の状態の「家庭」に「院内学級」とのパイプを作ることで，家庭を支えていると言える。 |
| ⑧「家庭と子ども」を"つなぐ"<br>家庭から病院へ生活の場を移した子どもの中には，家庭との関係が疎遠になってしまう子がいる。距離ができがちな「家庭」と「子ども」間の橋渡しをしていると解釈される実践である。仕事などの理由でなかなかお見舞いに来ない親に教師から子どもの様子を知らせる電話を入れたり，病棟という閉じた世界の中でうつむいたままの母子の間で「連絡帳で知らせた学校の内容」が会話のきっかけを作ることもある。母親とかかわるような宿題を出して『かかわるネタをばらまいた』という実践も報告されている。家庭との関係が緊密な子どもには必要のない働きかけではあるが，関係が疎遠になりつつある子どもには必要なものといえることから，ひとつのカテゴリーとした。 |

　小林（1986）は，Bronfenbrenner（1996）の基礎概念を援用し，児童の生活環境を，家庭・家族というミニ，学校というメゾ，地域・社会・国というマクロの各生態システムのかかわりと捉え，この各システムが援助資源として，子どもの育ちを相補的にサポートする必要性を説いている。

　この考え方に倣い，入院児の生態システムを考察した図が次頁の図7-2である。第一に，多忙で手がまわりきらない病院という入院児独自の生態システムが，子どもを大きく取り込み，相対的に影響力の小さくなった家庭は，子ども

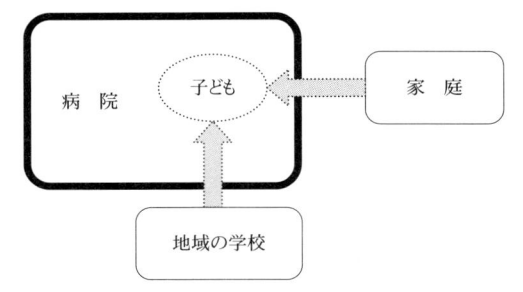

**図 7-2　入院中の子どもの生態システム（院内学級なし）**
図中の矢印は援助の流れを表し，線種・太さはシステムおよび援助の"パワー"を象徴するものにする。すなわち，点線の方が実線より"力"が弱いことを表す。

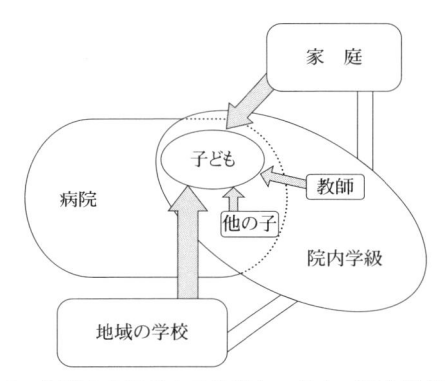

**図 7-3　入院中の子どもの生態システム（院内学級あり）**
図中の矢印は援助の流れを表し，線種・太さはシステムおよび援助の"パワー"を象徴するものにする。上の図に比べて各システムを囲む線が均一の太さの実線になり，地域の学校や家庭からの援助も実線となっている。結果的に子どもを囲む線も実線となっているが，これは，各システムからの援助を受け，子どもが元気づけられたことを示している。

の入院で生活・精神面ともに混乱状態に陥っており，子どもの育ちを援助する機能が通常より弱くなっていると考えられる。入院に伴い今まで通っていた地域の学校からは物理的に切り離されているし，地域の学校そのものも不登校他山積する問題をかかえ，目の前の子どもへの援助で手いっぱいという現状がある。また，多くの小児病棟では 12 歳以下の子どもの面会は感染予防の趣旨か

ら禁止されているため友だちとも会えず，時間が経つにつれて心理的にも地域の学校と入院児との距離が広がり，援助もとだえがちになる。また，システム同士の協力体制も不十分であり，各々ばらばらの援助を提供していると考えられる。それでも，主体である入院児本人が，自分と周囲との間に関係性を作り，入院中なりの関係性の輪を広げられればいいのだが，厳しい治療や予後への不安に加え，本来の生活環境から引き離され，それだけのエネルギーがなく孤立してしまいがちである。

では，このような状態にある入院児に「院内学級」という「学校」システムが介入した時，彼らの生態システムはどのようなものになるだろうか。院内学級というシステムと教師による〈つなぎ援助〉が十全に機能した場合を考察，図示したものが前頁の図7-3である。先ほどの「院内学級なし」の図7-2と比べて，子ども本人を含む各システムを表す線が均一の実線になっていることに着目されたい。

病院にがっちりと囲まれ，他の世界との関係が希薄となっていた子どもが，院内学級という「教育」システムにも所属し，そこの教師や他の子どもたちとの関係性を作ることによって，まず，子ども自身がサポートの受け手としての力をつけている。また，子どもを取り巻く援助資源としての生態システムである家庭と地域の学校も，院内学級教師たちの〈つなぎ援助〉によってサポート資源としての機能が強化され，援助のバランスが全体的に整っている。

この図7-3から援助の流れのみを抽出し，子ども中心にモデル化したものが，次頁の図7-4である。モデル図生成にあたっては，「子どもと子ども」「教師と子ども」の〈つなぎ〉については，どちらも院内学級内の人間関係を"つなぐ"ものであることから，院内学級という大枠の下につけた。その際，援助の受け手としての子どもとの混乱を避けるために，院内学級にいる子どもという意味で，"他の子ども"という言葉をモデル図では用いた。さらに，「子どもと子ども」「教師と子ども」の"つながり"は，結局「院内学級と子ども」を"つなぐ"ことにも貢献することから，"つながり"を表す線を「院内学級と子ども」の"つながり"の線に合流させた。また，「院内学級と地域の学校」の〈つなぎ〉を表わすには，本来的には，子どもを中心としつつも子どもを直接介さずに子どもの下を通って院内学級と地域の学校を空間上でつなぐ線として表すことが

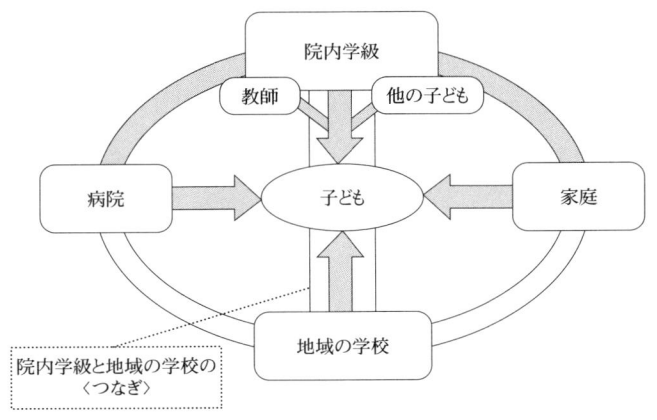

**図 7-4　院内学級における〈つなぎ援助〉モデル**
矢印は援助の流れを表し，各生態システム間をつなぐ二重線は，システム間の"つながり"を示すものとする。「子ども」の下をくぐり，「院内学級」と「地域の学校」を結ぶ幅広の二重線は，「院内学級と地域の学校」の"つながり"を示している。二重線の幅の広さについては，便宜上のものであり，意味はないことを付記しておく。なお，図中の灰色部分が本章で見出された〈つなぎ援助〉である。

最適と考えられる。本図においては，3次元モデルを2次元平面で描くということの限界から，他の〈つながり〉を表す線と同じ太さの線では隠れて見えにくくなってしまうため，子どもの下をくぐる幅広の二重線として表現した。線の幅を広くしているのは，あくまでも表現上の便宜的理由によるものであり，援助の量や質を表すといった意味はないことをここに明記しておく。

図 7-4 に示されるような援助のありよう自体は，おそらくは医療者・教育者ともに理想的な援助として心のどこかで描かれており，援助のありようそのものの新しさは少ないとも言える。しかし，本図のようなモデルとして明確に図示されたことはこれまでなく，その意味で，院内学級における心理教育的援助を「包括的にまとめ」（印東，1973），「直観的な把握をやさしくする…中略…対象についてのイメージ」（新・教育心理学事典，1977）である新しい「モデル」と呼ぶにふさわしいと考えられる。もちろん，実際の各援助の場では，各システムの質的な特徴や力関係のダイナミズムなどその場その場のもつ特性により，

第7章　院内学級における〈つなぎ援助〉

各システムの大きさや援助の矢印の太さなどが変わってくる。図7-4は，そうした多様な援助の流れを直観的に把握するための基本型を示すモデルであり，以下，このモデルを院内学級における〈つなぎ援助〉モデルと呼ぶこととする。

図7-4の矢印は各生態システムから子どもへの援助の流れを表しているが，この援助がスムーズに流れるよう，各援助資源の"あいだ"の関係性を構築・修復することで，第3章で指摘したような入院児独自の不安が少しでも緩和され，入院児の生活世界が子どもにとってマイナスの少ない環境になることを目指しているのが，〈つなぎ援助〉であると解釈できる。そして，その〈つなぎ〉の機能を担っているのが，これまで"勉強を教える"という役割のみで捉えられがちであった院内学級教師たちであること，つまり，教育の枠組みの中で展開している実践が，それと意識されずに入院児を囲む援助資源のあいだ，もしくは入院児と援助資源のあいだを〈つなぐ〉という機能をもつことが示されたことは，本書によって明示された新しい知見と言える。

入院児への援助として，子どもを取り巻く各援助資源が互いの役割や機能を相互認識した上で双方から協力関係を築き，各々の立場から子どもをサポートしていくことが望ましいことは指摘されて久しいことである（伊藤・中橋，1999）。しかし，第1章第3節において教育の課題として「⑥ 多方面との連携」を挙げたように，現実には，入院児の生活環境は関係性がとぎれがちであり，援助資源同士の円滑な連携関係もとれているとは言いがたい状況がある。

> 『外国ってあれですよね，あの，プロフェッショナル同士で。だから逆に専門の領域がきっちり分かれているような感じで，きちんと連携をとってて，でもここは私の専門外だからっていう感じできっちりできてると思うんですけど，日本はそうじゃなくって，なんかそののりしろが必要なのかなっていう。重なる部分が必要なのかなっていう気がするんですけどね』　　　［30代男性教師，逐語録（1）より］

との教師の語りに見られるように，多方面の援助がなんとなくうまく機能していないことを院内学級の教育の問題点と感じている。各生態システムは，連携関係をとるべきとの意識はありながらも，「多忙」や「余裕のなさ」を理由として，自分から連携の手をさしのべるのはどうしても後回しになってしまい，結果として関係性が希薄になっていると言えるだろう。そのきれぎれの関係性

を子ども本人に代わってつなぎ合わせ，上の語りに言われる『のりしろ』を作るべく奔走しているのが，現在の院内学級の教師たちなのではないだろうか。

　本章で提示した援助モデルはあくまでもひとつの解釈の可能性を示唆しているにすぎず，データとの適合度のよりよいモデルが存在する可能性があることは否定できない。しかし，この〈つなぎ援助〉モデルは，混沌とした院内学級における心理教育的援助を理解可能なものにし，かつ入院児への教育計画立案への応用可能性も秘めていると考えられる。

# 第8章　心理教育的援助のプロセス

## 第1節　援助プロセスへの着目とアプローチ

### 1．プロセスを検討する意義

　第7章においては，Z院内学級におけるフィールドワークから，孤立し，エネルギーを失いがちな入院児を囲む生態システムが援助資源として有効に働くよう，院内学級における心理教育的援助が，システム間の関係を構築・調整していく〈つなぎ〉という機能を有していることを見出し，援助モデルを生成した。しかし，このモデルに見られるすべての〈つなぎ援助〉は，常に並行的に等しい重みで展開しているのだろうか。実際の教育現場においては，"時"と"場合"をも考慮した知見こそが求められているだろうことは想像に難くない。すなわち，時間軸という新たな観点を導入した心理教育的援助のプロセスに関する知見へのニーズこそ高いと考えられる。そこで，本章では，第7章で生成したモデルを援用しつつ，児童・生徒が入院してから退院までという限られた時間の中で，教師たちが，病状や退院までの日数等さまざまな状況要因のうち，何に着目してどのような援助方針を定めているのか，院内学級における心理教育的援助のプロセスについて検討する。

### 2．分析資料

　分析資料は，第5章で述べた手法により収集されたフィールドノーツ，学校要覧・掲示物等の資料，教師対象の半構造化面接逐語録である。フィールドノーツから切り出した701個のエピソード，半構造化面接逐語録(1)および(2)から切り出した1028個の切片を直接的な分析対象データとし，文書資料は沿革や教育目標等フィールドの基本情報を把握することに役立てた。本章では，教師たちの援助方針決定という内的プロセスを追うという目的から，特に

面接データに中心的位置づけをおき，観察エピソードは面接データから得られた知見の裏づけとして補足的な位置づけとした。

### 3. 分析手続き

分析は，以下の手順で行われた。

① 1998年に行われた面接の逐語録（1）を心理教育的援助のテーマ探しを念頭におきつつ何度も読み直す。
② 子どもの〈入院期間〉が心理教育的援助のあり方を決定する鍵であることが浮上した段階で，再び逐語録（1）に立ち返り，〈入院期間〉のサブ・カテゴリーとして，1カ月程度の〈短期入院〉と〈長期入院〉の2つを見出した。
③ それぞれの入院プロセスにおける〈つなぎ援助〉を示すデータをフィールドノーツから切り出したエピソードおよび逐語録（1）・逐語録（2）から特定した。
④ モデルの枠組みに則って整理し，プロセスモデルを暫定的に生成した。整理にあたっては，第7章で確認された8つの〈つなぎ〉に加え，データからその存在が示唆された「家庭と地域の学校」「病院と地域の学校」「院内学級と地域の学校」の〈つなぎ〉をデータ検討の視点として加え，全11の〈つなぎ〉について検討した。
⑤ Z院内学級教員らと月1回行っている研究会時に，④の暫定プロセスモデルを呈示し，教師たちからコメントを得てモデルの妥当性を確認する「参加者チェック」（Holloway & Wheeler, 1996）を行った。
⑥ その上で，最終的な心理教育的援助のプロセスモデルを確定した。

一連の研究プロセスを図示したものが図8-1である。

　これまでの分析が，グラウンデッド・セオリー法に則り，質的データからボトムアップ式に概念を立ち上げてきたのに比べ，本章の分析は，〈入院期間〉という枠組みを得てから，仮説検証的に質的データを検討している。

　結果として，以下に述べるような，入院から退院までの時間的流れの中での心理教育的援助プロセスを見出した。なお，本章においては，語りの引用が多いことから，考察において該当する語りの特定を容易にするため，語りに番号

第 8 章 心理教育的援助のプロセス

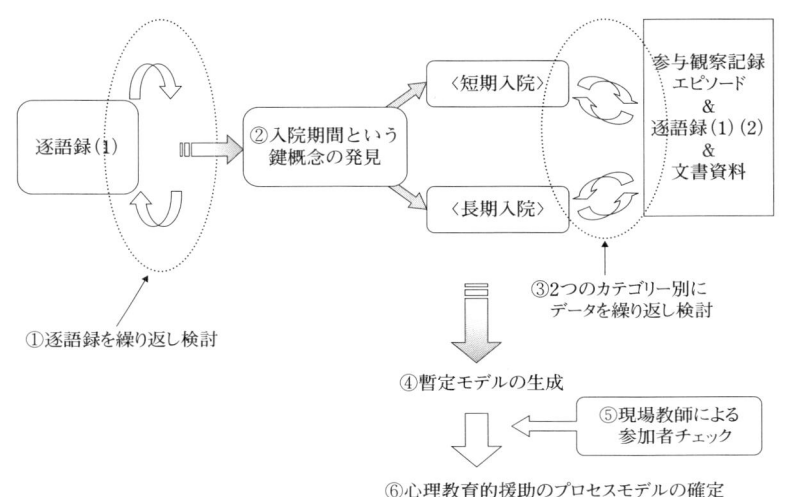

図 8-1 分析の流れ

を付して記すこととする。

## 第 2 節 〈つなぎ援助〉プロセスモデルの生成

### 1. 心理教育的援助方針決定の鍵概念としての〈入院期間〉の発見

《語り 8-1》
『(指導目標は) その子によってもほんとに違うなって思うんですけど，あのぉほんとに見通しがわかってて，っていうか，薬を飲んで1カ月様子をみて大丈夫だったら，戻るよって最初からわかってる子？ なんかについてはほんとに全然，ほんとに橋渡し的な，うまく入院期間を，こぉ……ブランクがないような，橋渡し的なことをして，考えているんですけど，でも，なんかこっち (＝院内学級) がどうこうっていうよりかも，もう向こう (＝地域の学校) は，もう出た時にちゃんと今まで通りやっていけるようにっていうスタンスでいるんですけど。うーん……と，長期の子とか，…中略…でもなんか，あんまり言えないんですけど，でも，負けないで頑張れるように，少しでも支えていきたいなぁっという風に……』

[30 代女性教師，逐語録 (1) より]

《語り 8-2》
『入院期間によって，随分違うんじゃないかなって思うんですけど，短期の子だと，1カ月ぐらいの子だと，病状についてはね，そんなにこちらとしても，なんていうのかな，是非知っておかねば学校にさしつかえるとかそういうのではないので，病状についてよりもむしろ，勉強のこととか…中略…で，いわゆる問題なく，出て，前の学校に戻れるだろう子なんかは，まぁそういう話ですよね。…中略…長期にいるお子さんなんかだと，そうですね……ストレスのたまり具合とか……』

[30代女性教師，逐語録（1）より]

《語り 8-1》は，Z院内学級における指導目標を尋ねて得られたものである。まず，『その子によってもほんとに違う』と，指導目標の個別性が強調された上で，入級当初の在籍期間の見通しが1カ月程度かそれ以上の長期かによって，院内学級における指導のあり方がスタート時点から大きく異なってくることが語られている。《語り 8-2》は，教育上必要な情報を得るために保護者に尋ねることとして語られたものであるが，ここでも『入院期間』によって，教育上必要となってくる情報が異なることが語られている。どちらの語りにおいても，『入院期間』の長短がひとつの鍵となって，教育上の対応が変わってくることが示されている。

入院中の子どもたちは，教育上の特別なニーズを有する存在である。一人ひとりの教育的ニーズへ対応することが求められる特別支援教育の中でも，子どもの病状変動や病気の様態の多様性から，院内学級においてはひときわ対応の個別性が強調される（全国病弱養護学校長会，2001）。引用した語り以外の教師面接においても，『一人ひとりがものすごく違う』『大変個別的』と，子どもによって対応を柔軟に変えなければならず，それが院内学級における教育の難しさであることが頻繁に語られている。その個別な対応が，〈入院期間〉の長短に依存することが，教師たちの語りから見出された。しかも，教師たちにとっての「長短」の分かれ目は，"入院期間の見通しが1カ月程度"で，"最初から退院の目途がはっきりたっているかどうか"であることも明らかになった。そこで，以下においては，この〈入院期間〉を，〈短期（1カ月）〉と〈長期〉に分けて，〈つなぎ援助〉のあり方を検討する。

## 2. 〈短期（1カ月）〉の場合

《語り 8-3》

『短期の子ってそれ，入院期間短くなればなるほどより現実的っていうか，地元の情報をできるだけ早く得て，ほぼ同じことをやってあげる』

［30代男性教師，逐語録（2）より］

《エピソード No. 8-1》

DATE：X 年 2 月 20 日（6 時間目）
場　所：小 6 の教室
内　容：自立活動〈文集の作文〉
人　物：藤吉先生（50 代女性）・東田先生（池谷の地域の学校での担任教師：話の中で登場）・池谷（小 6 男子・内科系慢性疾患・約 1 カ月在籍）

　　——お休み時間が終わり，最後の時間。この日クラスメートの一人が退院し，6 年生で登校したのは池谷一人だけである。池谷は，2 月半ばに入院し，卒業式を地域の学校で迎えられるよう 3 月半ばには退院予定である。

藤吉先生「さぁ，勉強だ!!（一人で）さみしいね。勉強になるとふらふらする（＝めまいする）なんて言わないでね。文集の作文書こう！」
池谷「えっー」
藤吉先生「もう締め切っちゃったってよ。東田先生から電話かかってきたよ。元気ですかって」　…中略…
藤吉先生「東田先生ね，池谷君元気そうでうれしいって言ってたよ」
池谷「そうかよォ……」
　…中略…
藤吉先生「東田先生，電話したらねー，（先方の職員室に）いなかったんだ。きのう。それで電話くださいって言ったら，お昼に（電話が）きた」
池谷「東田？　アン？」
藤吉先生「この間（お見舞いに）来たんでしょ？　東田先生。この間行ったら，池谷君元気そうで安心したと言っていました」

《語り 8-3》と 155 頁で挙げた《語り 8-1》においては，短期入院の子に対しては，『出た時（退院時）にちゃんと今まで通りやっていけるようにっていうスタンスで』『地元の情報をできるだけ早く得て，ほぼ同じことをやって』いく

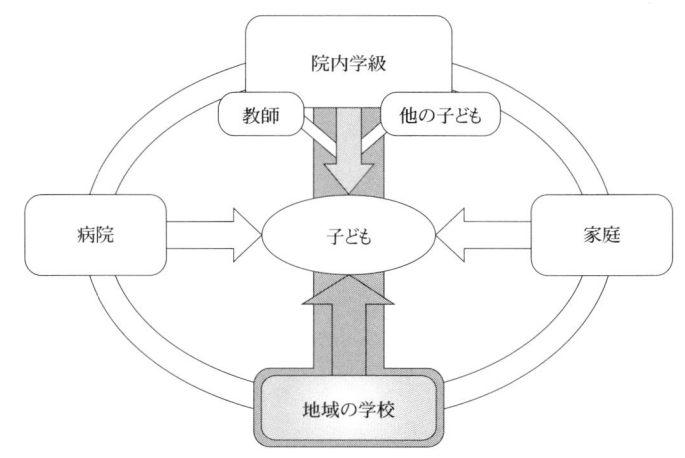

図8-2 短期（1カ月程度）の場合の〈つなぎ援助〉モデル

という方針で対応することが語られている。また，《エピソードNo. 8-1》中で，池谷がZ院内学級で取り組んでいる作文は，地域の学校の卒業文集である。つまり，本来なら地域の学校で行われる課題が，院内学級において院内学級教師の指導のもと，行われていることになる。課題遂行中も，院内学級教師はたびたび，地域の学校の担任教師の名前を挙げ，子どもに対しても，院内学級が地域の学校と連絡をとっていることがアピールされている。

　子どもの入院見通しが短期の場合は，すぐに「地域の学校へ戻る」ことが前提となるため，教師たちは，Z院内学級における適応を促し，院内学級独自の教育を行うことよりも，とにかく入院によって子どもと地域の学校とのあいだに『ブランク』ができないよう，『橋渡し的なこと』を行っていく。つまり，地域の学校と院内学級が連絡をとりながら，学校生活の連続性が途切れないよう「子どもと地域の学校」との〈つなぎ〉を綿密に行うことを最優先しつつ，短期間の援助が院内学級から入院児へ提供される（図8-2参照）。

　図8-2，および以下の図中で特定の援助資源が灰色のグラデーションで着色されているのは（図8-2なら「地域の学校」）その援助資源が主な援助資源であることを示し，〈つなぎ〉矢印・二重線の黒もしくは灰色の着色は，その〈つなぎ〉が重視されることを示している。線の色の濃さや太さはそのまま援助の重要性を表すものとする。

## 3.〈長期（1 カ月以上）〉の場合

逐語録（1）および（2）において，教師たちによって，入院期間が1カ月以上の長期にわたる場合には，子どもの病状や気持ちの変動が激しいことがあり，それが教育上の難しさとして語られるとともに，ひとりの子どもの入院期間のうち，入院当初・中盤・退院間近の3つの時期によって援助のあり方が変わってくることが語りから窺われた。以下においては，この3つの時期に分けて心理教育的援助のあり方を検討する。

### (1) 長期入院：入院当初の〈つなぎ援助〉

《資料1》

> 学校に来たがらない原因・理由について家族，本人，Ns（＝看護師）などから事情を聞き，それに応じて対応を考える。転校がいやな場合，新しい環境になじまない，…中略…など原因はいろいろと考えられる。…中略…教科指導にとらわれず，まずは本人の意欲を大切に，本人の興味・関心のあることを一緒に行うなどしながら人間関係を作っていく。様子をみながら，学校や友達の様子などについて話をする。
> ［30代女性教師］

《資料1》は，1998年の教師面接時に「（面接）時間があまりとれないので，まとめてきました」と手渡されたA3判用紙4枚にわたる資料のうち，「院内学級に来たがらなかったり，すぐに勉強という状況ではない時に何か工夫なさっていることはありますか」という質問への答えとして綴られたものの抜粋である。入院という事態によって，入院児は家庭や学校をはじめとする日常生活の場のみならず，日常の人間関係からも切り離されてしまう。そして，全ての子が，新しい環境にすぐになじめるとは限らない。そのため，入院当初は，教師は適宜必要な情報を入手し，入院児本人の気持ちへ配慮しながら，まずは入院児本人と教師の関係づくりに重点をおいた援助を展開すると思われる。その上で，『学校や友だちの様子』の話をするといった院内学級への関心を喚起するような働きかけを行っている。参与観察中も，長期の入院が予想される子どもに対し，『（教科書は）どこまで進んだの？』『何の勉強が好き？』と入院児本人からの情報収集や，既に終わっている院内学級の文化祭の様子を説明する等Z院内学級に関する情報提供が積極的に行われていた。これらを〈つなぎ〉と

いう観点から考えれば、「教師と子ども」の"つながり"を足がかりに、「子どもと子ども」そして「院内学級と子ども」を"つなぐ"ことが重視されていると言えるだろう。さらに、次の語りを見てほしい。

《語り8-4》
『何歳とか、子どもはいるのとか、…中略…よく聞かれます。まぁ別に黙ってる理由もないかなと。聞かれりゃ答えるかなと（笑）。結構聞かれますよね。それからやっぱり、手っ取り早く子どもと仲良しになるというのは、やっぱり同じおもちゃの話とかそういうのがあれですよね。息子のみてるまんがとか、息子のもってるおもちゃとか、そういうようなところから、接点を探ってますよね』
［40代女性教師、逐語録（1）より］

参与観察中、教員たちが、必ずしも入院児から尋ねられなくとも、自身の子どもの話や自宅での生活、果ては住宅ローンの話まで、〈積極的な自己開示〉を行っていることが頻繁に観察された。この〈積極的な自己開示〉にはどのような意味があるのだろうか。この《語り8-4》は、そうした参与観察中に抱いた筆者の疑問を面接時に尋ねて得られたものである。ここでは、教師たちの〈積極的な自己開示〉が、入院児と『手っ取り早く』関係を築くための手段であることが明言されている。先の《資料1》から確認された〈教師と子ども〉の関係づくりを、『手っ取り早く』"急いで"行おうとすることが入院当初の院内学級における心理教育的援助のひとつの特徴であると思われた。

昨今の医療における入院の短期化傾向に伴い、院内学級の在籍期間も短期化が著しい。通常学級のように、自然の流れにまかせて3カ月くらいかけて徐々に関係づくり……というゆったりした構えでいると、人間関係ができる前に退院してしまうことになりかねない。しかも、長期入院児は、長い入院生活に起因するストレスや、厳しい治療のため精神的に不安定になりやすく、そのストレスや不安定な心理を支えることが院内学級教師のひとつの役割として強く認識されている（院内学級担当者の会，2004）。そうした『しんどい時に一緒に』［30代女性教師、逐語録（1）より］いて子どもを支えるために、できるだけ早く信頼関係を確立しようと、急いで関係づくりが行われると考えられる。

では、こうした「教師と子ども」「子どもと子ども」「院内学級と子ども」の〈つなぎ〉の背景にはどのような教師たちの意識があるのだろうか。

第8章　心理教育的援助のプロセス

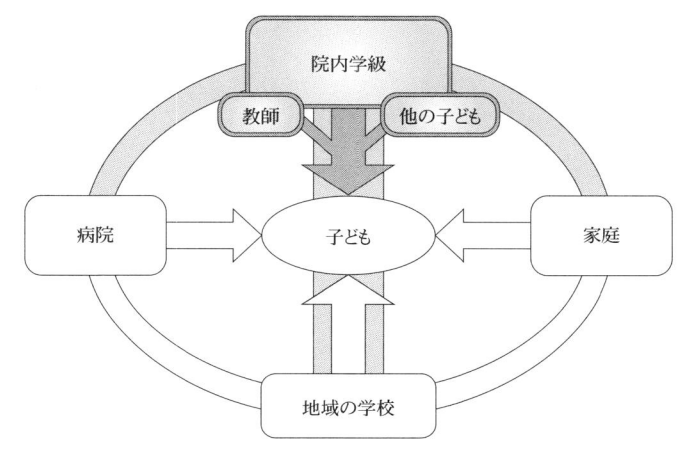

```
        ┌─────────────┐
        │   院内学級    │
        │ ┌──┐  ┌────┐ │
        │ │教師│ │他の子ども│ │
        │ └──┘  └────┘ │
        └──────┬──────┘
               ▼
 ┌──┐      ┌─────┐      ┌──┐
 │病院│ ──→ │子ども│ ←── │家庭│
 └──┘      └─────┘      └──┘
               ▲
        ┌──────┴──────┐
        │   地域の学校   │
        └─────────────┘
```

図8-3　長期入院（当初）の場合の〈つなぎ援助〉モデル

《語り8-5》
　『(入院が)長ければ長いほど今を充実させる，自分自身の経験はそういう風にしてるかなっていう……感じですかね』　　　　　［30代男性教師，逐語録（2）より］

　上の語りのように，長期入院の場合は，短期入院の場合のように退院後の生活云々よりも，『今』，すなわち"院内学級での学校生活"を充実したものにすることがまずめざされる。その土台づくりとして，子どもを理解し，その理解に基づいた適切な心理教育的援助を提供するための情報収集を家庭・病院・地域の学校から行いながら，まずは，ある程度長期間時間を過ごすことが予想される院内学級という新しい学校生活の場に適応できるよう，「教師と子ども」「子どもと子ども」のつながりを確保しつつ，「院内学級と子ども」をしっかり"つなぐ"ことが重視されている。この長期入院の場合の入院当初の〈つなぎ援助〉の様子を図示したのが図8-3である。

(2)　長期入院：中盤の〈つなぎ援助〉

《語り8-6》
　『入院生活が長くなるとね，いろんな面でストレスがたまるし，ま，どうしてもうちにいるような状態で生活できるわけじゃないですから，やりたいことができなかったり，まして治療，医療的にこう制約を受けたりすると…中略…それだけでいら

いらしてストレスがたまるっていうのは多分あると思うんですよね』

[40代男性教師，逐語録（1）より]

《資料2》
（体調や気分がすぐれず登校を渋る時は）無理に登校を促さず，時々顔を見に行くなどしながら，<u>本人とのつながりを保つ</u>。同時に，<u>Ns（＝看護師）や家族と連絡を取り合い，情報を得るよう努める</u>。（原因にかかわること，本人の興味・関心など登校のきっかけになるかどうかはわからないが，本人を知る努力をする。）どうしても登校が困難な場合は，Dr（＝医師）と相談し，しばらくベッドサイド学習に切り替えてもらう（学習依頼状を書き直してもらう）。　　　　[30代女性教師]

入院中盤は，長期にわたる治療や病状変動のため，身体的にきつい状況になると同時に，精神的にもストレスがたまってくることが教師たちから繰り返し語られた。病状変動が激しい子どもだと，朝は元気そうに見えても，午後には具合が悪くて登校できないということも珍しいことではない。心身ともに不安定な状態になりがちな入院児をどう支援するかが入院中盤の大きな教育上の課題となっていることが《語り8-6》より窺われた。具体的な援助としては，《資料2》（《資料1》と同じ抜粋）にあるように，体調不良や気持ちが乗らない子どもには，病院や家庭と連携を保ち，情報を集めつつ，その時のその子に必要かつ可能なかかわりを提供するという柔軟な対応の必要性が語られている。

《語り8-7》（第7章137頁の語りと一部重複）
『連絡を学校（＝院内学級）じゃなくってもいいですから，…中略…<u>学級通信とか，あー地域の子どもたちにもってきてもらえるようにしてもらえますかみたいなね，あのぉそうするとお母さんも安心するし，子どもも</u>。こっち側（＝院内学級）に直接送られると，どうしても僕から渡すことになっちゃうから。そうするとつながりとして薄くなっちゃうからできれば，うん，お願いしてます。…中略…学級通信1枚でいいんですよ。そんなお手紙なんかいらないですから，<u>つながり下さい</u>っていう風には，してますけどね。わりとそれやられてる先生多いんじゃないかなぁ，そうしたケア』　　　　　　　　　　　　　　[30代男性教師，逐語録（1）より]

院内学級に入級するにあたっては，子どもの学籍を地域の学校から院内学級へ

第 8 章　心理教育的援助のプロセス　　163

移す，"転校"手続きが必要であり，学籍上は子どもと地域の学校の縁は切れていることになる。それに伴い，

《語り 8-8》
『結局子どもが転校しちゃったっていう状況にあると，やっぱり地域に籍がないですし，やっぱり違う学校だってことになっちゃう。…中略…もともと地元の学校は例えば，転校したら転校しちゃったよ，がんばってねーみたいな感じで，転校した先の子どもとやりとりするってことがほとんど……ないですよね。なので，そういう経験もないっていうことでもしかすると，あまり意識の中にないのかもしれないですねー。こちらの方は入院してきても，地元の学校の意識はすごくありますけれども，向こうは入院しちゃったってことで，意識がなくなっちゃってて……』
　　　　　　　　　　　　　　　　　　　　　　　［30 代男性教師，逐語録（2）より］

と語られるように，入院期間が長引くにつれ，地域の学校と子どもの連絡が途絶えてしまうことになりがちである。しかし，たとえ制度上の学籍はなくとも，「子どもの心はいつも地元校や友だちにある」（熊倉，1999）と言われ，地域の学校が子どもにとって闘病意欲を支える存在であることが入院児の保護者によって指摘されている。それゆえに，《語り 8-7》のように，地域の学校との関係がなるべく切れてしまわないよう，『つながり』を保とうという働きかけが行われているのであろう。しかし同時に，

『でも，大抵長い子だと途絶えてきちゃうんですけど』
　　　　　　　　　　　　　　　　　　　　　　　［40 代女性教師，逐語録（2）より］

『一応電話すれば気にかけてたんですよみたいな話になりますけど，連絡がほとんどないのが通常ですから』　　　　　　　　　　［30 代男性教師，逐語録（2）より］

との語りから，現実問題として『つながり』を保つことは難しいことも明らかになった。
　また，入院児の保護者も，我が子の厳しい治療や心理的不安定に戸惑い，長引く入院に伴う生活上の疲労も蓄積してくる。こうした保護者に対し，『愚痴のはけ口になってあげたり』『大変ですねって共感してあげる』といった保護

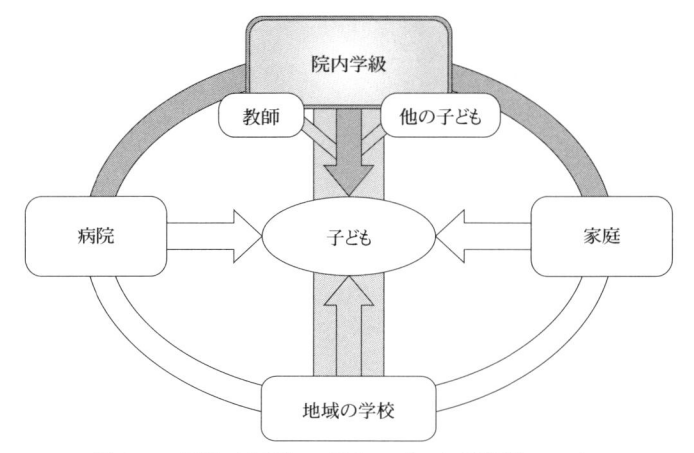

図8-4 長期（中盤）の場合の〈つなぎ援助〉モデル

者自身をサポートするという援助もこの時期に提供されている。

《語り8-9》

『（お母さんは）いろいろ子どものことで頭がいっぱいなので，いろんな子どもが，たとえばお母さんが来ると「クソババア」とかそんなことばっかり言ってて，それでもうほんとにけんかばっかりしちゃう，みたいな？ でも学校（＝院内学級）ではこうですよっていう風なことをお話ししたりとかすると，学校では今自分とかかわってるのと全然違う面があるっていうことを知って，で，お母さん自身も子どものいろんな面を知ることで，こぅ，「クソババア」っていうこともね，きっとお母さんしか言えないから，なんだと思いますよと，言えないからなんだと思いますよと。学校ではすごくお兄ちゃんになってて，みんなに頼りにされてるんですよ，なんて言うと，お母さんも，あぁそれだけじゃないんだっていうか，ちょっと自分の子どもを客観的に見た時に，いろんな面をもっていて，自分とのかかわりの中で求めているのが，そういうふうなことなのかなぁっていうことで，「子どもも頑張ってるんですねー」っていう，そういう感じでね。なんか「あれからちょっと子どもとの関係がすごくよくなりました」みたいなことをね，話を聞いたこともありましたね』　　　　　　　　　　　　　　　［40代女性教師，逐語録（1）より］

入院という事態に戸惑う我が子をどう受けとめたらいいのかわからずに深く悩む母親に対して，教師が院内学級での子どもの姿を伝えることで，母親が安心し，『子どもとの関係がすごくよくなりました』という家庭と子どもの関係改

善という結果に至ったことが語られている。つまり，親自身のストレスや不安，身体的疲労に加え，病をかかえる子どもへの対応に悩む親を院内学級教師が支えることにより，親がエンパワーされ，その結果として，子どもとの関係改善や子どもへの円滑な援助提供がなされることが予想できる。

　以上のように，長期入院の中盤においては，治療と教育の両立をめざし，「子どもと地域の学校」の関係が切れないように配慮しつつ，家庭や病院から必要な情報を適宜入手しながら，ストレスへの配慮を含めた院内学級としての援助が子どもに提供される。同時に，親を支えることで，親が子どもの援助者として十全に機能することを助けるという意味での「家庭と子ども」を"つなぐ"援助も提供されている（図8-4参照）。

(3)　長期：退院間近の〈つなぎ援助〉

《語り8-10》
　『退院するってこぅ出口がはっきりこぅわかってから，…中略…少し学校の様子を知らせたりとか，これ，こんなのがはやってるみたいだよとか，ミニ四駆がすごく好きなんですよとかって（地域の学校の）担任の先生に言って，今それははやってますよとか，そんなような，まぁささやかな情報を，あの，したりとか。あの登校班はこの子ですねーとかっていうような，そんなような，で，6人ぐらいいて，女の子3人と男の子3人みたいだよとか，同じクラスの子もいるんだよ，みたいなこと，ちょっと言ったりしてあげると安心したりとかね。だからそんなようなことや，それからあと，こっちではこんな風にしてこんな風に頑張ってたんだよみたいな，そういうこうなんか伝え役みたいな役割をすごく（院内学級の）担任があるので，親御さんもすごく，自分の子どもすごく頑張ったなんてなかなかこぅ言いにくいですよね』
　　　　　　　　　　　　　　　　　　　　　　［40代女性教師，逐語録（1）より］

《語り8-11》
　『退院が決まってからは，そうですね，何て言うのかな，向こう（＝地域の学校）の先生とかに，病気も……僕もここに来るまで知らなかったんで，そんなにね，あの有名な病気でもないので，どんな配慮をしてあげればいいのかとか，なんかそういうところ？　で，なるべくはいりやすいようにってことで，連絡をとって，それから本人をつれて，1回見学に行って，向こうで実際に装具とかも見せて，どんな子かっていうことで，見てもらって，で，クラスのお友だちにも会ってきたりって

ことをして。なるべくステップを細かくして，すっとはいれるように，という配慮はしました』
　　　　　　　　　　　　　　　　　　　　　　　［30代男性教師，逐語録（1）より］

《語り 8-12》
『ええと戻る時には，ドクターからの退院の注意っていうのが，親の方には必ずありますけれども，心配なことがあれば，教員の方も一緒に主治医の方にうかがって，それを学校に伝える，相手の学校に伝える。で，あの，とても心配なケースっていうのは，一緒につきそっていって，相手（＝地域の学校）のところに面談に行くっていうこともあります。…中略…そういう時は，単にくっついていって，向こうの担任や校長先生や養護の先生と，こんなところに気をつけて頂ければ大丈夫ですよっていう話を，しますね』
　　　　　　　　　　　　　　　　　　　　　　　［40代女性教師，逐語録（1）より］

『退院が決まってから』は，子どもの興味関心や医療上・教育上の配慮事項を地域の学校に伝えることで，入院前に通っていた地域の学校に再び『すっとはいれるように』，地域の学校の環境を整える援助が展開されていることが上の3つの語りからわかる。また，地域の学校の様子を子どもに伝えることで，子どもの不安を低減させようという援助も展開している。これは，子ども自身や保護者が，退院に喜びを感じつつも，地域の学校への復帰にあたり大きな不安を感じることが多いという認識を院内学級教師たちが有していることから生じる働きかけであると考えられる（院内学級担当者の会，2004）。同時に，大病を経た子どもを受け入れる地域の学校の不安緩和も意図されていることが，次の《語り 8-13》からわかる。

《語り 8-13》
『（地域の学校は）健康面での不安みたいなのがすごくこぅ，やっぱり体力がないとかね，そういうようなことは，必要以上に（不安なようだ）。お母さんが病名なんか伝えてある場合は，必要以上にこぅ，なんか大丈夫かなぁ，大丈夫かなぁって風に思うみたいなんで，こっちで体育なんかこんな風にやってましたとか，このぐらいのことなら大丈夫ですよ。で病院の方もわりとこぅ，何でもやらせて下さいっていっても，ほんとにやっていいのかなみたいなの，すごく心配みたいなんですよね。だから，具体的にこういうことをやってました，みたいな，そういう風なことを伝えてあげると，あれ（＝安心する）みたいですねー』
　　　　　　　　　　　　　　　　　　　　　　　［40代女性教師，逐語録（1）より］

第 8 章 心理教育的援助のプロセス　　167

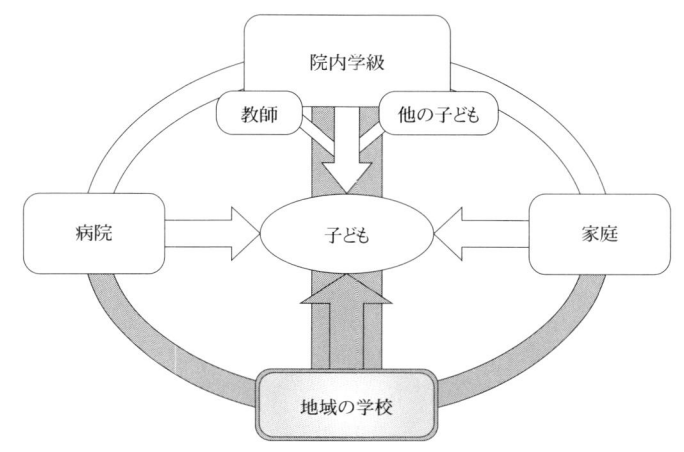

図 8-5　長期入院（退院間近）の〈つなぎ援助〉モデル

　また，参与観察中の美術の時間に，退院が決まると，『あと 2 回しか（授業が）ないから，ちょっと焼き物（＝陶芸）はねー……（できない）』と，新しい課題に取りかかるよりも，現在取り組んでいる課題を仕上げようという方向性で動き始めることが確認された。

　以上のように，退院間近の段階では，院内学級としての働きかけは急速に収束へ向かい，教師は，病院から地域の学校へ，あるいは院内学級・家庭から地域の学校へと，必要な情報の『伝え役みたいな役割』を担い，入院中盤にいったんは希薄になった「子どもと地域の学校」の間を"つなぎ"直す援助を提供していると言える（図 8-5）。

　しかし，この『伝え役』という援助のあり方は，逐語録（1）の面接時（1998 年）より 5 年を経た逐語録（2）の面接時（2003 年）には，少し質の異なるものとなっている。次の語りを見てみよう。

《語り 8-14》
　　『（地域の先生と病院のドクターが話す機会を）つくります。意図的に。まずは（地域の学校の）担任の先生と連絡とって，やっぱり重い病気のお子さんだったら，絶対伝えなきゃいけないこといっぱいあると思うので，まず私が担任の先生にその必要ありますかって聞いて，必要があると言った場合には，担任と保健の先生，養護

の先生に病院に来てもらえる時間……を，都合を聞いて，で，ドクターと連絡とって，ドクターに直接お話聞けるように，間にはいります。で，その時に私が同席した方がよければ同席しますし，いらないって言われれば……。…中略…やっぱり（退院後の）学校生活の中で，どういう風にしたらいいか見えないようなお子さんは必ずします。……で，あのぉこっちからも出向きます』

[40代女性教師，逐語録（2）より]

《語り8-14》は，退院時に行う働きかけについて尋ねた際に語られたものである。《語り8-10》～《8-13》の時には，病院・家庭・地域の学校の三者のあいだを行き来して情報を運んでいた『伝え役』だったのが，《語り8-14》では，三者が一同に会して情報交換をする場を調整する媒介役となっていることがわかる。退院後のスムーズな学校復帰をめざした援助であることは変わらないが，5年の間に院内学級の社会的認知も進み，また連携の重要さも認識されるようになったことが，〈つなぎ〉のあり方の変化をもたらしたものと考えられる。

## 第3節 〈つなぎ援助〉プロセスの意味

### 1. 〈つなぎ援助〉プロセスの概要

本章では，Z院内学級というひとつのフィールドにおいて得られた半構造化面接および参与観察による質的データより，院内学級における心理教育的援助のプロセスを，〈つなぎ援助〉のモデルを援用しつつ検討した。結果として，次頁表8-1にまとめられるような知見を得た。

1カ月程度の短期入院の場合は，入院という事態によって途切れがちな子どもの生活の連続性が保たれることに主眼を置いた「子どもと地域の学校」の〈つなぎ〉に重点がおかれる。1カ月以上の長期入院の場合は，入院プロセスによって，援助の目標と〈つなぎ〉のあり方の重点が移行していく。すなわち，入院当初は新環境での生活基盤を築くべく，学級内の人間関係をも含めた「院内学級と子ども」をつなぐことで，新しい環境への適応が図られる。中盤は，なるべく地域の学校と子どもが切れないよう配慮しつつ，治療と教育の両立をめざし，病院・家庭との連携のもと，院内学級としての心理教育的援助が子どもに提供される。あわせて保護者をサポートすることで，子どもの援助者とし

第8章　心理教育的援助のプロセス

表8-1　〈つなぎ援助〉のプロセス

| | 短期入院 | 長期（当初） | 長期（中盤） | 長期（退院時） |
|---|---|---|---|---|
| 1　子どもと子ども | | ◎ | ○ | |
| 2　教師と子ども | | ◎ | ○ | |
| 3　院内学級と子ども | ○ | ◎ | ◎ | |
| 4　子どもと地域の学校 | ◎ | | ○ | ◎ |
| 5　病院と院内学級 | | ○ | ◎ | |
| 6　病院と子ども | | | | |
| 7　家庭と院内学級 | | ○ | ◎ | |
| 8　家庭と子ども | | | ○ | |
| 9　家庭と地域の学校 | | | | ◎ |
| 10　病院と地域の学校 | | | | ◎ |
| 11　院内学級と地域の学校 | ◎ | ○ | ○ | ◎ |
| 教育的援助の主な目標 | 退院後困らないように | 新しい病院内環境への適応 | 治療と教育の両立 | 退院後のスムーズな学校復帰 |
| 〈つなぎ〉援助のモデル図 | 図8-2 | 図8-3 | 図8-4 | 図8-5 |

※　表中の○は，当該〈つなぎ援助〉に重きがおかれることを示し，◎は特に重視されることを示す。

ての保護者の機能を高めるという援助も提供される。病状が落ち着き退院間近には，退院後の地域の学校へのスムーズな復帰が大きな目標として浮上し，教師たちの〈つなぎ援助〉も，地域の学校・病院・家庭のあいだをつなぎながら，「子どもと地域の学校」の関係再構築に力が注がれることになる。

　では，こうした知見はどのような理論的位置づけをもつのだろうか。次項において，先行研究の知見と照らし合わせて考察する。

## 2．不登校生徒を対象とする院内学級との比較

　では，すべての院内学級で同じような援助が展開しているのだろうか。第1章において述べた通り，院内学級にも，在籍児童・生徒の疾患種や学級規模をはじめとして，さまざまなものがある。また，近年「心身症」を病名として，いわゆる「不登校児童・生徒」が院内学級に入級してくるケースが増加してい

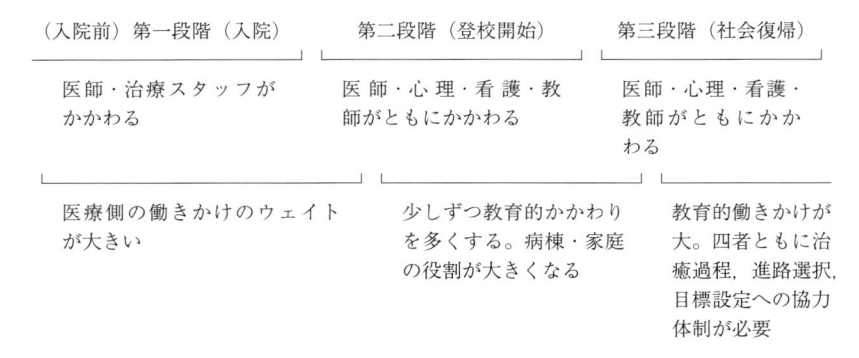

| （入院前）第一段階（入院） | 第二段階（登校開始） | 第三段階（社会復帰） |
|---|---|---|
| 医師・治療スタッフがかかわる | 医師・心理・看護・教師がともにかかわる | 医師・心理・看護・教師がともにかかわる |
| 医療側の働きかけのウェイトが大きい | 少しずつ教育的かかわりを多くする。病棟・家庭の役割が大きくなる | 教育的働きかけが大。四者ともに治癒過程，進路選択，目標設定への協力体制が必要 |

**図 8-6　児童精神科入院児（不登校児）を対象にした院内学級における医療と教育のかかわり図式**（横湯，1985）

る。そこで，本項では，児童精神科に入院中の不登校児を主な対象とする院内学級における援助のあり方と，身体疾患による入院児対象のZ院内学級から得られた本書の知見を比較検討し，知見の適用範囲について検討する。

　院内学級における教育は，子どもの病気の種類・病状，病棟での日課や診察・治療等医療面の制約を大きく受ける。そのため「医教連携」（山本健二，1995）と呼ばれる医療との緊密な連携は，家庭との連携とともに，教育を進める上での必須事項として挙げられている（宮崎，1985; 全国病弱養護学校長会，2001; 院内学級担当者の会，2004）。横湯（1985）は，児童精神科に入院中の不登校児を主な対象とする院内学級における勤務経験から，医療と教育のかかわりを図8-6に示されるように図式化している。そこでは，治療的かかわりにおいて医療が主導権を握ることは当然としながらも，医師・心理（病院勤務の臨床心理士）・看護（師）・教師の四者が協力的にかかわることが強調されている。また，入院当初は医療側の働きかけのウェイトが大きかったが，退院という社会復帰へ向け，徐々に教育的かかわりの重要性が増していくことが指摘されている。

　ここで，図8-6のモデルと先の〈つなぎ援助〉プロセスモデルを比較してみよう。まず，両モデルとも，院内学級における教育が，医療や家庭との協力体制のもと効果的に展開するという基本認識に基づいている。また，本書においては，退院時に院内学級が媒介役として子どもの退院後の学校復帰を円滑にす

るために重要な役割を果たすことが見出されたが，これは，横湯（1985）が，第三段階の「社会復帰」時に「進路選択」を視野に入れた「教育的働きかけ」の重要性増加を指摘していることと一致している。これら2つの共通点は，精神科と身体疾患という子どもの疾患タイプの差こそあれ，どちらも入院という一般生活世界から隔絶された特殊な状況にある子どもを対象とする教育であることからきていると思われる。治癒という事態に伴う地域の学校を含む一般社会への復帰という時点において，生活上のつながりを見通した援助の提供という役割の担い手が，教育機関であることが示されている。

　しかし，長期入院の初期に院内学級という教育機関が濃厚な働きかけを提供するという本章において見出された知見は，入院当初は医療側が中心であり，教育の役割は小さいという図8-6（横湯，1985）の研究結果とは異なっている。これは，自己の生活上のつながりという観点から考察することにより了解できる。不登校児対象の院内学級においては，子どもたちは元の学校を含む入院前の生活において困難をかかえていることが想定されるため，まずは教育環境を含めて元の生活との継続性をいったん切り，医療側が主な援助者となり，教育は後手に回ることになる。不登校児対象の院内学級教師たちは，子どもが精神的に落ち着いてくるのと並行して，子どものそれまでの学校環境とは異なる"新しい教師―生徒関係パターン"を"時間をかけて"作っていく。一方，身体疾患をもつ子どもたちを対象とするZ院内学級の教育は，子どもの日常的学校教育の継続として，なるべく前の学校"同様の"親密さを，しかもできるだけ"速やかに"確保しようという志向性が働くため，入院当初に濃密な教育的働きかけが提供されると考えられる。

　また，横湯（1985）が，本書の中心的な主張である入院児をめぐる援助システム間を"つなぐ"という機能を心理教育的援助が有していることに，言及することはなかった。この〈つなぎ援助〉という知見は，身体疾患をもつ児童・生徒を主な対象とする院内学級における教育を見直すことで明らかになった独自の視点と考えて良いだろう。特に，「子どもと地域の学校」を"つなぐ"という心理教育的援助は，横湯のモデルでは退院時のみに少し考慮されていることが示唆されるにとどまり，入院プロセス全体にわたる援助としては語られていない。こうした相違はどのような理由によるのだろうか。

これは，子どもたちにとっての"地域の学校の意味づけ"の差異が，院内学級教師たちの「子どもと地域の学校」を"つなぐ"という心理教育的援助の必要性にかかわっていると考えられる。地域の学校との関係に問題をかかえることが多い不登校児は，地域の学校との関係性をいったん切ることで本来の自分を取り戻そうとするのに対し，身体疾患という不可抗力によって地域の学校から引き離されて院内学級に在籍している子どもたちは，地域の学校との"つながり"が切れないように保つことで，自分のよりどころのひとつを確保し続けようとするのであろう。この「子どもと地域の学校」を"つなぐ"という援助が一貫して重視されていることは，身体疾患児を対象とする院内学級をフィールドとした本書独自の知見と考えられる。

このように，院内学級という同じくくりにはありながらも，不登校児を対象とする院内学級と身体疾患児を対象とする院内学級には，その心理教育的援助のあり方に相違があることが示され，本書の知見は，不登校児を対象とする院内学級には部分的にしか適用できないことが示唆された。

## 第4節　地域の学校との〈つなぎ〉の重要性

病院や家庭との連携の重要性は既に述べた通りだが，教師の〈つなぎ援助〉という観点から考察した場合には，病院は医療という確立した立場から，教育とは独立した病棟という場において子どもとの関係を築き，援助を行っており，教師たちが「病院と子ども」を"つなぐ"必要性は必ずしも高くはない。また，家庭との〈つなぎ〉にしても，病弱児の親子関係は過保護傾向にあることが指摘され（中塚ら，1984; 西村・向山・馬場，1984），教師が"つなぐ"以前にべったりと密着していることの方が多いとされる。むしろ，表8-1の分析結果からその重要性が示唆される〈つなぎ〉は，「院内学級と地域の学校」「子どもと地域の学校」の〈つなぎ〉であると言える。

地域の学校との連携の必要性は，学習の進捗状況の情報収集の必要性や入院中の子どもの回復意欲向上への効果の期待から，病弱教育の課題として既に指摘されていることではあるが（中井，2001; がんの子どもを守る会，2001），心理教育的援助の実証的検討（表8-1）から，院内学級における心理教育的援助にお

いて地域の学校との関係を"つなぐ"ことが一貫して重要な意味をもつことが確認されたことは意義あることであろう。

　第3章においても，入院児は「前かよっていた学校の友だちに，自分から電話をしたり，手紙を書いたりしようと思う」「前にかよっていた学校の勉強が，どのくらいまで進んでいるか，気になる」「前にかよっていた学校の友だちのあいだで，今なにがはやっているのか，知りたいと思う」「退院したあと学校へ戻って友だちとうまくやっていけるかどうか，気になる」という，地域の学校が関係する不安項目において評定平均が高くなっている。このことからも，入院児にとって地域の学校が重要な位置づけをもっていることがわかる。長期入院の場合の入級当初は，子ども理解のための貴重な情報源として，また中盤は，長引く入院生活の中で抱く焦りや意欲低下を防ぐ心のよりどころとして，退院時と短期入院時には近い将来再び戻って行く学びの場として，たとえ学籍はなくとも，地域の学校は入院児にとって"つながるべき"援助資源であり続けている。特に，退院時には，体力のなさから学校生活についていけるだろうかとの不安や，友だち関係や学習にも不安を，入院児本人のみならず保護者も強くもつことが知られ（阿部ら，1991；谷川ら，1997），地域の学校との綿密な〈つなぎ〉が必要となる。この，必然的に切れやすくもある「子どもと地域の学校」のつながりをいかに保ち，また同じ子どもへかかわる心理教育的援助資源同士として「院内学級と地域の学校」をどう"つなぐ"かは，院内学級が担う援助として，従来言われてきた以上に重みのある課題であると考えられる。

　入院児には，医療・心理・福祉という多様な援助がかかわっている。そうした多様な援助の中で，教育という立場からどのように入院児を援助するのか，その独自性を今一度振りかえった時，入院期間に応じた地域の学校との〈つなぎ〉こそが，教育という立場の強みを最大限に生かした独自の援助であると言えるだろう。


## 第5節　心理教育的援助の役割

　入院中の子どもにとって"病気を治す"ことは最優先されるべきことであり，院内学級における教育も治療効果への貢献ということを念頭において進められ

るべきことは間違いない。しかし，子どもの発達の流れを長期的見地から見つめ，入院児の生活の連続性をできるだけ保つという視点に基づき働きかけることは，教育の仕事と言えるだろう。

　第7章で指摘したように，入院児は日常の生活世界から分断され，新奇な環境へ放りこまれてしまう。さまざまな変化や治療による体力的・精神的負担から入院児本人が切れてしまった，あるいは切れてしまいがちな関係性をつなぎとめることができない場合は，入院期間という時間的流れに沿いながら必要に応じて院内学級教師が入院児の関係性を"つなぐ"ことが求められるだろう。特に，入院という事態に伴い，途切れがちな学校教育の連続性を"つなぐ"のは，教育という同じ土俵で仕事をする院内学級が一貫して果たすべき役割のひとつである。こうした〈つなぎ援助〉のプロセスモデルを提示することで，漠然と捉えられていた院内学級における心理教育的援助過程の理解が促されると同時に，次の実践を組み立てる際の参照枠として活用しうると考えられる。

　最後に，本章で提示したプロセスモデルは，あくまでも退院して元の地域の学校へ復帰するということを前提とするものであり，入院後そのまま院内学級を卒業し，引き続き入院を継続することが見込まれる疾患の子どもや，入院中にそのままターミナル・ステージを迎える子どもへの心理教育的援助には必ずしも該当しないことを申し添えたい。どのようなケースへ適用可能なのか，本書の援助プロセスモデルの適用可能性，およびターミナルを迎える子どもへの援助の検討が今後の課題として残っている。

# 第9章　長期入院児への心理教育的援助再考

## 第1節　〈つなぎ〉概念の再検討

　最終章においては，〈つなぎ援助〉の理論的位置づけについて考察する。〈つなぎ援助〉概念に近い意味をもつと思われる用語を取り上げ，〈つなぎ援助〉との共通点と相違点を考察することで，その理論的な意味と位置づけを明らかにしたい。

　本書の第7章で見出された〈つなぎ援助〉の概念は，フィールドデータの分析過程において，下山（1997）のスチューデント・アパシーへの臨床援助技法である「つなぎモデル」との類似性に発想を得たものであり，「関係をつなぐ」ことを援助の基本原理としていることは両者に共通している。近年の心理臨床援助領域においては，従来の臨床心理士とクライエントとの1対1の治療的関係という枠組みを見直し，個人がかかえる問題を，その個人が生活する場との関係で把握し直し，家族や学校の他のメンバーにも働きかけて「問題」の解決を図ろうとする「関係論」的あるいは「システム論」的見方が，注目されるようになってきている（近藤・志水，2002）。本書において見出された実践の〈つなぎ援助〉機能は，こうした「システム論」的見方に通じるものである。一方，岩間（2000）は，ソーシャルワーク固有の援助機能として，「関係性をつなぐ」という「媒介」に着目し，その援助過程を「媒介・過程モデル」として提唱している。ここで，院内学級における〈つなぎ〉援助の独自性を確認するために，心理臨床とソーシャルワークという2つの援助実践と，本書における院内学級における心理教育的援助を比較検討する。

　まず，共通点から確認しよう。下山（1997）の「つなぎモデル」，ソーシャルワークの援助機能としての「媒介」，そして院内学級教師による〈つなぎ援助〉の三者は，いずれもシステム論的視座から援助の特質を検討している。ま

た，援助プロセスの第1段階において援助者である臨床心理士・ソーシャルワーカー・教師が，被援助者とのあいだに信頼関係（＝つながり）を構築するところから援助が始まることも共通点として挙げられる。

　しかし，相違点もある。第2章で確認した社会的・心理的問題への援助者の4つのレベル（Egan, 1986）によれば，下山（1997）の「つなぎモデル」や岩間（2000）の「媒介」機能における援助の担い手は，援助専門職である「第1レベル」の援助者である。臨床心理士やソーシャルワーカーという専門家が，非日常的な援助場面において被援助者本人と援助システムを"つなぐ"ことが強調されている。これに対し，教師は，それぞれの職業の専門家でありながらも同時に被援助者の社会的・心理的問題解決への援助も期待される「第2レベル」の援助者である。院内学級教師による〈つなぎ援助〉は，「第2レベル」の援助者である教師が，教育という日常的な関係性の中で行う実践の機能であり，入院児の生活世界全体を視野に入れて援助システム同士を"つなぐ"ことにも重きがおかれている。より日常的，かつより広い範囲をカバーする援助である点が，院内学級における心理教育的援助の独自性であると言える。

　また，ソーシャルワークにおける「媒介」では，クライエント側からの援助要請を基本としているのに対し，院内学級教師の〈つなぎ援助〉では，援助対象である入院児本人からの援助要請は必ずしも明確ではなく，教師たちが"判断するところの"子どもの援助ニーズに基づいて援助が提供される。すなわち，問題が発生し，援助要請が起こる前に〈つなぎ〉を提供することで問題発生を予防するという意味をも併せもつ援助である。

　さらに，〈つなぎ〉の相手が"動かない"ことも院内学級教師による〈つなぎ〉の特色と思われた。入院児には身体的にも精神的にもエネルギーが低下している状態の子どもたちが多いことは先述したが，その他の〈つなぎ〉相手についても，半構造化面接において『（前籍校から子どもについて詳しい連絡を受けることは）基本的にない』ので，『院内学級教師の方から電話なりの連絡を入れ』る（教師面接逐語録（1）より抜粋），病院との連絡会の会場や『議題はこっち（＝院内学級教師）がみんなセットするんですよ。向こうは忙しいから』『こちらが申し立てないと何も動かない』（教師面接逐語録（1）より抜粋）と，待っているだけでは動いてはくれない〈つなぎ〉の相手のありようが

語られている。このように，院内学級の〈つなぎ〉は，"教師が働きかけて関
゛゛
係性を作ること"，すなわち"動かない相手に向かって働きかける"という一方
向性をもつものであると考えられ，「同じ目的で何事かをしようとするものが，
連絡をとり合ってそれを行うこと」（岩波国語辞典第3版，1984）という双方向か
ら歩みよっての協力関係を意味する"連携"とは区別できる概念であると考え
られる。むしろ，この"連携"を作り出しているのが〈つなぎ援助〉なのであ
る。

院内学級教師たちの〈つなぎ援助〉のひとつの鍵は，援助対象である児童の
"エネルギーのなさ"である。第3章において入院児の不安について検討した
が，入院児たちは，各々背景・事情は異なるにしても，心のエネルギーが低下
し，自分からは動けない場合も多い。そうした子どもたちを包み込み，支えて
いく基本が〈つなぎ援助〉であると言えるだろう。〈つなぎ〉は，心的エネル
ギー低下に伴い，自力で関係性の輪を開拓できない，あるいは切れてしまった
関係性を修復できない対象への援助の基本原理であるとも言える。

本書によって，従来は"入院中にも勉強を教える"という面のみが強調され
ていた院内学級教師たちの実践が，心理臨床やソーシャルワークにおける援助
と重なる特徴をもちつつも，日常的な関係である教師による予防的機能をも併
せもつ援助であり，より広いシステマティックな援助としての機能をもつこと
を明示できた。

## 第2節　協働的チーム援助のコーディネーション

近年，欧米・日本を問わず対人援助においては，「分野の異なる専門職が，
クライエントや家族のもつニーズを明確にした上で共有し，そのニーズを充足
するためにそれぞれの専門職に割り当てられた役割を，他の職種と協働・連携
しながら果たしていく少人数の集団」（菊池，1999）である多職種チームによる
アプローチの重要性が説かれ，チームメンバーの協働（コラボレーション）の
重要性が強調されている（福山，2002；渋沢，2002；宇留田・高野，2003）。

協働とは，「二人以上の人々が共通の目的に向かってともに活動すること」
と定義され，「① 目標の共有，② 参加メンバーの平等，③ 参加と意思決定に

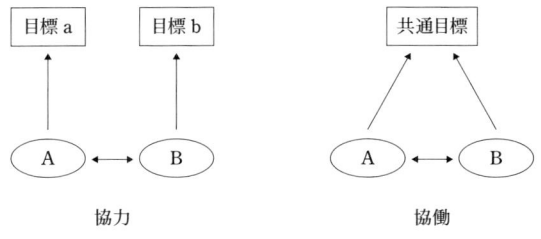

```
目標a    目標b           共通目標
 ↑        ↑              ↗   ↖
 A ←→ B                 A ←→ B
    協力                    協働
```

**図 9-1　協力と協働の違い**（福山（2002）を一部改訂）

関する責任，④ チームの成果についての共同責任，⑤ 参加者のそれぞれの資源の共通資源化，⑥ 参加メンバーの自由意思による連帯」と特徴づけられている（中田，2003）。図 9-1 に示したように，この「① 目標の共有」という点において，専門家あるいは組織がそれぞれ個別の目標を達成するために他の専門組織と共同で作業する"協力"とは区別される（福山，2002）。

　こうした流れの中，スクールカウンセラーという異職種の参入，および児童・生徒の援助ニーズの多様化といった従来にはない状況への対応を迫られる学校教育においても，チームによる協働の重要性が説かれ（石隈，1999；ヘイズ・高岡・ブラックマン，2001），チーム援助の実践も報告されている（石隈・田村，2003；田村・石隈，2003）。そこでは，援助ニーズの大きい子どものために「援助チーム」を作り，「実際に援助的に機能している資源を意図的に有機的にコーディネートする」ことの効果が主張され（石隈，1999），コーディネーションという概念が教育の中で重視されるようになった。

　コーディネーションとは，辞書的には 'to organize the different parts of an activity and the people involved in it so that it works well'（活動がうまくいくようにひとつの活動のさまざまな部分，もしくは関連する人々をまとめること）（*Oxford Advanced Learner's Dictionary*, 2000）と定義される。学校心理学では，コーディネーションは「援助を必要とする人（例：障害のある人）についての情報をまとめ，援助の方針を共有し，多様な援助活動をまとめていく過程」（石隈，2003）と捉えられている。つまり，援助場面におけるばらばらの援助を調整し，協働的なチームアプローチを構築する作業がコーディネーションということができる。しかし，同時に，多職種・多機関間の協働は，メンバーが一堂

第 9 章　長期入院児への心理教育的援助再考　　179

に会することが難しく，体制を効率よく稼動させることが難しいことも指摘されており（福山，2002），その達成への道のりの険しさが窺われる。

　ここで，院内学級における〈つなぎ援助〉について考えてみよう。これまで確認してきたように，院内学級教師たちの教育実践は，入院児を囲む援助システムと入院児本人，そして援助システム間の関係性を作る，もしくは切れないように保つという機能を有している。11 の〈つなぎ〉のうち，院内学級・病院・家庭・地域の学校という複数の機関・多職種の援助システム間の〈つなぎ〉は，先の石隈（2003）によるコーディネーションの定義にまさにあてはまるものである。

　病院・家庭・地域の学校，そして院内学級は，入院児の QOL 向上と将来的な展望をもった発達支援という大きな目標を共有しながらも，医療は身体的な側面から子どもの生命を支え，家庭は保護者として子どもの成長を援助し，院内学級と地域の学校は教育の立場から社会的存在としての子どもを支えている。それぞれの専門性の枠は守られつつも，教師たちの〈つなぎ援助〉によって，必要情報の流れと相互理解が生まれ，一般に実現が難しいとされる多職種間の協働体制構築が促進されると思われる。加えて，各援助システムと入院児本人との関係性もつなぐことで，全体としての援助の質が向上し，第 3 章で指摘したような入院児の不安の軽減にも大きく寄与していると推測される。特に，第 8 章において，地域の学校との〈つなぎ〉が重視されることを指摘したが，同一職種間の協働においては，専門性の活用と向上，相互理解が容易であることが利点として挙げられることから（福山，2002），教育という同じ基盤をもつ院内学級教師が地域の学校との関係をコーディネートする意味は大きいと思われる。

　〈つなぎ援助〉によって，制度や慣習による公的な裏づけはないものの，入院児を囲む援助資源が実質的な「チーム」として機能し，第 3 章で見出したような不安の緩和を含め，入院児の QOL 向上が大いに促進されている。

## 第3節　特別支援教育と〈つなぎ援助〉
　　　——特別支援教育コーディネーターとの関連

　病弱教育において，病院・家庭・地域の学校との連携が課題となっていることは，第1章第3節において確認した。こうした連携の必要性は特別支援教育一般にあてはまることであり，2003（平成15）年3月の「今後の特別支援教育の在り方について（最終報告）」においては，一人ひとりの教育的ニーズを把握して，必要な支援を行う教育を推進するための仕組みとして，学校と関係諸機関との連携体制の整備を図る「特別支援教育コーディネーター」の設置が示された（柘植，2003）。設置の背景には近年増加しつつある通常学級在籍のLD（学習障害），ADHD（注意欠陥・多動性障害）他発達障害児への援助の必要性があり，普通小・中学校における活動が主に想定されてはいるが，福祉・医療関係との連携や就職支援の観点から，特別支援教育諸学校におけるコーディネーターの必要性はいっそう強く認識されている（佐藤，2004）。

　特別支援教育コーディネーターの主な役割としては，「チームによる支援（関係者の連携協力による実践）を実現するための連絡調整」（竹林，2004）が期待されており，本書で見出された院内学級教師による〈つなぎ援助〉との重なりが窺われる。学校心理学においては，学校における援助のコーディネーションには，一時的に編成される特定の個人に対する個別のチーム援助のコーディネーションと，恒常的に行われる複数あるいは全ての児童・生徒に対する援助システムのコーディネーションの2つがあることが指摘されている（瀬戸・石隈，2002）。病院に隣接，もしくは病院内に設置されている院内学級における特別支援教育コーディネーターの役割について統一した見解はいまだ示されていないが，各援助システム間の代表者レベルでの連絡調整を行うことで，人事異動に伴う変動のより少ない恒常的な援助システム構築が求められていると考えられる。この代表者レベルの連絡調整を基盤として，前者の特定個人に対する援助チームのコーディネーションがうまくいくようになると思われる。

　一方，本書において見出された院内学級教師たちの〈つなぎ援助〉は，ある特定の援助ニーズをもつ入院児に対して，その子の病状・予後・家庭環境・学習状況他を考慮したカスタム・メイドの援助チームの協働を構築するコーディ

ネーションであり，瀬戸・石隈（2002）のいう前者のタイプのコーディネーションにあたる。つまり，入院児の援助全体を俯瞰するマクロなレベルでコーディネートするのが特別支援教育コーディネーターなら，特定の入院児に直接かかわる援助実践者のフェイス・トゥ・フェイスレベルのよりマイクロなコーディネーションである〈つなぎ援助〉を行うのが，院内学級教師たちであると位置づけられる。このマイクロなコーディネーションは，ややもすると日常の実践の中に埋もれてしまいがちである。援助実践者間を日常レベルでコーディネートすることの重要性をここにあらためて指摘したい。

## 第4節　院内学級における教育への提言

### 1. 院内学級における教育という領域密着理論としての位置づけ

　前節では，援助のコーディネーション理論の中での位置づけを確認したが，本節では，病弱教育という分野に限定した「領域密着理論」（澤田・南，2001）としての〈つなぎ援助〉の意味を考察する。

　実践を〈つなぎ援助〉と捉える視点は，今まで振り返られることのなかった院内学級における教育実践を体系的に把握するためのひとつの概念的枠組みである。従来より家庭・医療との連携の大切さは叫ばれているが（興梠，2003），これにより，多様なシステムの機能がバラバラに交錯する院内学級という場における実践の理解が容易になり，教師自身も自らの実践の意味を確認することが可能になる。昨今，教育界においても自らの実践についてのアカウンタビリティ（説明責任）が強調されるようになってきた。特に，多様な援助システムが交錯する院内学級においては，協働的なチーム援助実現のために，教師たちは，自分たちがどのような考えに基づいてどのような援助をしようとしているのかについて他の援助システムに対して説明し，理解を得る必要性が高いと予想される。これまで，院内学級教師とはどのような援助ができる人なのか，勉強を教えるだけの人なのか，何の目的をもっているのか周囲からはっきりと認識されているわけではなかった。また，院内学級教師たちも，明確な援助モデルもない状況で，実践を振り返る余裕もないままに，懸命の援助を行ってきたというのが実情である。こうした混沌とした援助実践体系の中で，この〈つな

表 9-1　専門的な援助と非専門的な援助（Gartner & Riessman, 1977）

| 専門的な援助 | 非専門的な援助 |
| --- | --- |
| 1. 知識，洞察，基本原則，理論および構造を強調する。<br>2. 系統的。<br>3. 「客観的」——距離を保ち見通しをたて，自己覚知を重視し，「感情転移」をコントロールする。<br>4. 感情移入——統御された温かさ。<br>5. 一定の基準に基づいて行う。<br>6. 「アウトサイダー」志向。<br>7. 理論的方向性をもった実践（praxis）。<br>8. 慎重な時間制限。系統的な評価。治療を重視。 | 1. 感情と気持ち（具体的，実際的）を強調する。<br>2. 経験，常識的な直観，慣習が中心。<br>3. 「主観的」——親近感をもち，自ら参加する。<br>4. ［相手と］同一視する。<br>5. その時に応じて自発的に自分のパーソナリティを表現する。<br>6. 「インサイダー」志向。自らをそのグループの中の者とみなす。<br>7. 経験に則した実践（practice）。<br>8. ゆっくりで時間は問題にしない。インフォーマルだが直接に責任が問われる。ケアを重視。 |

ぎ援助〉の概念は，院内学級教師たちが自らの実践を語るひとつの枠組みを提供している。

　Gartner & Riessman（1977）は，専門的な援助の特徴を非専門的な援助と比較して示している（表9-1）。これに照らし合わせて考えれば，本書の〈つなぎ援助〉の概念によって，院内学級教師の心理教育的援助は，基本原則をもつ構造的なものとして捉えられ（表9-1の専門性の第1のポイントに該当する），援助が経験的・直観的なものからより系統的なものとなり（同第2のポイント），理論的方向性をもった実践（praxis）（同第7のポイント）となるのではないだろうか。つまり，第1章第3節で課題として教員の専門性向上を挙げたが，〈つなぎ援助〉概念を導入することで，院内学級教師たちの教育実践はより専門性の高い援助となりうると考えられる。

　堀越・笹岡（2002）は，医療ソーシャルワーカーの役割のひとつに「患者や家族を必要な資源に結びつける役割」である「仲介者」を挙げているし，小松（1994）もソーシャルワーカーの役割のひとつに「調整者（コーディネーター）」を挙げている。すなわち，〈つなぎ援助〉の一部はいわゆる援助対象者をとりまく援助資源の連携を作るソーシャルワークの援助実践と共通のものである。第6章において，院内学級における教育の特徴カテゴリーとして，〈特別

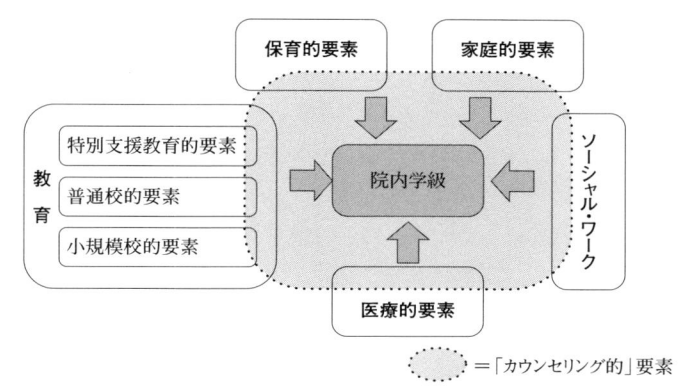

第9章　長期入院児への心理教育的援助再考　　　183

**図9-2　院内学級における教育の特徴モデル**
院内学級における教育には，通常の学校教育を超えた
8つの多様な援助実践の要素が含まれている。

支援教育的要素〉・〈普通校的要素〉・〈小規模校的要素〉，そして〈保育的要素〉・〈医療的要素〉・〈家庭的要素〉・〈「カウンセリング」的要素〉の7つを指摘したが，これらに加え，ソーシャルワークという援助実践の要素も院内学級における教育の特徴として挙げることができる（図9-2）。

　以上のように，〈つなぎ援助〉の概念は，院内学級という教育領域においてその実践を捉える稀少な包括的概念枠組みなのである。

## 2.〈つなぎ援助〉概念の実践的有効性

　では，この〈つなぎ援助〉概念は，具体的な日々の実践に対してどのように貢献できるのだろうか。本項では，病弱教育という固有の領域の中での〈つなぎ援助〉概念の実践的有効性について考察する。

　1999年の「盲学校，聾学校及び養護学校学習指導要領」においては，個別の指導計画が重視されている。それを受けて，病弱教育においても一人ひとりの子どもの実態把握を目的として個人調査票を作成し，就学相談や学校での指導，さらには医療・学校・家庭・地域の学校等との連携の基礎資料として活用することが推奨されている（全国病弱養護学校長会，2002）。個人調査票の主な項目としては，「児童生徒名・保護者名・前籍校名・入学希望校とその理由，生

育歴，健康状態，家庭環境，家族の状況，学力，既往歴，他の障害の有無，主治医の名前，身辺自立の程度，学習空白，寄宿舎への入舎希望の有無，知的機能の発達，病気理解の程度等」（全国病弱養護学校長会，2002）が挙げられている。

　こうした従来からの項目に加え，子どもの援助ニーズのひとつとして入院児を囲むシステム間の関係性である〈つなぎ〉を考え，〈つなぎ〉の観点から一人ひとりの子どもの実態を把握し，援助計画をたてることも有効ではないだろうか。石隈（1999）は，「援助の対象となる子どもが課題に取り組むうえで出会う問題や危機の状況についての情報の収集と分析を通して，心理教育的援助サービスの方針や計画を立てるための資料を提供するプロセス」を「心理教育的アセスメント」と定義し，このアセスメントの結果に基づいて子どもの援助にかかわる意思決定を行うべきであると主張している。入院児の援助ニーズ把握を目的とする心理教育的アセスメントとして，〈つなぎ援助〉という視点を援助の枠組みとして活用する実践的有効性が認められる。以下，この〈つなぎ〉という視点からのアセスメントを〈つなぎ〉アセスメントと呼び，その実用可能性を考えたい。

　〈つなぎ〉アセスメントの注意点として，11の〈つなぎ〉のうち「教師と子ども」のつなぎは基本としても，それ以外の10の〈つなぎ〉は全ての入院児に対して等しく濃密に提供されることが望ましいものではないことがある。一人ひとりの児童について，援助資源の"つながり"の現状とどの〈つなぎ援助〉が必要であるか入念なアセスメントの上，個人調査票項目や予定入院期間等を鑑み，どの〈つなぎ〉にどのくらい力を入れていくべきかの重みづけが必要である。

　例を想定しよう。"新しく山田花子ちゃんが入級してきた。彼女の前籍校の先生は，入院してすぐにお見舞いがてら院内学級にも寄ってくれ，いろいろな指導上の情報を提供してくれるし，今もまめに手紙をくれたり，クラスでも話題に取り上げたりしている。しかし，激しい病状変動から本人が落ち込みがちで，院内学級での活動への参加意欲がいまひとつである。"この花子への援助計画作成にあたり，彼女の場合は「地域の学校」とのつながりは十分であるので教師が"つなぐ"必要はなく，むしろ病状や治療の見通しについての情報確保のため，「病院と院内学級」の〈つなぎ〉をしっかり行いつつ，院内学級で

の活動への参加意欲が高まるよう，「院内学級と花子」を"つなぐ"援助を最重要視していこうとの方針が決定されることになる。

　ここで，〈つなぎ援助〉の担い手についても，もう一度考えてみよう。本書で提示した〈つなぎ援助〉の担い手は院内学級教師であったが，陣内（2002）は，病院勤務の臨床心理士の立場から，小児科外来に通院しながら病弱養護学校へ自宅から通学する中学生Ａ子への援助として，「Ａ子と親，Ａ子と教師，Ａ子と医師の橋渡しの役割」を担った事例を報告している。入院児への援助ではないとの限定はつくものの，ここでの〈つなぎ〉役は教師ではなく，臨床心理士である。つまり，すべての〈つなぎ援助〉は，必ず教師が行わなければならない義務というわけではない。その子どもの状況において，各〈つなぎ〉を誰が担うのが最適であるのか，担い手についてもアセスメントを行い，他の援助チームメンバーが行うのが適切と判断されればそちらに任せ，教師が行うのが適切と判断された場合には教師がその〈つなぎ〉役を担うというたぐいのものであると言える。〈つなぎ〉アセスメントの観点として，〈つなぎ援助〉の担い手も考慮すべきと言えるだろう。

　〈つなぎ〉という視点を活かしたアセスメントを入念に行い，対象児童を囲むシステム・関係性独自の構造を考慮しつつ，どことどこを"つなぐ"のが有効か，つなぎ役には誰が適当かを個別に検討する必要を強調したい。

## 3.〈つなぎ援助〉のための「〈つなぎ〉アセスメント・シート」の提案

　前項において，心理教育的援助計画のための新たなアセスメントの観点としての〈つなぎ〉の有効性を主張した。〈つなぎ〉アセスメントは，子どもの危機状況のアセスメントの焦点のひとつとして挙げられる「利用可能な自助資源・援助資源」（石隈，1999）のうちの，援助資源のアセスメントであり，援助資源情報を確認・整理するものである。

　石隈（1999）および石隈・田村（2003）は，通常学校において苦戦している子どもの援助のために，「援助チームシート」と「援助資源チェック・シート」を開発している。子どもについての情報をまとめ，援助方針をたてることを促進することがそのねらいである。この発想に倣い，〈つなぎ〉の観点からの情報をまとめ，心理教育的援助をより具体化するために，次の２つのシート

を開発した。

　第1のシートは，「〈つなぎ援助〉キーパーソン・シート」（図9-3）である。これは，第7章で生成された〈つなぎ援助〉モデルに則って，各援助システムにおいて，教師たちの主な〈つなぎ援助〉相手となる人物についての情報をまとめるものである。例として架空の児童を想定して記入したものが図9-3である。本シートは，院内学級教師の心理教育的援助立案を目的としているため，記入は院内学級の担任教師が行うものとする。以下，本「〈つなぎ援助〉キーパーソン・シート」について説明を加える。

　中央の《子ども》の欄には，援助対象である児童名と学年・疾患名を入れる。病状や治療の見込み等は第2のシートである「〈つなぎ援助〉アセスメント・チェックシート」に記入することとし，ここには疾患名のみを記す。《院内学級》の欄には，その院内学級名を入れ，学校に特別支援教育コーディネーターが配置されていれば，名前と連絡先を記入する。《教師》の欄には，記入者である担任教師の名前と，他に当該児童にとって「重要な他者」として機能しうると考えられる教員名を記す。たとえば，図9-3の花子の場合は，音楽が好きで，休み時間も音楽教師とともに過ごしていることが多いことや，ベッドサイド学習の時に担当教員にとても心を開いていたという実態から，音楽教員とベッドサイド学習の担当教員の氏名を記入している。《他の子ども》の欄には，院内学級のクラス内，あるいはクラスは違っても院内学級内で仲のいい友だち，あるいは仲良くなれそうな子どもの名前を記しておく。《病院》欄には，病棟名と連絡先，主治医（担当Dr），担当看護師（担当Ns），また他に看護師長や臨床心理士・医療ソーシャルワーカー・作業療法士等のコメディカルスタッフなどで，当該児童にとって援助資源となりうる人物がいれば，役職や連絡先とともにここに記入する。《家庭》欄には，両親やきょうだいの情報を記す。《地域の学校》としては，まず学校名と連絡先，そして主要な〈つなぎ〉相手は元のクラス担任であることから，クラス名と担任氏名，他に校長や学年主任・クラブの顧問・学校内での仲良しの友だちの氏名を記入する。キーパーソンの援助意欲の高低等，特記事項がある場合は，各援助システム横のたて括弧内に記すようにする。このように1枚のシートに〈つなぎ〉相手の情報がまとめられることによって，必要な時に誰とつなげばいいのかという〈つなぎ〉相手の把

第9章　長期入院児への心理教育的援助再考　　　187

**〈つなぎ援助〉キーパーソン・シート**

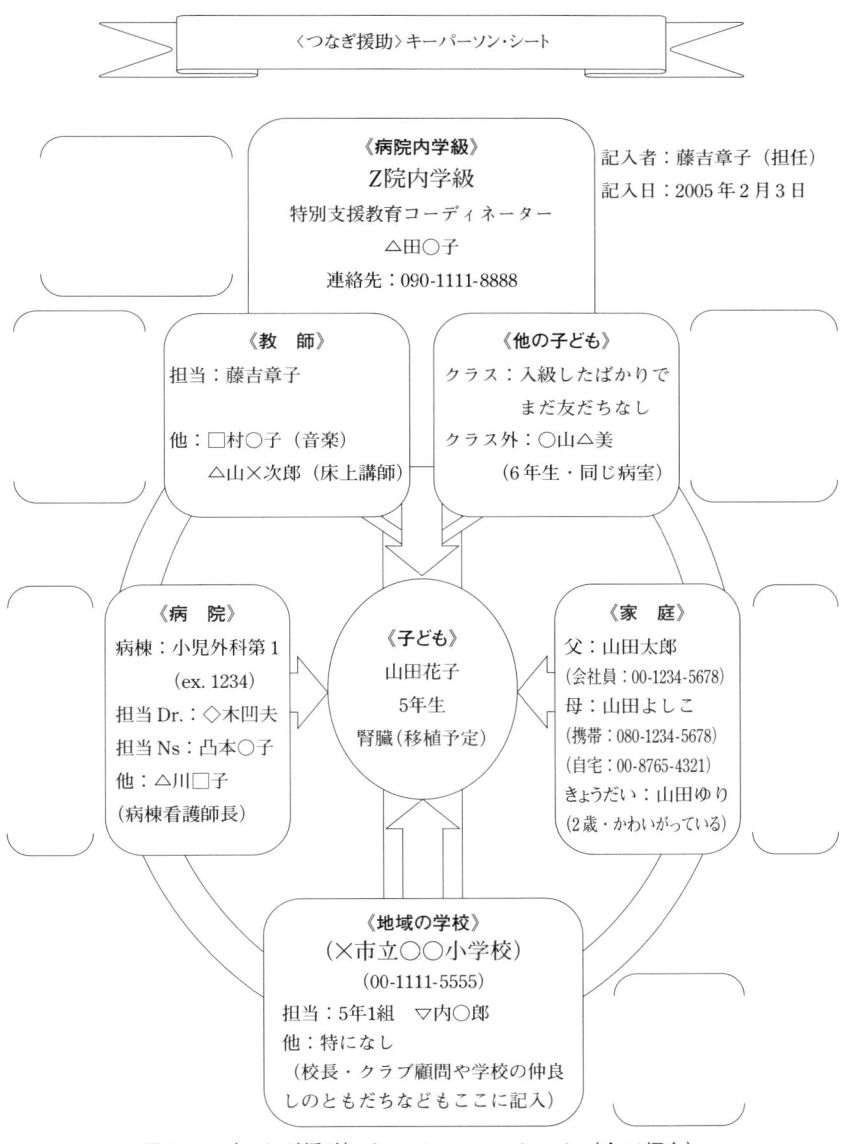

《病院内学級》
Z院内学級
特別支援教育コーディネーター
△田○子
連絡先：090-1111-8888

記入者：藤吉章子（担任）
記入日：2005年2月3日

《教　師》
担当：藤吉章子

他：□村○子（音楽）
　　△山×次郎（床上講師）

《他の子ども》
クラス：入級したばかりで
　　　　まだ友だちなし
クラス外：○山△美
　　　　（6年生・同じ病室）

《病　院》
病棟：小児外科第1
　　（ex. 1234）
担当Dr.：◇木凹夫
担当Ns：凸本○子
他：△川□子
　（病棟看護師長）

《子ども》
山田花子
5年生
腎臓（移植予定）

《家　庭》
父：山田太郎
（会社員：00-1234-5678）
母：山田よしこ
（携帯：080-1234-5678）
（自宅：00-8765-4321）
きょうだい：山田ゆり
（2歳・かわいがっている）

《地域の学校》
（×市立○○小学校）
（00-1111-5555）
担当：5年1組　▽内○郎
他：特になし
（校長・クラブ顧問や学校の仲良
しのともだちなどもここに記入）

図9-3　〈つなぎ援助〉キーパーソン・シート（全て仮名）

表 9-2 〈つなぎ援助〉アセス

| 児童氏名 | 子どもの基本情報 | | | | |
|---|---|---|---|---|---|
| つなぎアセスメント | ①<br>子どもと子ども | ②<br>教師と子ども | ③<br>院内学級と子ども | ④<br>子どもと地域の学校 | ⑤<br>病院と院内学級 |
| 実態の整理 (記入日)<br>現　状 | （　　） | （　　） | （　　） | （　　） | （　　） |
| 実態の整理 目下の課題・気になるところ | | | | | |
| つなぎ援助方針 | | | | | |
| つなぎの重点 | | | | | |
| つなぎの担い手 | | | | | |
| （記入日）<br>具体的援助計画 | （　　） | （　　） | （　　） | （　　） | （　　） |
| （記入日）<br>援助の評価 | （　　） | （　　） | （　　） | （　　） | （　　） |

メント・チェックシート

| ⑥病院と子ども | ⑦家庭と院内学級 | ⑧家庭と子ども | ⑨家庭と地域の学校 | ⑩病院と地域の学校 | ⑪院内学級と地域の学校 |
|---|---|---|---|---|---|
| ( ) | ( ) | ( ) | ( ) | ( ) | ( ) |
|  |  |  |  |  |  |

|  |  |  |  |  |  |
|---|---|---|---|---|---|
| ( ) | ( ) | ( ) | ( ) | ( ) | ( ) |
| ( ) | ( ) | ( ) | ( ) | ( ) | ( ) |

握が容易になる。

　第2のシートは,「〈つなぎ援助〉アセスメント・チェックシート」(表9-2)である。第1のシートにおいて〈つなぎ援助〉のキーパーソンが確認されたのを受けつつ,本書で見出された11の〈つなぎ〉の状態をアセスメントし,その上で,〈つなぎ援助〉計画立案のための情報をまとめるためのシートである。以下,「〈つなぎ援助〉アセスメント・チェックシート」について説明する。

　まず,子どもの氏名と基本情報を記入する。基本情報の欄には,病状・治療の見通し・予後,過去の入院歴,子どもの学習面・心理面についての前籍校や家庭からの申し送り事項等,子ども理解に役立つと思われる情報を記入する。それから,日付を記入し,11の各〈つなぎ〉ごとに「現状」と「目下の課題・気になるところ」に分けて子どもの実態について整理する。例えば,花子の例なら,「④ 子どもと地域の学校」の「現状」の欄には,「担任の先生が入院してすぐお見舞いに来た。今も10日に1通のペースでまめに手紙をくれる」として,「気になるところ」は「特になし」となる。このように,まず,各〈つなぎ〉について,現状をしっかりと把握する。その上で,〈つなぎ〉の観点からどのように援助を組み立てるのか〈つなぎ援助〉方針をたて,どの〈つなぎ〉に重点をおくのかの印をつける。この時,特に重点をおく〈つなぎ〉には◎を,必要な〈つなぎ〉には○を,現状で十分なつながりが確保されており,教師があえてつなぐ必要はないと判断された〈つなぎ〉には×や斜線を記入する。先の山田花子の例ならば,「彼女の場合は「地域の学校」とのつながりは十分であるので,教師が〈つなぐ〉必要はなく,むしろ病状や治療の見通しについての情報確保のため,「病院と院内学級」の〈つなぎ〉をしっかり行いつつ,院内学級での活動への参加意欲が高まるよう,「院内学級と花子」を〈つなぐ〉援助を最重要視していこう」と記され,「病院と院内学級」と「院内学級と子ども」の欄に◎が記載されることになる。具体的援助計画の欄には,「音楽が好きなので,音楽教師にも花子への声かけを依頼し,休み時間や特別活動・自立活動の時間に音楽的活動を取り入れ,院内学級は楽しいところであるというイメージを定着させる」「教師が他の子どもに話しかけ,途中から話を花子にふり,会話のきっかけづくりをする」「母親に地域の学校の担任に電話をかけて,家庭に学年だよりを送ってくれるよう依頼するようアドバイス を

第9章　長期入院児への心理教育的援助再考

〈つなぎ援助〉キーパーソン・シート

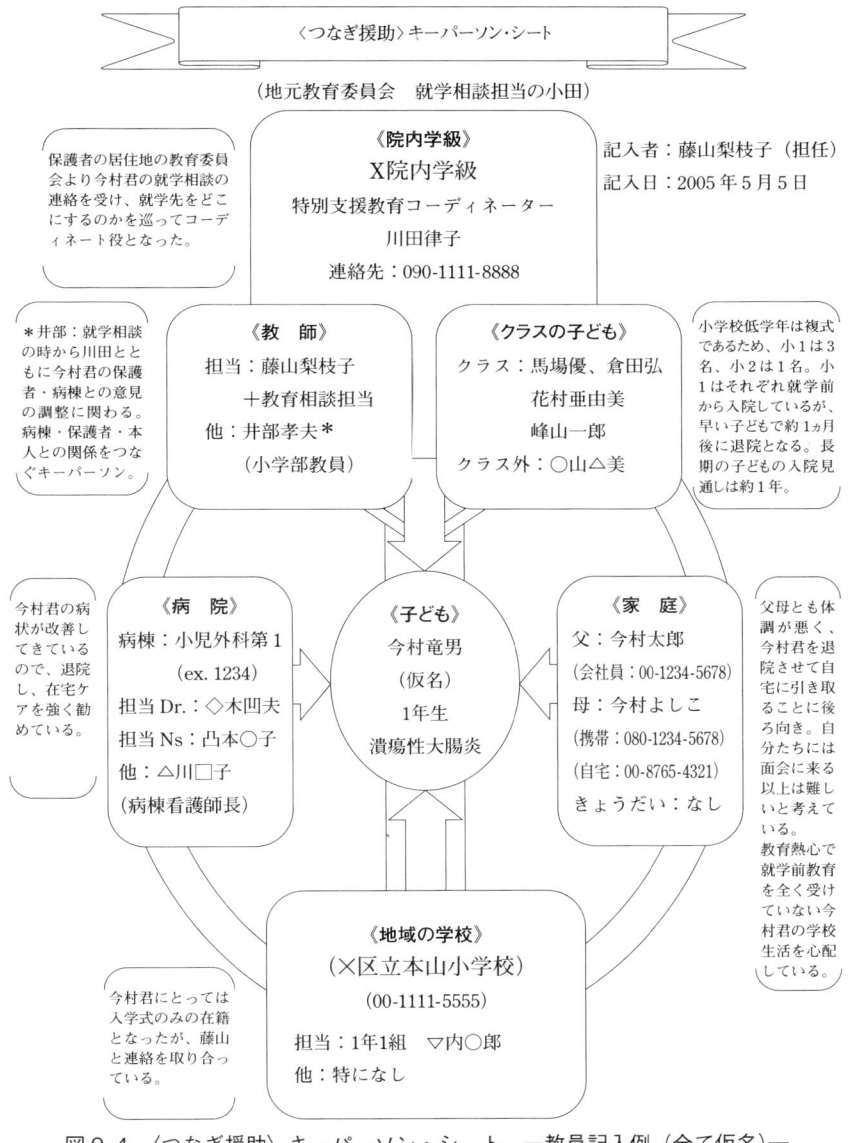

（地元教育委員会　就学相談担当の小田）

《院内学級》
X院内学級
特別支援教育コーディネーター
川田律子
連絡先：090-1111-8888

記入者：藤山梨枝子（担任）
記入日：2005年5月5日

保護者の居住地の教育委員会より今村君の就学相談の連絡を受け、就学先をどこにするのかを巡ってコーディネート役となった。

＊井部：就学相談の時から川田とともに今村君の保護者・病棟との意見の調整に関わる。病棟・保護者・本人との関係をつなぐキーパーソン。

《教　師》
担当：藤山梨枝子
　　＋教育相談担当
他：井部孝夫＊
（小学部教員）

《クラスの子ども》
クラス：馬場優、倉田弘
　　　　花村亜由美
　　　　峰山一郎
クラス外：○山△美

小学校低学年は複式であるため、小1は3名、小2は1名。小1はそれぞれ就学前から入院しているが、早い子どもで約1ヵ月後に退院となる。長期の子どもの入院見通しは約1年。

今村君の病状が改善してきているので、退院し、在宅ケアを強く勧めている。

《病　院》
病棟：小児外科第1
　　（ex. 1234）
担当 Dr.：◇木凹夫
担当 Ns：凸本○子
他：△川□子
（病棟看護師長）

《子ども》
今村竜男
（仮名）
1年生
潰瘍性大腸炎

《家　庭》
父：今村太郎
　（会社員：00-1234-5678）
母：今村よしこ
　（携帯：080-1234-5678）
　（自宅：00-8765-4321）
きょうだい：なし

父母とも体調が悪く、今村君を退院させて自宅に引き取ることに後ろ向き。自分たちでは面会に来る以上は難しいと考えている。
教育熱心で就学前教育を全く受けていない今村君の学校生活を心配している。

《地域の学校》
（×区立本山小学校）
（00-1111-5555）
担当：1年1組　▽内○郎
他：特になし

今村君にとっては入学式のみの在籍となったが、藤山と連絡を取り合っている。

図9-4　〈つなぎ援助〉キーパーソン・シート　—教員記入例（全て仮名）—

表9-3 〈つなぎ援助〉アセスメント・チェックシート

| 児童氏名 今村竜男 | 子どもの基本情報 消化器系の問題があるため，栄養を点滴で摂取しなければならず，長期入院 子どもとの友だち関係もほとんど経験していない。基本的な学習能力はある 善し，点滴をはずして院内学級に通学することが可能。経口からの栄養摂取 | | | | | |
|---|---|---|---|---|---|---|
| つなぎアセスメント | | ① 子どもと子ども | ② 教師と子ども | ③ 院内学級と子ども | ④ 子どもと地域の学校 | ⑤ 病院と院内学級 |
| 実態の整理 | （記入日） 現　状 | （5/1） すぐに友だちのやっていることを真似したがる。友だちより先に物事をやりたがる。友だちと並んで歩いたり，手をつなげない。 | （5/1　） 人とのスキンシップ（手をつなぐ・膝に乗る）を求めようとしない。手をつなごうとすると振り払う。年配の副担任がお休みの時，寂しそうな表情になった。 | （4月～） 小～高等部まで一緒に行ったゲーム（自立活動）の時，楽しそうな様子が見られた。 | （　　　） 入学式に出席した以外は特に関わりを持てていない。保護者から退院したら通学する学校であると言い聞かされており，一つの目標になっている。 | （4月～） 就学に当たってかなり話し合いを行ってきた。今後も引き続き進路指導をしていく必要があることを確認し合っている。必要な情報は病棟師長を通して得ている。 |
| | 目下の課題・気になるところ | 友だちと一緒にいて楽しいとか，いなくて寂しいという表情や言葉が見られない。いつも自分が一番最初やる人になりたがる。順番という意識や分け合うという気持ちが見られない。 | 安心して自分の気持ちを出せる相手がいないように思われること。目を見てお話しすることができない。 | 自分から友だちに話しかけていくことがほとんどない。食事に時間がかかり，お休みになってしまっても，「学校に行けなくて残念だった」と言いながらも，病棟ではケロッとしていること。 | 生活の時間に書いた絵手紙を出そうと誘いかけたが関心がない様子であった。 | 生活指導（食事・放課後の生活面）での連携のあり方。 |

―教員記入例：1枚目（全て仮名）―

生活となっている。就学前はベッド上での生活が中心であったため生活経験が極端に乏しく，が，行動面での指示がきかない面があり，安全面への配慮を要する。この半年ほど病状が改に時間がかかり，規定量摂取できないときは（保護者との約束で）登校できない。

| ⑥<br>病院と子ども | ⑦<br>家庭と院内学級 | ⑧<br>家庭と子ども | ⑨<br>家庭と地域の学校 | ⑩<br>病院と地域の学校 | ⑪<br>院内学級と地域の学校 |
|---|---|---|---|---|---|
| （4月〜）<br>食事の時に自分のそばについていてほしいと要望されるが，忙しい中で長時間つきあうことは難しい状況。保護者からの要望で常時ベッドの柵を高くして安全管理をするようにしている。 | （4月〜）<br>子どもが楽しく分教室に通学している様子に，安心している面はある。参観に訪れた時，他の子どもと比べて，とても落ち着きがないことや生活面での課題が大きいことを知りショックを受けている様子であった。 | （　　　）<br>父母とも体調が悪く，本児を退院させて自宅に引き取ることに後ろ向き。面会に来る以上は現状では難しいと考えている。教育熱心で就学前教育を全く受けていない本児の学校生活を心配している。 | （　　　）<br>保護者は地域の小学校に通えるようになってほしいと願っているが，自分たちの現状では難しいと思っている。 | （　　　）<br>現在のところ特になし。 | （　　　）<br>入学式には院内分教室の教員，特別支援コーディネーター，教育委員会の就学相談担当も参加し，自宅から登校できるようになることが目標であることを伝えた。 |
| 食事が規定量食べられないと，（保護者との取り決めもあり）欠席となってしまう。 | 連絡帳や電話を通してなるべく本児の楽しい様子やできたことを伝えるようにしているが，課題や不十分な点を率直に伝えると，本児へのお説教になってしまったり，医療スタッフへの批判に発展しかねない。 | 安全面に慎重になりすぎて，生活経験の幅をかなり狭めているところ。親子関係が，お説教的で，遊びやスキンシップが足りない。他の保護者との接点がほとんどない。 | 同年齢の子どもや保護者と関わりがない。子育てを語り合う仲間がいることで，保護者の子どもへの関わり方の幅が広がるように思うが…… | | |

表9-3 〈つなぎ援助〉アセスメント・チェックシート

| 児童氏名 今村竜男 | 子どもの基本情報 消化器系の問題があるため，栄養を点滴で摂取しなければならず，長期入院 子どもとの友だち関係もほとんど経験していない。基本的な学習能力はある 善し，点滴をはずして院内学級に通学することが可能。経口からの栄養摂取 | | | | |
|---|---|---|---|---|---|
| つなぎアセスメント | ① 子どもと子ども | ② 教師と子ども | ③ 院内学級と子ども | ④ 子どもと地域の学校 | ⑤ 病院と院内学級 |
| つなぎ援助方針 | ・教員が中心となり，遊びや楽しい活動を通して友だちと関わる場面をでき ・保護者や周りの人たちに本人が頑張っていることやできたこと（作品）を ・言葉だけではない関わり方・表現の仕方を伝えていくこと。 | | | | |
| つなぎの重点 | ◎ 遊び | ◎ 遊び・スキンシップ | ○ 学活・自活・生活の時間の活用 | | |
| つなぎの担い手 | 担　任 | 担　任 | 担　任 | 担　任 | 担　任 |
| （記入日） 具体的援助計画 | （　　） 休み時間の遊び活用 ・花いちもんめ ・だるまさんがころんだ ・カードゲーム ・じゃんけんで順番を決めさせるようにする。 | （　　） 学習中，落ち着いて話を聞いたり座っていられた時は心を込めて褒める。 目を見て話を聞く。絵本の読み聞かせの時，他の子どもが教員の膝に座りたがったので，順番に抱っこしながら読み聞かせた。 | （　　） 指絵の具でぬたくる。 ゲーム | （　　） | （　　） |

―教員記入例：2枚目（全て仮名）―

生活となっている。就学前はベッド上での生活が中心であったため生活経験が極端に乏しく，
が，行動面での指示がきかない面があり，安全面への配慮を要する。この半年ほど病状が改
に時間がかかり，規定量摂取できないときは（保護者との約束で）登校できない。

| ⑥<br>病院と子ども | ⑦<br>家庭と院内学級 | ⑧<br>家庭と子ども | ⑨<br>家庭と地域の学校 | ⑩<br>病院と地域の学校 | ⑪<br>院内学級と地域の学校 |
|---|---|---|---|---|---|

るだけ増やすこと。
できるだけ丁寧に伝え，いろいろな面で少しずつ力をつけていることを知らせる。

|  |  |  | 情報提供 |  |  |
|---|---|---|---|---|---|
| 師　長 |  |  | 担　任 |  |  |
| （　　） | （4/10〜）連絡帳で楽しかったことや良くできたことをできるだけ伝える。<br>• 担任以外の教員との授業の様子も知らせてもらう。 | （　　） | （　　） | （　　） | （　　） |

表9-3 〈つなぎ援助〉アセスメント・チェックシート

| 児童氏名 今村竜男 | 子どもの基本情報 消化器系の問題があるため，栄養を点滴で摂取しなければならず，長期入院 子どもとの友だち関係もほとんど経験していない。基本的な学習能力はある 善し，点滴をはずして院内学級に通学することが可能。経口からの栄養摂取 | | | | |
|---|---|---|---|---|---|
| つなぎアセスメント | ① 子どもと子ども | ② 教師と子ども | ③ 院内学級と子ども | ④ 子どもと地域の学校 | ⑤ 病院と院内学級 |
| （記入日） 援助の評価 | （5/1） 遊びの楽しさがわかるようになってきて，「〜やりたいな」というようになった。ジャンケンのルールがわかるようになってから，自分が先頭でなくてもゆっくり歩けるようになった。<br>・まだクラスの子どもの中で，浮いている感じ。 | （5/1） 副担任を大好きになり，花いちもんめの同じグループになりたがったり，副担任と手をつなぎたいと言うようになった。担任はどうしても指示が多すぎてしまうからか。 | （5/1） 「ぬたくり」は，イヤだと手を引っ込めていたが，友だちが楽しそうにやっているのを見てやり始め，とても楽しそう。 | （　　　） | （　　　） |

する」等，有効と思われる援助についてできるだけ具体的に書いていく。評価欄には，その援助を実際にやってみてどうだったかを記入することになる。

　本シートも，「〈つなぎ援助〉キーパーソン・シート」同様，記入は原則として院内学級の担任教師が行うものとする。ただし，アセスメントにあたり，保護者や病院スタッフに話を聞く等の情報収集を行う，あるいは一部記入を依頼することもあってもよい。実際の運用は現実に応じて柔軟に対応するべきと考えている。

　このような2種類のアセスメント・シートを活用することで，散漫な情報が整理しやすくなり，系統だった援助計画につながることが期待できる。〈つな

—教員記入例：3枚目（全て仮名）—

生活となっている。就学前はベッド上での生活が中心であったため生活経験が極端に乏しく、が、行動面での指示がきかない面があり、安全面への配慮を要する。この半年ほど病状が改に時間がかかり、規定量摂取できないときは（保護者との約束で）登校できない。

| ⑥<br>病院と子ども | ⑦<br>家庭と院内学級 | ⑧<br>家庭と子ども | ⑨<br>家庭と地域の学校 | ⑩<br>病院と地域の学校 | ⑪<br>院内学級と地域の学校 |
|---|---|---|---|---|---|
| （　　） | （4/10）<br>保護者は基本的には分教室を信頼している。 | | （　　） | （　　） | （　　） |

ぎ〉という観点から、子どもを囲む援助資源について現状を把握し、必要な援助資源の意識化や援助資源への働きかけが促進され、実践にあたって必要な情報を引き出しやすくなり、個に応じた指導実現に貢献できるだろう。

　図9-4および表9-3（3枚に分割してある）は、実際に、現職の院内学級教師1名（女性）に、担当児童についての情報を、2種類のシートを用いて整理してもらったものである。記入にあたっては、プライバシーへの配慮として、仮名にしてもらうこと、および細かい子どもの状態等については本人と特定できない程度に内容に変更を加えてもらうことを確認した。シートに記入してみての感想は、次のようなものであった。

『自分の頭を整理するつもりで書いてみました。改めて自分はこの子どもをどう受け止めているのか，この子の課題は何なのか，自分が感じている子ども・保護者・病棟に対するギクシャクした気持ちは何なのか，少し見えてきたように感じています。…中略…日々具体的でかつ流動的な目の前の状況に追われっぱなしなので，書きながら，子どもの抱える課題や自分が子どもをどう見ているのか，改めて問いかけられたように思います』

子どものかかえる課題を含む情報を整理し，情報を使いやすくするという他にも，教師としての自分の実践の背後にある意識を自覚するという効果も語られている。さらに，カンファレンスなどの際にこのシートを活用することで，ひとりの子どもについての情報を援助チームで共有することにも役立てることが期待できるだろう。

## 第5節　展望——よりよい援助実践へ向けて

### 1. 本書の意義

市川 (2001) は，「良い研究」の要件のひとつとして，当該研究が「情報的価値」と「実用的価値」を備えていることを挙げている。「情報的価値」とは，対象についての何か新しい情報提供を備えたものであり，この「情報」には，新たな事実の呈示と事実を統合的に説明する理論の生成が含まれる。一方「実用的価値」とは，実生活で「役にたつ」ことである。本書の意義を考えるにあたって，この市川 (2001) の枠組みに則り，本書の「情報的価値」と「実用的価値」について論じ，その上で心理学研究方法論上の意義について検討する。

(1)　情報的価値：領域固有の情報として

まず，本書の情報的価値について考察しよう。第1章においては入院児を対象とする教育の制度的・歴史的背景について述べ，また第5章から第8章においては，Z院内学級という実際の教育現場でどのようなことが起こっているのかを詳細に記述した。入院児への心理教育的援助に関するこうした情報は，一般にも，研究分野においてもほとんど知られておらず，その意味で新しい情報を読み手に対して提供できたと考えられる。

また，理論生成としては，第3章において，「入院児の不安」が5つの下位不安から構成され，さらに3つの不安の類型に分かれることを示した。前述のように，入院児の心理研究は，病に焦点をあててパーソナリティ特性やストレス対処様式を検討したものがほとんどであり，「入院」という状況に焦点をあてて学齢期ならではの状態不安を検討した研究は見あたらない。本書によって，入院児への心理教育的援助の対象である子どもの心理をより深く理解するための視座を提供することができた。

さらに，第5章から第8章のフィールド研究によって，院内学級における心理教育的援助の特徴と，援助を〈つなぎ〉という観点から理解する新たな視点が提供され，病院内教育に関する新たな理論的解釈枠組みを呈示できた。恒吉（2008）が指摘するように，フィールドワーカーというアウトサイダーの視点から日常的に展開している実践を見つめ直すことにより，インサイダーである実践に追われている当事者が気づかない視点を示すことができたのである。

無藤（1999）は，実践現場の記述から，実践者をはじめ現場にかかわる人に「見通しや実践を見直す新たな視点を与えることが出来る」ことを指摘し，宮崎（1998）は，「視点資源」という言葉で科学の知を位置づけている。また，現場研究の知見については，仮説検証的，ないしは論理実証的に得られた一般化理論とは異なるものであり，「個別性・特殊性の強い現場研究でうちたてられた理論は新たな現場を見ていくための作業仮説的な視点」（溝上，2004）であることも指摘されている。院内学級の現場から得られた本書の知見についても，「院内学級における教育についての新たな視点の提供」であると考えられ，そこに本書の領域固有な価値を見出すことができる。

院内学級における教育実践は，病院の専門領域や考え方等学校以外の要因の影響を大きく受け，Z院内学級の実践がすべての院内学級に共通するものであるとは言いきれない。しかし，今まで触れられることのなかった病院内教育実践の一事例として，本書から抽出された知見の意義を主張したい。

(2) 情報的価値：病弱教育を超えた一般的領域への示唆

より広い領域への貢献として，三つの方向性から検討したい。まず，子どもに対する援助論一般への示唆である。〈つなぎ援助〉は，病気によって"心身

ともにエネルギーが低下"した子どもをめぐる関係性の維持もしくは再構築の援助として見出されているが，より広くは，心のエネルギー低下に伴い自力で関係性の輪を開拓できない，あるいは切れてしまった関係性を修復できない対象一般への援助の基本原理と考えられる。昨今，子どもたちの心のエネルギー不足はつとに指摘されることであり，その意味で〈つなぎ援助〉の視点は，院内学級教師だけではなく，一般学級の教師による子ども援助への適用可能性も秘めている。カウンセリング等子ども本人への直接援助の重要性が叫ばれ，教師対象のカウンセリング講座が盛んに開かれている。しかし，心理面への個別援助だけではなく，生態学的な「関係」に着目するエコロジカルな視点から子どもの援助資源を探し，子どもと援助資源や援助資源同士をつないでいくことで，援助コミュニティを形成することの重要性が示唆される。地域臨床援助の理論であるコミュニティ心理学の発想を，教育にも導入する有効性があらためて浮かんでくる（山本，1986; 池田，2001）。

　心理学における援助研究のひとつにソーシャル・サポート（以下，サポートと省略する）研究があるが，本書はサポート研究にも方法論の観点から寄与している。従来のサポート研究は，サポートの利用可能性についての受け手の認知を測定するものであり，サポートの受け手が気づかないような予防的援助についての検討は難しいという欠点がある。本書においては，フィールドワークという参与観察を中心とする手法を採用することによって，被援助者である入院児からは必ずしも認知されないものも含めた〈つなぎ援助〉を見出すことができた。つまり，本人には認知されないが，重要な機能をもつ援助の存在を指摘することが可能となっている。受け手の認知のみを扱ってきた従来のサポートの定義，およびサポート研究の方法についても新たな見方としての示唆を含むものと言える。

　コーディネーションという観点からは，本書の〈つなぎ援助〉が援助実践者同士の顔と顔レベルのマイクロなコーディネーションと捉えられることは前述した。加えて，すべての〈つなぎ援助〉を特定の一人が担うのではなく，各〈つなぎ〉に関して最適な立場の者がその役割を担うべきであることも述べてきた。ここから，"コーディネーション"と一語でくくられ，誰か特定の一人が担う役割のように捉えられがちな学校教育における援助のコーディネーション

を，マクロなレベルとマイクロなレベルの二重のレベルで考え，さらにマイクロなレベルでは，各〈つなぎ〉をそれぞれ最適な担い手によって遂行されるべきものとして捉えていく必要性が示唆される。そして，こうしたコーディネーションのあり方は，推進中の特別支援教育コーディネーターの専門性についての示唆をも含むと考えられる。

(3) 実用的価値

「実用的価値」としては，前節において詳述した通り，〈つなぎ援助〉の視点を，次の援助計画をたてる際のひとつのヒントとして役立てることが可能となっている点が挙げられる。〈つなぎ〉の観点を活用した2つのアセスメント・シートを提案したが，この〈つなぎ〉アセスメント・シートは，入院児の援助ニーズ把握を目的とした子どもの「人的環境アセスメント」(小野瀬, 1998)のひとつとして，院内学級における教育において有効な実用可能性を有していると思われる。

(4) 方法論上の意義

最後に，本書の心理学研究方法論上の意義について考察する。昨今の心理学界では，質的研究法が耳目を集め，2002年には『質的心理学研究』という学術誌が創刊され，2004年9月には日本質的心理学会が発足した。隆盛のただ中にある質的研究法ではあるが，文化人類学・看護学・社会学に比べると心理学研究の蓄積はまだ少ないと言わざるを得ない。本書は，その数少ない質的手法に基づく心理学研究として位置づけられる。

特に，第7章において生成した〈つなぎ援助〉モデルを援用して第8章でプロセスモデルを生成している点は，質的研究から得られたひとつのモデルを，さらなる質的データ収集・分析によって継承・発展させた研究例として先駆的な位置づけを有すると思われる。ひとつの研究から得られた知見を継承・発展させた質的な心理学研究は，筆者の知る限りでは，やまだ(2001)の知見が西條(2002)・やまだ(2002)に受け継がれた例のみであり，日本においてはほとんど見あたらない。本書は，あるひとつの質的研究の知見を継承・発展させた稀少な研究例として，心理学研究方法論上の新たな試みと言える。

## 2. 今後の展望

本書の知見には前項で確認したような意義が認められるが，同時に，多くの課題も残されている。本項では，主に方法論の観点から，今後の課題について述べ，結びとする。

### (1) 質問紙の信頼性

まず，第3章の量的研究の課題から述べる。第3章において入院児の不安について検討したが，本書で探索的に得られた知見によって，混沌とした「入院児の不安」理解を一歩進めることができたと思われる。しかし，下位尺度の信頼性が必ずしも十分確保されているとは言えず，尺度の精錬が大きな課題として残っている。質問紙作成の前に，入院という経験が子ども自身によってどのように意味づけられているのかを，子どもの作文や日記などの個人的記録を活用した研究や子どもたちの「病の語り」(Kleinman, 1988)の聞き取り調査によって子どもの内的世界から探る研究を行い，入院中の子どもの心理理解を深めた上での項目再検討が必要だろう。

また，子どものプライバシーへの配慮から，本書においては疾患名を調査項目に入れていない。そのため，疾患種別の不安の比較検討はなされないままとなっている。疾患によってはその疾患独自の経過をたどり，おそらくはそのパターンによって子どもの不安も変化することが想定される。疾患種という要因を導入しての検討も今後の課題である。

### (2) 参与観察という手法

次に，第5章から8章にかけてのフィールドワークに関する方法論上の限界と今後の課題について述べる。参与観察という手法に伴う限界として，状況の中ですべての現象を観察するのは不可能であり(Flick, 1995)，得られたデータはあくまでも「一定の視点に立って見る」研究者によって生の現実から切り取られ，テクスト化された「再構成された現実(reality remade)」(箕浦, 1998a) にすぎないことがある。観察対象に対する観察者のスタンスや先入観，対象との関係性が，データの質や解釈に少なからぬ影響をおよぼすのである。得られた知見が，どのようにして「生のデータ」と向き合った末にくみ取られ

た結果なのか，研究者効果，フィールドでの自分の役割・位置づけについて自覚し，記述すること，すなわち reflexivity（研究者の省察）（谷口，2000）が，データや解釈の質に関する判断材料として読み手に呈示されることが必要となる所以である。本書における筆者の選択的注視の問題やフィールドでの筆者の位置づけについては第5章で述べたが，本書によって呈示された知見は，このような特定のスタンスと位置づけをもつ筆者の視点を通したデータであり，解釈であるという厳しい限定は必要である。柴山（2007）が指摘する通り，別のスタンス・理論的視点をもつ立場からの異なる解釈の存在もありうることは今一度確認したい。

　研究者が長期にわたり特定の現実とかかわることによって得られたエピソード事例は，その場で生起した現実を生き生きと伝えることには大きな利点をもつが，観察によって取り出された事実がこうした筆者自身とフィールドとの関係性に依存せざるを得ないことは，参与観察から得られた知見を判断する時に考慮すべき点であろう。

### (3) 知見の適用範囲

　同じく，フィールドワークという手法に伴う限界として，事例の位置づけの問題がある。本書第5章以下のフィールドワーク研究において得られた知見は，あくまでもZ院内学級というひとつの事例から得られたものであり，事例の固有性によるデータのかたよりの可能性は否めない。第8章において，児童精神科入院中の不登校児を対象とする院内学級に，本書の知見を適用することには限界があることは述べたが，本書から得られた知見が，すべての院内学級，もしくは病弱教育機関に等しくあてはまるという一般性の保障は必ずしもない。本書で得られた知見の適用可能性は，Z院内学級の特徴を考え合わせた読み手の判断に委ねられることになる。その意味で知見の適用範囲には厳しい制限がある。

　このような知見の一般化可能性に関する批判は，事例研究についてしてしばしば議論されるが（下山，2001），同時に，事例研究は新しい事例への適用が潜在的に可能な説明を作り出せることも指摘されている（Willig, 2001）。ここで重要なのは，典型例，すなわち「リサーチ・クエスチョンを明らかにするうえ

で，事態の本質を最もあらわしている事例」（山本，2001）について検討することであるとされている。

　第1章・第5章において述べたように，病院の一角の1，2部屋を学校として使用させてもらい，小学生と中学生もひとつの教室の中で机を並べるという形式をとらざるを得ない小規模な院内学級が多い中で，Z院内学級は，特別教室等の設備等のハード面，そして教員数等のソフト面双方において，極めて恵まれた環境にある。その意味で，Z院内学級を院内学級一般の代表という意味での「典型例」と考え，Z院内学級から得られた知見がすべての院内学級に一般化できるとは考えられない。しかし，日本の身体疾患による入院児の教育において，「理想型」としてのモデル的存在であることは，第5章において指摘した通りである。すなわち，病院内教育がうまくいっている事例として，ひとつの「あるべき姿」と考えることができるのである。このあるべき姿と考えられる現場から見出された知見は，他の病弱教育機関における「現在の実践にあてはまる」という意味での適用可能性の保障はない。しかし，仮説的なモデル生成によって，院内学級におけるよりよい実践のあり方の方向性を模索する本書においては，Z院内学級における実践から得られた知見は，「ひとつの方向性」として他の病弱教育機関にとっても実践を理解し，新たな実践を組み立てる際にも応用できる可能性を秘めていると考えられる。

　今後の課題として，他の院内学級や病弱特別支援学校，訪問教育など入院児を対象とする他形態の教育における研究結果との比較・検討を通して，本書の知見の妥当性検証および知見の適用範囲の明確化を行うことが求められる。事例研究を累積的に積み重ねることが課題である。

（4）アセスメント・シートを活用した実践へ

　第8章では，入院期間の時間の流れの中で，〈つなぎ〉援助のあり方がどのような変遷をたどるのかを〈つなぎ〉援助のプロセスモデルとして提示し，第9章では，院内学級の心理教育的援助計画アセスメントの道具としてアセスメント・シートを提案したが，プロセスモデルの妥当性確認や，アセスメント・シートの有効性確認，シートの精錬はなされていない。現場教員によるシート記入はしてもらったものの，実際の援助プロセスの中でどのように活用でき，

またどのような修正が必要かは検討していくべき課題であろう。今後は，Z院内学級もしくは他の院内学級において，教師と協働して縦断的な実践研究を積み重ねることも大きな課題として残されている。

院内学級における教育のあり方を検討する研究は多くはない。上記の残された課題を踏まえ，本書の知見をひとつの礎として，研究が積み重ねられていくことが期待される。

## あとがき

「入院中の子どもたちに対して，教師という立場からどのような援助ができるのだろうか？」——本書はこの問いから出発しています。背景には，医療者ではない，教師だからこその大切な援助があるはずという筆者の信念があります。近年，入院中の子どもたちの心理や教育について取り上げられることが増えてきました。とは言え，まだまだ社会的認知度も高いとは決して言えない分野であることには変わりはありません。こうした社会情勢の中，本書は，入院児への心理教育的援助が，より円滑に提供されるために必要な知見を提示することをめざしました。

入院児への心理教育的援助は，現実には，入院期間中のみという厳しい時間制限の中，とにかく目の前の子どものために何かひとつでもプラスになるようにと願いながら，慌しく展開しています。その慌しい時間の流れの中で，教育実践が援助としてどのような機能をもつのかが見直されることは，これまでありませんでした。本書は，第三者だからこそ気づく視点を提示することをめざしました。ちょうど川で溺れている人が，その川が実は背が立つくらい浅いものであることに気づかずにあわてており，冷静な第三者から「ここは浅いのですから立ってみれば大丈夫なのでは？」との指摘を受けて，立ってみらまったく大丈夫なことに気づくように，「院内学級の心理教育的援助については，こういう見方も可能ではないでしょうか。この〈つなぎ援助〉の見方から考えると，次の実践を組み立てやすくなるのではないでしょうか」との実践への提言を試みました。

〈つなぎ〉という言葉自体は，近年あちこちで耳にする言葉であり，援助がうまくつながることは，多くの援助実践現場共通の願いです。けれども，医療ソーシャルワークの立場からは，実践現場ではなかなか協働がうまくいかず，結果として対人援助の質が低下していることが指摘されています（福山，2002）。こうした状況は院内学級の立場から見ても同じです。〈つなぎ援助〉の視点を得ることで，教師による援助が体系化され，「それぞれの援助資源の専門領域

からの貢献部分の和と相互作用から産出されるプラス $a$ を含めた総和」(福山,1999) としての援助ネットワークが構築され，それがさまざまな不安をかかえながら日々を送る子どもたちへのよりよい援助につながることが期待されます。

　本書は，2005年11月に東京大学大学院教育学研究科に提出した博士論文「入院児への教育的援助」をもとに，若干の修正を行ったものです。また，刊行にあたっては，平成19年度東京大学出版会刊行助成を受けました。

　本書をまとめるにあたっては，本当に多くの方々からお力添えをいただきました。指導教官の東京大学大学院教授下山晴彦先生は，なかなか構想のまとまらない筆者を辛抱強くご指導下さいました。質的研究法がまだ心理学界でさほど受け入れられていない時期から，筆者のスタンスを一貫して応援くださったことは，筆者にとって何よりも心強いことであり，心からの御礼を申し上げます。衛藤隆先生，恒吉僚子先生，田中千穂子先生，能智正博先生の東京大学大学院教育学研究科の先生方にも貴重なお時間を割き，丁寧なご指導をいただきました。あらためて御礼申し上げます。そして，箕浦康子先生（お茶の水女子大学名誉教授・元東京大学大学院教授）には，フィールドワークのイロハを，時に厳しく，時に暖かくご教授いただきました。この研究方法との出会いがなければ，本書を書き上げることはなかったと思っています。心より御礼申し上げたいと思います。

　院内学級教員の斎藤淑子先生・土屋忠之先生からは，暖かい励ましと有益なご助言をいただきました。本当にありがたく，感謝の気持ちでいっぱいです。そして，筆者を快く受け入れ，暖かいお心遣いをくださったZ院内学級の先生方に深く感謝の意を表したいと思います。先生方の実践を拝見し，お話を伺うことは，筆者の人生の財産として心に深く刻まれています。厚く御礼申し上げます。筆者にいつも可愛い笑顔を見せてくれたZ院内学級の子どもたちも，ありがとう。みなさんのご回復を心よりお祈りしています。

　また，本書の編集のお仕事をお引き受けくださった東京大学出版会の後藤健介さん，依田浩司さんに感謝申し上げます。なかなか筆の進まぬ筆者を暖かい言葉で励まし，いつもさわやかな笑顔で見守ってくださいました。

　筆者が本分野の研究を志し，9年のブランクの後再び大学の門をくぐってから，15年の月日が流れました。保育園児だった長女・友梨は成人し，今では

筆者の研究の第一の理解者になりました。長きにわたり筆者と伴走してくれたことに感謝しています。

　最後に，本書が子どもの へ対応マニュアルをめざすものではないことを明言したいと思います。あくまでもひとつの援助のあり方の提案です。このささやかな研究が，病と闘う子どもたちの教育のために，少しでも役にたつことがあれば，何よりの幸いです。

2009 年 1 月<br>
谷 口 明 子

# 引用文献

阿部順子・村上寿美子・萩原聖子・山田真由美・善平朋子・別所由美子・蓑輪智子 1991 学齢期にある血液・腫瘍疾患患児が復学時にいだく不安および問題.第22回日本看護学会集録(小児看護),80-83

足立カヨ子 2003 「橋渡しの学校」としての役割——前籍校との多様な連携を試みて.SNEジャーナル,9(1),42-54

秋田喜代美 1997 「発達心理学研究」の独自性に期待する.発達心理学研究,8(3),235-236

Allport, G. W. 1942 *The Use of Personal Documents in Psychological Science*. Social Science Research 大場安則(訳) 1970 心理科学における個人的記録の利用法.培風館

新井英靖 2004 専門職の役割と養成 e.教師.谷川弘治・駒松仁子・松浦和代・夏路瑞穂(編)病気の子どもの心理社会的支援入門.ナカニシヤ出版,pp. 205-210

朝倉景樹 1995 登校拒否のエスノグラフィー.彩流社

麻生 武 1992 身ぶりからことばへ——赤ちゃんにみる私たちの起源.新曜社

Axline, V. M. 1947 *Play Therapy*. Houghton Mifflin 小林治夫(訳) 1972 遊戯療法.岩崎学術出版社

Banister, P., Burman, E., Parker, I., & Taylor, M. 1994 *Qualitative Methods in Psychology: A Research Guide*. Open University Press

Bluebond-Langner, M. 1989 *The Private Worlds of Dying Children*. Princeton University Press 死と子供たち研究会(訳) 1992 死にゆく子どもの世界.日本看護協会出版会

Bolton, A. 1997 *Losing the Thread: Pupil's and Parent's Voices about Education for Sick Children*. NAESC/PRESENT

Bolton, A., Closs, A., & Norris, C. 2000 Researching the education of children with medical conditions: Reflections on two projects. Closs, A.(Ed.)*The Education of Children with Medical Conditions*. David Fulton

Brenner, A. 1984 *Helping Children Cope with Stress*. Jossey-Bass

Bronfenbrenner, U. 1979 *The Ecology of Human Development: Experiments by Nature and Design*. Harvard University Press 磯貝芳郎・福富 護(訳) 1996 人間発達の生態学——発達心理学への挑戦.川島書店

Bull, B. & Drotar, D. 1991 Coping with cancer in remission: Stressors and strategies reported by children and adolescents. *Journal of Pediatric Psychology*, 16(6),767-782

Burnett, A. 2000 More like a friend: Case studies of working in wards and at home with children with a poor prognosis. Closs, A.(Ed.)*The Education of Children with Medical Conditions*. David Fulton

Corsaro, W. A.  1985  *Friendship and Peer Culture in the Early Years.* Ablex

DfES  2001  *Access to Education for Children with Medical Needs.* Department for Education and Skills

Egan, G.  1986  *The Skilled Helper: A Systematic Approach to Effective Helping*（3rd ed.）. Wadsworth  鳴澤　実・飯田　栄（訳）1998  熟練カウンセラーをめざすカウンセリング・テキスト．創元社

Eiser, C.  2000  The Psychological impact of chronic illness on children's development. Closs, A.（Ed.）*The Education of Children with Medical Conditions.* David Fulton

遠藤利彦　2007　イントロダクション――「質的研究という思考法」に親しもう．遠藤利彦・坂上裕子（編）事例から学ぶはじめての質的研究法　生涯発達編．東京図書

Erickson, F. & Shultz, J.  1981  When is a context? Green, J. L. & Wallat, C.（Eds.）*Ethnography and Language in Educational Settings.* Ablex

Farrell, P. & Harris, K.  2003  *Access to Education for Children with Medical Needs: A Map of Best Practice.* DfES

Flick, U.  1995  Qualitative Forschung. Rowolht Taschenbuch　小田博志・山本則子・春日　常・宮地尚子（訳）2002　質的研究入門――〈人間科学〉のための方法論．春秋社

藤崎春代　1986　教室におけるコミュニケーション．教育心理学研究，34(4)，359-368

藤田英典・油布佐和子・酒井　朗・秋葉昌樹　1995　教師の仕事と教師文化に関するエスノグラフィー的研究――その研究枠組みと若干の実証的考察．東京大学教育学研究科紀要，35，29-66

藤田査織・松嵜くみ子・根本芳子・飯倉洋治　1985　気管支喘息児と若年型糖尿病児の臨床心理学的比較．小児保健研究，44(1)，59-65

福田恵子・丹羽直久　1985　小児医療における病院内学級の意義――実践による考察．小児の精神と神経，25(3)，211-215

福士貴子・松井一郎・谷村雅子・小林　登　1990　小児がん長期生存患者と治療期間中の教育措置問題．小児がん，28(1)，97-99

福山和女　1999　福祉・医療・保健のネットワークの機能．ソーシャルワーク研究，25(1)，9-16

福山和女　2002　保健・医療・福祉の領域における専門職の協働体制の意義．精神療法，28(3)，263-269

舟島なおみ　1993　小児看護管理の実際――入院環境を考える．小児保健研究，23(3/4)，738-744

船川幡夫　1994　入院中の慢性疾患児とその教育．小児保健研究，53(2)，143-148

船川幡夫・前川喜平・永峰　博・松井一郎・飯田澄美子・瀬谷美子　1994　全国医科大学における慢性疾患長期入院小児と教育の現状――小児病棟入院慢性疾患実態調査．小児保健研究，53(1)，125-133

船越正康・滝　省治・松川一雄　1984　喘息教室参加児童のパーソナリティ分析．第31回日本小児保健学会講演集，160-161

古屋義博　2008　病弱学級の教育課程に関する事例研究．教育実践学研究，13，146-158

Gartner, A. & Riessman, F.　1977　*Self-help in the Human Services*. Jossey Bass　久保紘章（監訳）　1985　セルフ・ヘルプ・グループの理論と実際．川島書店

学校心理士資格認定委員会（編）　2002　学校心理学ハンドブック．日本教育心理学会

がんの子供を守る会（ガイドライン作成委員会）　2001　がんの子どもの教育支援に関するガイドライン．がんの子供を守る会．

Glaser, B. G. & Strauss, A. L.　1967　*The Discovery of Grounded Theory: Strategies for Qualitative Research.* Aldine　後藤　隆・大田春江・水野節夫（訳）　1996　データ対話型理論の発見．新曜社

濱名陽子　1983　学校・学級に関する民族誌的研究——その系譜と意義．教育学研究，50(2)，50-58

原田杏子　2003　人はどのようにして他者の悩みをきくのか——グラウンデッド・セオリー・アプローチによる発言カテゴリーの生成．教育心理学研究，51(1)，54-64

原田正文・府川満晴・林　秀子　1997　スクールカウンセリング再考——コーディネーター型教育相談の実践．朱鷺書房

Harris, K. & Farrell, P.　2004　Educating children and young people with medical needs: Effective provision and practice. *Support for Learning*, 19(1)，13-18

服部咲子・宮沢淳子・徳本弘子・草薙登巳子・安彦三保　1991　思春期白血病患児の不安と訴え．第22回日本看護学会集録（小児看護），76-79

ヘイズ, R. L.・高岡文子・ブラックマン, L.　2001　協働（コラボレーション）の意義——学校改革のための学校—大学間パートナーシップ．現代のエスプリ，407，99-112

Henwood, K. L. & Pidgeon, N. F.　1992　Qualitative research and psychological theorizing. *British Journal of Psychology*, 83，97-111

平賀健太郎・小林正夫　2002　慢性腎疾患患児のストレッサーへの評価——ネフローゼ症候群と慢性腎炎の比較．小児保健研究，61(6)，799-805

平原春好　1969　日本における障害児教育の行政．教育学研究，36(1)，9-18

Holaday, B.　1994　子どもと親に与える入院の影響に関する看護研究．看護研究，27(2)，102-111

Holloway, I. & Wheeler, S.（Eds.）　1996　*Qualitative Research for Nurses.*　Blackwell Science　野口美和子（監訳）　2000　ナースのための質的研究入門——研究方法から論文作成まで．医学書院

堀井啓幸　1997　小規模校のメリット・デメリットをどう捉えなおしていくか．教職研修，25(7)，30-34

堀家由妃代　2003　小学校における統合教育実践のエスノグラフィー．東京大学大学院教育学研究科紀要，42，337-348

堀越由起子・笹岡真弓　2002　医療機関におけるソーシャルワークの貢献．精神療法，28(3)，293-300

保坂　亨・髙田　治　1987　小児糖尿病の心理．小児看護，10(5)，603-607
星　順隆　1995　治療中の保育と教育．前川喜平・牛島定信・星　順隆（監修）小児がん患者への精神的ケア――実践報告を中心として．日本小児医事出版社，pp. 115-125
細谷亮太　1990　白血病患児の心理的側面．小児内科，22(7)，1099-1102
兵庫県障害児教育委員会（編）　1999　よくわかる障害児教育Q＆A．大揚社
市川伸一　2001　心理学の研究とは何か．南風原朝和・市川伸一・下山晴彦（編）心理学研究法入門――調査・実験から実践まで．東京大学出版会，pp. 1-17
市川伸一　2003　教育心理学は何をするのか――その理念と目的．日本教育心理学会（編）　教育心理学ハンドブック．有斐閣，pp. 1-7
井戸川昌則　1970　病弱児の教育診断と学習に関する考察．特殊教育学研究，7(3)，28-38
家近早苗・石隈利紀　2003　中学校における援助サービスのコーディネーション委員会に関する研究．教育心理学研究，51(2)，230-238
猪狩恵美子　2008　通常学級に在籍する病気の子どもへの支援――福岡県内4市の公立小・中学校への実態調査より．福岡教育大学障害児治療教育センター年報，21，1-8
池田　寛　2001　学校再生の可能性――学校と地域の協働による教育コミュニティづくり．大阪大学出版会
今田　寛　1975　感情心理学3――恐怖と不安．誠信書房
今尾真弓　2002　慢性疾患患者におけるモーニング・ワークのプロセス――段階モデル・慢性的悲哀（chronic sorrow）への適合性についての検討．発達心理学研究，15(2)，150-161
印東太郎　1973　心理学におけるモデルの構成――意義・展望・概説．印東太郎（編）心理学研究法17　モデル構成．東京大学出版会，pp. 1-28
院内学級担当者の会（編著）　2004　病弱教育Q＆A Part Ⅳ 院内学級編．ジアース教育新社
石隈利紀　1999　学校心理学――教師・スクールカウンセラー・保護者チームによる心理教育的援助サービス．誠信書房
石隈利紀　2003　援助サービスのコーディネーション――そのあり方とコーディネーターの行動．教育と医学，51(12)，4-13
石隈利紀　2004　特別支援教育のシステムとコーディネーターの役割――学校心理学の立場から．特別支援教育，12，4-9
石隈利紀・田村節子　2003　石隈・田村式援助シートによるチーム援助入門――学校心理学・実践編．図書文化社
伊藤哲司　1993　データ収集の前に――「高木論文」を読んであらためて考えたこと．発達心理学研究，4(1)，69-70
伊藤哲司　1995　生涯発達のためのエスノグラフィー．無藤　隆・やまだようこ（責任編集）講座生涯発達心理学1　生涯発達心理学とは何か――理論と方法．金子書房，pp. 225-233
伊藤良子・中橋冨美恵　1999　院内学級に通う児童のストレスの実態と心理的ケアにつ

いて——全国実態調査の結果から．発達障害研究，21(3)，229-234
岩井健次　1996　筋ジストロフィー入院児の病気に対する自覚と心理的援助．特殊教育学研究，33(5)，1-6
岩間伸之　2000　ソーシャルワークにおける媒介実践論研究．中央法規出版
岩崎徹也　1975　分離不安．加藤正明他（編）　精神医学辞典．弘文堂
陣内咲子　2002　病弱養護学校と隣接病院との連携による子ども支援．特別支援教育，6，56-59
鹿毛雅治　2002　フィールドに関わる「研究者／私」——実践心理学の可能性．下山晴彦・子安増生（編著）　心理学の新しいかたち．誠信書房，pp. 132-172
梶田叡一　1988　自己意識の心理学　第2版．東京大学出版会
香川邦夫　2000a　「養護・訓練」から「自立活動」へ．香川邦夫・藤田和弘（編）　自立活動の指導——新しい障害児教育への取り組み．教育出版，pp. 1-12
香川邦夫　2000b　自立活動の内容．香川邦夫・藤田和弘（編）　自立活動の指導——新しい障害児教育への取り組み．教育出版，pp. 36-47
苅田知則　2004　なぜ子どもは「隠れる」のか？——幼稚園における自由遊びの参与観察．発達心理学研究，15(2)，140-149
加藤安雄　1995a　病弱教育の歴史的変遷．教育と医学，43(7)，13-21
加藤安雄　1995b　病気療養児の教育の充実．特殊教育，81，4-11
加藤安雄　1997　病弱・身体虚弱児の教育．小児保健研究，56(2)，155-158
川野雅資（編）　2003　実践に生かす看護コミュニケーション．学習研究社
菊池和則　1999　多職種チームの3つのモデル——チーム研究のための基本的概念整理．社会福祉学，39(2)，273-290
木下康仁　1999　グラウンデッド・セオリー・アプローチ．弘文堂
Kleinman, A　1988　*Suffering, Healing and the Human Condition*. Basic Books　江口重幸・五木田紳・上野豪志（訳）　1996　病の語り——慢性の病をめぐる臨床人類学．誠信書房
小林登　1986　子どもの生態システム　小林登・小嶋謙四郎・原ひろ子・宮澤康人（編）新しい子ども学2　育てる．海鳴社，pp. 47-70
小林信秋　1995　病気で頑張っている子どもたちにもっと教育を．教育と医学，43(7)，35-40
古賀正義　2001　「教えること」のエスノグラフィー——「教育困難校」の構築過程．金子書房
小嶋謙四郎　1971　小児看護心理学．医学書院
国分康孝　1993　カウンセリング・リサーチ入門——調査・研究の方法．誠信書房
小松源助　1994　ソーシャルサポートネットワークの動向と課題．L. マグワァイア（編）対人援助のためのソーシャルサポートシステム——基礎理論と実践課題．川島書店，pp. 241-253
近藤久史　1982　病弱児の個性的思考の探求．国立特殊教育総合研究所研究紀要，9，39-46

近藤久史　1984　病弱児学級における授業過程の分析的研究．国立特殊教育総合研究所研究紀要，11，33-43

近藤久史　1987　病弱児学級における授業分析法の研究．国立特殊教育総合研究所研究紀要，14，15-21

近藤久史　1988　病気の子どもと授業．山本昌邦（編著）病気の子どもの理解と援助——全人的な発達をめざして．慶應通信，pp. 251-283

近藤邦夫・志水宏吉（編著）　2002　学校臨床学への招待——教育現場への臨床的アプローチ．嵯峨野書院

越川　年　1999　21世紀の病弱・身体虚弱教育の課題——すべての病気療養児に教育の機会を．特殊教育，94，32-33

厚生省児童家庭局　2001　保育所保育指針（平成11年10月）．チャイルド本社

興梠英樹　2003　病弱養護学校のセンター的機能が今，なぜ求められているのか．特別支援教育，9，31-34

鯨岡　峻　1986　心理の現象学．世界書院

鯨岡　峻　2005　エピソード記述入門——実践と質的研究のために．東京大学出版会

熊倉妙子　1999　地元校の支え．病気の子どもの医療・教育，12-13合併号，102-106

栗原輝男　1972　病弱・虚弱児の行動理解への現象学的アプローチ．特殊教育学研究，10(2)，9-16

Lavigne, J. V. & Faier-Routman, J.　1992　Psychological adjustment to pediatric physical disorders: A meta-analytic review. *Journal of Pediatric Psychology,* 17(2)，133-157

Lazarus, R. S. & Folkman, S.　1984　*Stress, Appraisal, and Coping.* Springer　本明　寛・春木　豊・織田正美（監訳）　1991　ストレスの心理学．実務教育出版

正高信男　1995　ヒトはなぜ子育てに悩むのか．講談社

松井一郎　1991　病児教育への取り組みと課題．国立国際医療センター・子どもと共に歩む会講演抄録

松井一郎　1995　病気療養児の教育の意義．特殊教育，81，8-11

三毛美予子　2002　ソーシャルワークの調査方法としてのグラウンデッド・セオリー・アプローチ．ソーシャルワーク研究，27(4)，276-285

南　博文　1994　保育の場における事例研究——子どもたちが生きている世界の「厚い記述」にむけて．発達，58，15

南　博文　2004　現場・フィールド．無藤　隆・やまだようこ・南　博文・麻生　武・サトウタツヤ（編）ワードマップ　質的心理学．新曜社，pp. 14-20

箕浦康子　1998a　仮説生成の方法としてのフィールドワーク．志水宏吉（編著）教育のエスノグラフィー．嵯峨野書院，pp. 31-47

箕浦康子　1998b　未開地を開くフィールドワーク——現実をよく観察することから面白い研究は始まる．日本発達心理学会 Newsletter

箕浦康子　1998c　フィールドワークと解釈学的アプローチ．日本社会心理学会第39回大会発表論文集，17

箕浦康子　1999　フィールドワークの技法と実際．ミネルヴァ書房

宮田加久子　1991　無気力のメカニズム．誠信書房
宮崎　昭　1985　病気の子どもの環境と教育．山本昌邦（編著）病気の子どもの理解と援助．慶應通信，pp. 105-147
宮崎清孝　1998　心理学は実践知をいかにして超えるか．佐伯　胖・宮崎清孝・佐藤　学・石黒広昭（編）．心理学と教育実践の間で．東京大学出版会，pp. 57-101
溝上慎一　2004　大学生の自己形成教育における発表者の自立過程．質的心理学研究，3，76-93
文部科学省　2003　今後の特別支援教育の在り方について（最終報告）．文部科学省答申
文部科学省　2008　特別支援教育資料（平成19年度）
文部省　1985　病弱教育の手引——指導編．慶應通信
文部省　1993　病弱教育における養護・訓練の手引．慶應通信
文部省　1994　病気療養児の教育について（通知）．小児科臨床，49（増刊号），1257-1258
文部省　2000　盲学校，聾学校及び養護学校学習指導要領（平成11年3月）解説——総則等編．海文堂出版
文部省　2001　21世紀の特殊教育の在り方について（最終報告）．文部省答申
文部省病気療養児の教育に関する調査研究協力者会議　1994　病気療養児の教育について（審議のまとめ）．特殊教育，81，29-32
門馬かよ子　1974　病気受容過程の一考察．総合看護，1，20-31
茂呂雄二　1997　談話の認知科学への招待．茂呂雄二（編）対話と知——談話の認知科学入門．新曜社，pp. 1-17
森　紀夫　1999　病弱養護学校の交流の実践——交流による心の豊かさを求めて．特殊教育，95，34-37
村上由則　1984　血友病性出血の初期症状——感覚的及び情動的変化．特殊教育学研究，21(4)，1-6
村上由則　1986　身体成長と血友病性出血の悪循環．特殊教育学研究，23(4)，1-14
村上由則　1993　慢性疾患の治療・管理と障害としての病弱——病弱児のおかれた課題状況の分析．特殊教育学研究，31(2)，47-55
村上由則　1998　療育内容とその実践——病虚弱・慢性疾患．こころの科学，81，54-57
村上由則　2001　てんかん発作と学校生活．発達障害研究，23(1)，22-31
村上由則　2003　慢性疾患の病状変動と自己管理(7)——健常者では問題とならない状況・場面でのトラブルエピソード．日本特殊教育学会第41回大会発表論文集，699
無藤　隆　1986　保育を実践することと保育を研究すること．無藤　隆・内田伸子・斉藤こずゑ（編），子ども時代を豊かに——新しい保育心理学．学文社，pp. 1-17
無藤　隆　1988　保育場面における観察と記録．森上史朗・大場幸夫・無藤　隆・柴崎正行（編）別冊発達7　乳幼児実践研究の手引き　ミネルヴァ書房，pp. 23-44
無藤　隆　1996　身体知の獲得としての保育．保育学研究，34(2)，144-151

無藤　隆　1999　「実践研究」論文のあり方をめぐって．教育心理学年報，38，21
長畑正道　1986　慢性疾患児の臨床心理．小児内科，18，861-864
永峯　博・武居孝男・岡　茂　1974　喘息児の教育的取り扱いに関する一考察．国立特殊教育総合研究所研究紀要，1，73-84
中井　滋　2001　病弱教育担当教員の資質能力の向上をめざして．特別支援教育，2001 (3)，25-28
中島義明（編）　1999　心理学辞典．培風館
中田正敏　2003　就学にかかわる相談支援体制づくりとコーディネーター――支援のための協働チームづくり．発達の遅れと教育，552，7-9
中村章子・真城知己　2001　病弱教育における「連携」研究の動向と課題．千葉大学教育実践研究，8，101-111
中塚博勝・吉松　彰・森　和夫・倉山英昭・西牟田俊之・渡辺博子　1984　慢性疾患児の精神衛生に関する研究．第31回日本小児保健学会講演集，162-163
中内みさ　2000　思春期以前に発病した思春期慢性疾患者の病気体験の語りにおける共通性――人間的健康の実現に向けて．教育実践論集（兵庫教育大学），1，13-22
中内みさ　2001　病弱児の病気体験のとらえ方の発達的変化と心理的援助．特殊教育学研究，38(5)，53-60
楢木野裕美　1999　日本の遊びをめぐる環境．小児看護，22(4)，445-459
二瓶一嗣　1986　障害の受容過程に関する研究．昭和61年度千葉大学大学院教育学研究科修士論文（未公刊）
二文理明　1974　わが国における病弱虚弱教育制度の成立．大阪教育大学紀要（第Ⅳ部門），23，161-169
新田浩久　1992　腎疾患児の養護・訓練の指導．特殊教育　71，26-29
西本智恵　2002　慢性腎疾患の疾患受容過程に関する一考察．子どもの心とからだ，10(2)，113-115
西村真実子・今江淳子・金川克子・金森喜美・中島陽子・東谷和恵・森田美保・関口優子・川上俊恵・三上直美　1991　小児の入院によるストレス反応と関連要因について．第22回日本看護学会集録（小児看護），19-22
西村みほ・向山徳子・馬場　実　1984　思春期気管支喘息における心理面からの検討．第31回日本小児保健学会講演集，159
貫井十三枝　1982　長期入院児（慢性腎炎・ネフローゼ患児）の病気に対する態度とその規定因に関する考察．昭和57年度特殊教育長期研修研究報告書（未公刊）
能智正博　2000　質的（定性的）研究法．下山晴彦（編著）臨床心理学研究の技法．福村出版，pp.56-65
小畑文也　1990　病弱児の「病気」概念――そのカテゴリー化の発達的変化と健康児との比較．特殊教育学研究，28(2)，13-23
小畑文也・三澤義一　1983　病弱児の疾病対処行動について．筑波大学心身障害学研究，8(1)，23-33
小笠原昭彦　1988　WISC-RによるDuchennne型筋ジストロフィー患児の知能の分析．

特殊教育学研究,25(4), 13-19

小笠原昭彦・甲村和三 1992 各種小児疾患者の自己意識と療育に関する研究. 日本心理学会第55回大会発表論文集, 343

小笠原昭彦・甲村和三・宮崎光弘・牛田洋一・山内慎吾 1989 自己評定による筋ジストロフィーおよび気管支喘息患児の自己意識の分析. 特殊教育学研究, 27(3), 45-54

岡 茂 1988 病虚弱児のもつ心理的問題と対処行動に関する研究——対処行動の規定要因を中心として. 特殊教育学研究, 26(3), 23-30

岡本依子 2001 母子のやりとりを観る. 尾見康博・伊藤哲司(編著), 心理学におけるフィールド研究の現場. 北大路書房, pp.38-47

岡安孝弘・嶋田洋徳・坂野雄二 1993 中学生におけるソーシャル・サポートの学校ストレス軽減効果. 教育心理学研究, 41, 302-312

奥野 毅 2003 病弱養護学校の取組から——マルチメディアを活用した指導の充実. 特別支援教育, 6, 33-37

尾見康博・伊藤哲司 2001 心理学におけるフィールド研究の現場. 北大路書房

小野純平・藤田和弘 1992 Duchennne型筋ジストロフィー患児における知能構造のアンバランスに関する研究. 特殊教育学研究, 25(4), 13-19

小野瀬雅人 1998 子どもと子どもをとりまく環境のとらえ方——アセスメント. 高野清純・渡辺弥生(編) スクールカウンセラーと学校心理学. 教育出版, pp.37-90

Pidgeon, N. & Henwood, K. 1997 Using grounded theory in psychological research. Hayes, N(Ed.) *Doing Qualitative Analysis in Psychology*. Psychology Press

Ponterotto, J. G. & Gieger, I. 1999 Merging qualitative and quantitative perspectives in a research identity. Kopala, M. & Suzuki, L. A.(Eds.) *Using Qualitative Methods in Psychology*. Sage

西條剛央 2002 生死の境界と「自然・天気・季節」の語り. 質的心理学研究, 1, 55-69.

斎藤淑子 2000 ターミナル期を迎えた子どもの教育について——広樹(ひろき)君の事例を通して. 谷川弘治・稲田浩子・駒松仁子・壬生博幸・斎藤淑子(編) 小児がんの子どものトータル・ケアと学校教育. ナカニシヤ出版, pp.93-108

斎藤淑子 2008 こだま分教室における副籍の取り組み. 平成19年度都立北養護学校公開研究会配布資料(未公刊)

斎藤淑子・小暮泰子・梅田ゆう子・牧瀬三千子・大森葉子 1997 重症児病室のなかでの学習保障. 障害者問題研究, 25(1), 52-62

佐々木栄一 1998 心身症と院内学級の役割. 心身医療, 10(7), 1000-1003

佐藤比登美・藤本文朗 1986 てんかん児の医療と教育. 特殊教育学研究, 24(2), 43-49

佐藤郁哉 1992 フィールドワーク——書をもって街へ出よう. 新曜社

佐藤克敏 2004 特別支援教育コーディネーターとは. 発達の遅れと教育, 561, 24-25

佐藤達哉 1996 わが国心理学界における現場(フィールド)心理学のありかたを巡って. 発達心理学研究, 7(1), 75-77

澤田英三・南 博文 2001 質的調査——観察・面接・フィールドワーク. 南風原朝和・市川伸一・下山晴彦（編）心理学研究法入門——調査・実験から実践まで. 東京大学出版会, pp. 19-62

沢田美紀・小畑文也 1995 病弱児の学習性無気力について——Hopelessness（失望感）を指標として. 筑波大学心身障害学研究, 19, 41-51

瀬戸美奈子・石隈利紀 2002 高校におけるチーム援助に関するコーディネーション行動とその基盤となる能力および権限の研究——スクールカウンセラー配置校を対象として. 教育心理学研究, 50(2), 204-214

柴山真琴 1999 私のフィールドワーク・スタイル. 箕浦康子（編著）フィールドワークの技法と実際. ミネルヴァ書房, pp. 87-103

柴山真琴 2001 行為と発話形成のエスノグラフィー——留学生家族の子どもは保育園でどう育つのか. 東京大学出版会

柴山真琴 2006 子どもエスノグラフィー入門. 新曜社

柴山真琴 2007 発達研究におけるエスノグラフィ——社会的営みとしての発達を理解する方法. 遠藤利彦・坂上裕子（編）事例から学ぶはじめての質的研究法——生涯発達編. 東京図書, pp. 46-73

渋沢田鶴子 2002 対人援助における協働——ソーシャルワークの観点から. 精神療法, 28(3), 270-277

島田 泉 2000 学校における援助とサポート. 高木 修（監修）援助とサポートの社会心理学. 北大路書房, pp. 40-51

嶋田洋徳 1993 児童の心理的ストレスとそのコーピング過程——知覚されたソーシャルサポートとストレス反応の関連. ヒューマンサイエンスリサーチ, 2, 27-44

志水宏吉 1985 「新しい教育社会学」その後——解釈的アプローチの再評価. 教育社会学研究, 40, 193-207

志水宏吉 1996 イギリスの中等学校の研究. 須藤健一（編）フィールドワークを歩く. 嵯峨野書院, pp. 54-60

志水宏吉（編著）1999 のぞいてみよう！ 今の小学校——変貌する教室のエスノグラフィー. 有信堂

志水宏吉 2005 エスノグラフィー. 秋田喜代美・恒吉僚子・佐藤 学（編）教育研究のメソドロジー——学校参加型マインドへのいざない. 東京大学出版会, pp. 139-162

志水宏吉・徳田耕造 1991 よみがえれ公立中学——尼崎市立「南」中学のエスノグラフィー. 有信堂

下山晴彦 1997 臨床心理学研究の理論と実際——スチューデント・アパシー研究を例として. 東京大学出版会

下山晴彦 2001 事例研究. 下山晴彦・丹野義彦（編）講座臨床心理学2 臨床心理学研究. 東京大学出版会, pp. 61-81

白石 文 1995 病弱教育の実際——PR活動を中心に. 特殊教育, 81, 25-28

曽我祥子 1983 日本版STAIC標準化の研究. 心理学研究, 29, 215-221

曽我祥子　1993　不安のアセスメント．上里一郎（監修）　心理アセスメントハンドブック．西村書店．pp. 339-359
Spradley, J.　1980　*Participant Observation*. Harcourt, Brace, Jovanovich.
Strauss, A. L. & Corbin, J.　1990　*Basics of Qualitative Research: Grounded Theory Procedures and Techniques*. Sage　南　裕子（監訳）　1999　質的研究の基礎——グラウンデッド・セオリーの技法と手順．医学書院
鈴木千枝・新井由美　1994　ボディ・イメージの変容に対するケア．小児看護，17(9)，1161-1164
高旗正人　1997　少子化に伴い集団活動をどう工夫していくか．教職研修，25(7)，51-54
高木和子　1992　仮説生成型の研究を論文にしていくには——「検証」の新しい基準作りにむけて．発達心理学研究，3(1)，43-44
高木俊一郎　1983　慢性疾患児に対する精神心理的ケア．特殊教育学研究，21(1)，48-51
高野政子　2003　病院内学級に対する保護者の評価．小児保健研究，62(1)，43-49
武田鉄郎　1997　病弱児の知覚されたソーシャルサポートとストレス反応に関する研究——入院中の気管支喘息児（中学生）を対象に．国立特殊教育総合研究所研究紀要，24，9-17
武田鉄郎　2000　腎疾患児の自己効力感と対処行動，主観的健康統制感との関連——入院している中学部生徒を中心に．国立特殊教育総合研究所研究紀要，27，1-9
武田鉄郎　2002a　健康障害児の自立活動——病気の多様化への対応．2002年8月21日院内研資料
武田鉄郎　2002b　院内学級の実態と課題（自主シンポジウム42：これからの病弱教育Ⅰ）．特殊教育学研究，39(5)，145
武田鉄郎　2006　病弱教育における自立活動の行き詰まりとその打開策．特殊教育学研究，44(3)，165-178
武田鉄郎・笠原芳隆　2001　院内学級における学級経営上の課題と教員支援．発達障害研究，23(1)，126-135
武田鉄郎・篁　倫子・原　仁・山本昌邦　2002　病弱養護学校高等部における職業教育に関する実態調査．特殊教育学研究，41(3)，307-315
武田鉄郎・篁　倫子・矢吹和美・原　仁　1997　病弱教育担当教職員の専門性の向上を目指す研修に関する全国調査．国立特殊教育総合研究所研究紀要，24，111-116
竹林地毅　2004　特別支援教育コーディネーターをめぐる現状．発達の遅れと教育，566，4-6
田村節子・石隈利紀　2003　教師・保護者・スクールカウンセラーによるコア援助チームの形成と展開——援助者としての保護者に焦点をあてて．教育心理学研究，51(2)，328-338
田中一生・蓮尾直美　1981　学級社会における教師のユーモアに関する研究——教育社会学からのアプローチ．九州大学教育学部紀要（教育学部門），27，67-79

田中昌人・窪島　務・田中耕二郎・渡辺昭男　1979　病院における小児慢性疾患児に対する教育保障に就いての調査研究．京都大学教育学部紀要，XXV, 15-71

田中農夫男　1988　障害児教育入門．福村出版

田中敏雄　2003　全国訪問教育研究会第16回全国大会（高知）．KTK全国病弱研通信，47, 4-5

谷川弘治　1993　病弱児の教育――病識と自己形成．大久保哲夫・渡部昭男（編）　基礎と実践　障害児教育．全障研出版部, pp. 232-252

谷川弘治　1997　病弱教育の直面する課題．大久保哲夫・清水貞夫（編）　講座　発達保障児教育学．全障研出版部, pp. 160-172

谷川弘治・駒松仁子・鈴木智之・小野正子・松下竹次・米川　薫・国府浩子・文屋典子　1997　骨髄移植後の学校生活復帰に関する調査研究．障害者問題研究, 25(1), 31-43

谷口明子　1999　日本における病弱教育の現状と課題．東京大学大学院教育学研究科紀要，39, 293-300

谷口明子　2000　質的分析によるアプローチ．大村彰道（編）シリーズ心理学の技法――教育心理学研究の技法．福村出版, pp. 81-107

谷口明子　2004a　入院児童の"気になる"特徴――病院内学級教師の立場から．日本発達心理学会第15回大会発表論文集, 126

谷口明子　2004b　病院内学級のエスノグラフィー――教師の専門性へのボトムアップ式アプローチ．現代のエスプリ，441, 138-154

谷口明子　2008a　仮説生成型研究．下山晴彦・能智正博（編）　シリーズ臨床心理学研究法1　心理学の実践的研究法を学ぶ．新曜社, pp. 49-62

谷口明子　2008b　質的調査型研究の実際．下山晴彦・能智正博（編）　シリーズ臨床心理学研究法1　心理学の実践的研究法を学ぶ．新曜社, pp. 275-290

谷村雅子・松井一郎　1995　入院中の学校教育の意義．育療, 1, 21-29

田代　順　2003　小児がん病棟の子どもたち――医療人類学の視点から．青弓社

寺崎正治　1974　情緒語の経験的定義に関する研究．日本心理学会第38回大会発表論文集, 1196-1197.

Thomson, R. H. & Stanford, G.　1981　*Child Life in Hospitals: Theory and Practice.* Charles C. Thomas　野村みどり（監訳）・堀　正（訳）　2000　病院におけるチャイルドライフ――子どもの心を支える"遊び"プログラム．中央法規出版

東京都教育委員会　2007　特別支援教育推進のためのガイドライン　東京の特別支援教育――特別支援教育体制・副籍モデル事業等報告書．東京都教育委員会

柘植雅義　2003　特別支援教育コーディネーター．教育と医学, 51(12), 45-51

恒吉僚子　2008　文化の境界線から社会をひもとく――質的社会学からの問題提起．無藤　隆・麻生　武（編）質的心理学講座1　育ちと学びの生成．東京大学出版会, pp. 217-232

津島ひろ江　1997　慢性疾患児の入院中の教育実態とニーズ調査．障害者問題研究, 25(1), 44-51

上野　矗・三宅康之・渡部　勝・海藤史朗　1976　病弱児の現象学的理解1　病気像

（Disease Image）の発達的様相——病気像を構成する意味体験カテゴリーの年令的推移からの検討．特殊教育学研究，14(2)，28-36

上野　矗・高木俊一郎　1975　病弱・虚弱児教育の研究における方法論的検討．特殊教育学研究，12(3)，19-27

浦島充佳・上条　誠・出口　靖　1995　症例検討——小児がん患者にみられる精神的問題点．前川喜平・牛島定信・星　順隆（監修）小児がん患者への精神的ケア——実践報告を中心として．日本小児医事出版社，pp. 33-89

宇留田麗・高野　明　2003　心理相談と大学教育のコラボレーションによる学生相談のシステム作り．教育心理学研究，51(2)，205-217

Weisz, J. R., McCabe, M. A., & Dennig, M. D.　1994　Primary and secondary control among children undergoing medical procedures: Adjustment as a function of coping style. *Journal of Consulting and Clinical Psychology*, 62, 324-332

Willig, C.　2001　*Introducing Qualitative Research in Psychology*. Open University Press　上淵　寿・大家まゆみ・小松孝至（訳）　2002　心理学のための質的研究法入門——創造的な探求にむけて．培風館

矢吹和美　1983　入院喘息児の比較心理に関する一考察．国立特殊教育総合研究所研究紀要，10，67-73

矢吹和美　1990　生の追求にかかわる授業の可能性について——病弱学級で起きていることから．特殊教育学研究，28(1)，51-55

やまだようこ　1986　モデル構成をめざす現場（フィールド）心理学の方法論．愛知淑徳短期大学研究紀要，25，31-50

やまだようこ（編）　1997　現場（フィールド）心理学の発想．新曜社

やまだようこ　2001　いのちと人生の物語——生死の境界と天気の語り．やまだようこ・サトウタツヤ・南　博文（編）．カタログ現場（フィールド）心理学——表現の冒険．金子書房，pp. 4-11

やまだようこ　2002　なぜ生死の境界で明るい天空や天気が語られるのか？　質的心理学研究，1，70-87

山際勇一郎・田中　敏　1997　ユーザーのための心理データの多変量解析法．教育出版

山口洋史　2004　これからの障害児教育——障害児教育から「特別支援教育」へ．ミネルヴァ書房

山本博樹　1993　「問題」の発見を支援する現場研究の視点の導入．発達心理学研究，4(1)，70-71

山本和郎　1986　コミュニティ心理学——地域臨床の理論と実践．東京大学出版会

山本健二　1995　病弱養護学校の実際．教育と医学，43(7)，636-640

山本昌邦　1997　病弱教育の変遷と展望．発達障害研究，18(4)，280-284

山本昌邦　1998　病弱養護学校における養護・訓練の指導の動向——その推移と課題．特殊教育学研究，36(1)，47-51

山本昌邦　1999　21世紀に向けての病弱．身体虚弱教育の課題．特殊教育，94，31

山本昌邦　2002　就学基準の改正と病弱教育．特別支援教育，7，24-27

山本昌邦・武田鉄郎・中井　滋・横田雅史　1996　病弱教育担当教員の資質に関する基礎的研究——その2　病弱教育担当教員に求められる資質I．日本特殊教育学会第34回大会発表論文集，674-675
山本真澄　2003　病弱養護学校における「総合的な学習の時間」の展開．特別支援教育，11，47-52
山本登志哉　1995　生涯発達のための観察法　無藤　隆・やまだようこ（責任編集）講座生涯発達心理学1　生涯発達心理学とは何か——理論と方法．金子書房，pp. 204-214
山本　力　2001　研究法としての事例研究．山本　力・鶴田和美（編著）心理臨床家のための「事例研究」の進め方．北大路書房，pp. 14-29
山下　淳・Dewaraja, R. D.・吾郷晋浩　1994　長期療養児の心理的問題とその解決法．小児科臨床，47(4)，611-617
山内慎吾・甲村和三・小笠原昭彦・牛田洋一　1994　気管支喘息児の怒り・いらだち感情事態における適応行動．特殊教育学研究，32(1)，33-39
山崎清男・高野政子　2000　病弱児の教育保障に関する研究——大分県における実態調査を中心にして．九州教育学会研究紀要，27，93-100
八並光俊・細見博文　2000　公立小規模中学校におけるスチューデントサポートチームによる生徒援助システムの研究．中国四国教育学会教育学研究紀要，46　第1部，273-282
横田雅史　1995　病弱教育の現状と課題．教育と医学，43(7)，4-12
横田雅史　1996　病気療養児の教育．小児科臨床，49（増刊号），1249-1256
横田雅史　1998　特殊教育の現状と課題（座談会）．こころの科学，81，10-29
横田雅史　2000　病弱教育と緩和ケア．岡堂哲雄・上野　矗・志賀令明（編）現代のエスプリ別冊　病気と痛みの心理．至文堂，pp. 225-234
横田雅史　2001　病弱・身体虚弱児の教育．井谷喜則・今塩屋隼男（編）MINERVA教職講座13　障害児教育．ミネルヴァ書房，pp. 157-171
横湯園子　1985　登校拒否——新たなる旅立ち．新日本出版社
能見　実　1991　病弱・身体虚弱特殊学級の学級運営．特殊教育，68，44-48
結城　恵　1998　幼稚園で子どもはどう育つか——集団教育のエスノグラフィ．有信堂
全国病弱教育研究会　2004　各地の世話人から．KTK全国病弱研通信，47，8
全国病弱虚弱教育研究連盟・病弱教育史研究委員会（編）　1990　日本病弱教育史．日本病弱教育史研究会
全国病弱養護学校長会（編著）（横田雅史 監修）2001　病弱教育Q&A　PART I．ジアース教育新社
全国病弱養護学校長会（編著）（横田雅史 監修）2002　病弱教育Q&A　PART II．ジアース教育新社

巻末資料:「入院児の不安」質問紙

調査へのご協力のお願い

　私は，現在，入院中の子どもたちがどのような気持ちで病気とたたかっているかについて調べ，入院生活をしている病気の子どもたちにどんな手助けが必要かについて研究しています。
　あなたが，今どのように感じているかについて，以下の質問に答えてください。
　正しい答え，まちがった答えというのはありません。答えるときに友だちや家族の人と相談したりせず，あなたの気持ちを素直に答えてください。答えていただいた結果は，すべてコンピューターで計算処理をしますので，あなたがどう答えたかが他の人にわかってしまうということはありませんので，安心して，思ったとおり正直に答えてください。よろしくお願いします。

　　　　　　　　　　　　　　　　　　　　　　　　　東京大学教育学部教育心理学科4年
　　　　　　　　　　　　　　　　　　　　　　　　　　　　谷　口　明　子


◎まず，以下の項目に記入してください。
　　きょうの日にち（　　月　　日）　　　　入院した日（　　年　　月　　日）
　　小学・中学・高校（　　）年（　　）組（　　）番　　性別（男・女）
　　生年月日（　　）年（　　）月（　　）日
　　入院している科（　整形外科　・　その他　）　　入院回数（　　）回目
　　現在治療中の病気が発見されたのは（　　）才の時

◎あなたは，入院中に，学校の先生の授業を受けていますか。
　　1．受けていない
　　2．受けている（あてはまるものを○で囲んでください）
　（　訪問教育　・　院内学級　・　養護学校分教室　・　病弱養護学校　）

◎下の例のように，質問の横に数字の書いてある線がありますので，例と同じように，あなたの考えにあてはまる数字に○をつけてください。

（例）

|  | あてはまる | ややあてはまる | どちらともいえない | あまりあてはまらない | あてはまらない |
|---|---|---|---|---|---|

・まんがを読むのは悪いことだと思う。　　　　1・・・2・・・3・・・4・・・5

あなたが，「うん，そのとおりだ」と思うときは　…………… 1に  
　　　　「まあ，どちらかといえばそうかな」と思うときは … 2に  
　　　　「どちらともいえない」「わからない」と思うときは… 3に　　○をつけます。  
　　　　「あまりそうは思わないな」と思うときは ………… 4に  
　　　　「ぜんぜん，そう思わない!!」と思うときは ………… 5に

◎それでは質問に答えてください

|  | あてはまる | ややあてはまる | どちらともいえない | あまりあてはまらない | あてはまらない |
|---|---|---|---|---|---|

1. 検査の前の日はゆううつになる。　　　　　　1・・・2・・・3・・・4・・・5
2. 入院中に，すこしぐらい勉強がおくれても，あとからがんばれば，追いつけると思う。　　1・・・2・・・3・・・4・・・5
3. 入院してから1日が長く感じられる。　　　　1・・・2・・・3・・・4・・・5
4. 特に理由はないが，なんとなくイライラする。　　1・・・2・・・3・・・4・・・5
5. 毎週，楽しみにしているテレビ番組がある。　1・・・2・・・3・・・4・・・5
6. 自分の病気のことについて，人から話を聞いたり，本を調べたりして，もっと知りたい。　　1・・・2・・・3・・・4・・・5
7. もっと家族といっしょにいたいと思う。　　　1・・・2・・・3・・・4・・・5
8. 病院で，楽しく話せる友だちがいる。　　　　1・・・2・・・3・・・4・・・5
9. 前にかよっていた学校の勉強が，どのくらいまですすんでいるのか，気になる。　　　　　1・・・2・・・3・・・4・・・5

|   | あてはまる | ややあてはまる | どちらともいえない | あまりあてはまらない | あてはまらない |
|---|---|---|---|---|---|
| 10. 何をするのも，めんどうくさい気がする。 | 1 | 2 | 3 | 4 | 5 |
| 11. 病院のスタッフ（お医者さん・看護婦さんなど）は自分のことをわかってくれていると思う。 | 1 | 2 | 3 | 4 | 5 |
| 12. 退院したあと学校へもどって，友だちとうまくやっていけるかどうか，気になる。 | | | | | |
| 13. 「どうして自分だけがこんな病気になってしまったのか」と思うと，くやしくなってしまう。 | 1 | 2 | 3 | 4 | 5 |
| 14. 前にかよっていた学校の友だちのあいだで，今なにがはやっているのか，知りたいと思う。 | 1 | 2 | 3 | 4 | 5 |
| 15. どうしてもやりたくない検査や治療がある。 | 1 | 2 | 3 | 4 | 5 |
| 16. 自分の病気のことは，前かよっていた学校の友だちには知られたくない。 | 1 | 2 | 3 | 4 | 5 |
| 17. 病棟の規則はきびしすぎると思う。 | 1 | 2 | 3 | 4 | 5 |
| 18. つらい検査や治療でも，自分の病気をなおすためなのだから，がんばれると思う。 | 1 | 2 | 3 | 4 | 5 |
| 19. 病気のために，自分のやりたいことが全部できなくなってしまった。 | 1 | 2 | 3 | 4 | 5 |
| 20. 続きもののまんがよりも，よみきりのまんがのほうが読みやすくて好きだ。 | 1 | 2 | 3 | 4 | 5 |
| 21. 自分が病気だとわかっても，ほかの友だちが前と同じようにつきあってくれるかどうか，心配に思う。 | 1 | 2 | 3 | 4 | 5 |
| 22. 家族の人が他のきょうだいばかりかわいがって，自分をのけものにしているように感じる。 | 1 | 2 | 3 | 4 | 5 |
| 23. 入院しているあいだは，勉強なんかしなくてもよいと思う。 | 1 | 2 | 3 | 4 | 5 |

|   | あてはまる | ややあてはまる | どちらともいえない | あまりあてはまらない | あてはまらない |
|---|---|---|---|---|---|
| 24. 病院のスタッフ（お医者さん・看護婦さんなど）のやり方がわるいと感じる。 | 1 | 2 | 3 | 4 | 5 |
| 25. 将来、みんなと同じように働けるだろうかと不安に思う。 | 1 | 2 | 3 | 4 | 5 |
| 26. 新しいファミコンソフトが発売されると、どんなゲームかやってみたいと思う。 | 1 | 2 | 3 | 4 | 5 |
| 27. 前かよっていた学校の友だちに、自分から電話をしたり、手紙を書いたりしようと思う。 | 1 | 2 | 3 | 4 | 5 |
| 28. 「どうして自分だけがこんな思いをしなくてはいけないのか」と思うとかなしくなってしまう。 | 1 | 2 | 3 | 4 | 5 |
| 29. 検査をしたら、結果をきちんと教えてほしいと思う。 | 1 | 2 | 3 | 4 | 5 |
| 30. 健康な人には、自分の気持ちはわからないと思う。 | 1 | 2 | 3 | 4 | 5 |
| 31. 治療はこわくて、とにかくいやだ。 | 1 | 2 | 3 | 4 | 5 |
| 32. お昼ごはんにラーメンがでると、思わず「ラッキー！」とうれしくなってしまう。 | 1 | 2 | 3 | 4 | 5 |
| 33. お医者さんから止められていることでも、友だちと同じことをやってみたいと思う。 | 1 | 2 | 3 | 4 | 5 |
| 34. 人と話しているより、なんとなく一人でいたいと思う。 | 1 | 2 | 3 | 4 | 5 |
| 35. 病院の外に出て、だれかに会うのはなんとなくいやだ。 | 1 | 2 | 3 | 4 | 5 |
| 36. 家族の面会が少ないと感じる。 | 1 | 2 | 3 | 4 | 5 |
| 37. 入院中に、勉強がおくれてしまうのではないかと心配だ。 | 1 | 2 | 3 | 4 | 5 |
| 38. 病気のことが気になって、どうも気分がすっきりしない。 | 1 | 2 | 3 | 4 | 5 |

巻末資料:「入院児の不安」質問紙

| | あてはまる | ややあてはまる | どちらともいえない | あまりあてはまらない | あてはまらない |

39. 退院すれば，前とおなじように楽しくやれると思う。　　1・・・2・・・3・・・4・・・5
40. お楽しみ会などの病院の行事が楽しみだ。　　1・・・2・・・3・・・4・・・5
41. 思いやりのたいせつさ・家族の愛情など，入院してはじめてわかったことがある。　　1・・・2・・・3・・・4・・・5
42. 病気のためにできないこともあるが，できることをみつけて，がんばっていこうと思う。　　1・・・2・・・3・・・4・・・5

◎ご意見・ご感想がありましたら，下のかっこの中に書いてください。

[　　　　　　　　　　　　　　　　　　　　　　　　　]

～　どうもありがとうございました。
みなさんの1日も早いご回復をお祈りいたします。

# 人名索引

石隈利紀　32-34, 145, 178-181, 184, 185
市川伸一　21, 198
今田　寛　47
岩間伸之　175
尾下美代子　13
小畑文也　24, 27, 133

鹿毛雅治　62, 63
鯨岡　峻　62, 79
栗原輝男　31
小林　登　27, 147
近藤久史　28

西條剛央　201
佐藤郁哉　63, 84
柴山真琴　36, 59, 61, 65, 84, 203
志水宏吉　65, 68, 70, 80, 175
下山晴彦　126, 175, 176, 203

武田鉄郎　8, 9, 18, 19, 25, 28, 34
谷川弘治　13, 16, 17, 19, 173
恒吉僚子　199
寺崎正治　40

原田杏子　90, 91

平賀健太郎　23

南　博文　62-64, 79
箕浦康子　59, 62, 63, 65, 78, 79, 202
宮崎清孝　199
無藤　隆　82, 84, 199

矢吹和美　26, 28
やまだようこ　36, 62, 68, 201
山本昌邦　108
横湯園子　170, 171

Allport, G. W.　41
Brenner, A.　132
Bronfenbrenner, U.　147
Corbin, J.　90
Corsaro, W. A.　84
Egan, G.　23
Glaser, B. G.　65, 78, 90
Holaday, B.　24
Lazarus, R. S.　24
Spielberger, C. D.　40
Spradley, J.　78, 82, 90, 110
Strauss, A. L.　65, 78, 90

# 事項索引

## あ 行

アカウンタビリティ　181
アセスメント　184, 185, 196, 201
　──・シート　185, 196, 201, 204
アパシー　126
暗黙知　78
依存性　23
一般化可能性　203
医療人類学　26
過保護　26
因子分析　47, 50
インタビュー　iii
　──・ガイド　85
院内学級　i, iii, 5, 6, 13, 17, 18, 27, 33-36, 41, 65, 67-69, 80, 89, 91, 94, 97, 99-101, 105, 106, 109, 110, 115, 120, 124, 128-130, 133, 136-140, 142, 145, 149, 151-154, 156, 158-161, 162, 164, 165, 167, 168-174, 176, 177, 179, 182-184, 186, 190, 196, 199, 203-205
インフォーマル・インタビュー　84
インフォーマント　70
エピソード　81, 84, 85, 88, 90, 94, 102, 104, 108-112, 114-116, 119-127, 130-133, 153, 154
援助コミュニティ　200
援助資源　32, 151, 153, 158, 173, 179, 182, 184-186, 197, 200
援助ニーズ　184
援助モデル　ii, iii

## か 行

解釈的アプローチ　65
概念化　90
会話分析　28
カウンセリング　90, 101, 104-106, 183, 200
学習観　16
学習空白　6, 34, 73, 124, 138, 139
学籍　2, 18, 140, 163, 173
仮説検証　59, 61, 64, 154, 199
仮説生成　57, 59-62, 64
学校心理学　ii, 32, 33, 145, 178, 180
学校要覧　73
カテゴリー　88, 90, 91, 106, 111, 116, 120-122, 124, 125, 128, 129, 143, 145
過保護　26
関係論　175
キーパーソン　70
気管支喘息　3
客観性　79
QOL（Quality of Life）　iv, 17, 30, 35, 72, 179
教育課程　7
共感　80
協働　177-181
恐怖　40
グラウンデッド・セオリー　62, 65, 90, 110, 154
クラスター分析　51
研究者効果　82
研究者倫理　30
健康学園　4, 16
攻撃性　102, 104, 123
行動制約　i
交流教育　15, 28
コーディネーション　177-181, 200
コーディング　91, 94, 102, 111, 112, 133, 136
心のケア　101
個人的記録　41
個性記述　57, 67

孤独感　47
個別の指導計画　11, 15
コミュニティ心理学　200
コラボレーション　⇒協働

### さ　行

参加者チェック　154
参与観察　62
時間的制約　64
自己開示　160
自己管理　7, 34
システム論　175
自尊心　132, 133
疾患種　3
質的研究　57, 79, 201
質的データ　61, 62, 106, 201
指導サービス　ii
疾病対処行動　24
就学基準　2
就学相談　2
就学前教育　70
主観性　79
準ずる教育　12, 73
障害児教育　iii
小規模校　91, 96, 107, 183
状態不安　40
小児がん　3
職業教育　28
自立活動　8, 9, 15, 19, 28, 73, 81
事例研究　29, 67
心理教育的援助　i, ii, iii, 27, 31, 32-35, 40, 65-67, 89, 97, 107, 109, 115, 126, 145, 150, 152-154, 160, 161, 168, 171-176, 182, 185, 198, 199
心理的安定　6
STAI（State-Trait Anxiety Inventory）　40
ストレス　8, 21, 23-25, 40, 54, 75, 90, 102, 104, 122, 132, 143, 160, 162, 165
生活規制　2
省察　203

生態システム　148, 149, 151, 153
説明責任　⇒アカウンタビリティ
前籍校　19, 55, 184
専門性　19
ソーシャル・サポート　25, 34, 200
ソーシャルワーク　175, 177

### た　行

ターミナル　19, 174
代表性　68
対処行動　21, 23-25, 100
多職種チーム　177
妥当性　204
段階モデル　26
探索的研究　56
チーム援助　178
逐語録　84
知能検査　22
チャイルドライフ　28
治療意欲　6
治療効果　i
治療的コミュニケーション　101
つなぎ援助　109, 128, 129, 132, 137, 139-141, 143, 145, 149, 151-156, 161, 168-172, 174-177, 179-186, 190, 199-201, 204
　——アセスメント・チェックシート　186, 190
　——キーパーソン・シート　186, 196
つなぎモデル　126, 175
典型　68, 69, 203, 204
闘病意欲　163
闘病記　41
特殊教育　iii
特別支援学級　4
特別支援学校　4
特別支援教育　i, iii, 1, 2, 4, 15, 16, 89, 91, 94, 95, 109, 156, 180
　——コーディネーター　180, 186, 201
特別なニーズ　i

な 行

入院ストレス　　i
ノーマライゼーション　　15

は 行

媒介　　168, 170, 175, 176
母親語　　97
半構造化面接　　ii, 41, 85, 87, 90, 105, 106, 108-110, 114, 116, 126-128, 153, 168, 176
反証事例　　60
ビデオ　　82
病院内教育　　5, 122, 199, 204
病院訪問教育　　4
病気概念　　27
病気の受容　　21, 25, 26
病気療養児　　13
病弱教育　　1-4, 6-10, 13, 14-20, 22, 26, 28-31, 37, 64, 67, 68, 70, 72, 76, 89, 122, 142, 145, 180, 181, 183
病弱・身体虚弱教育　　i, 1
不安　　i, ii, 39, 40-42, 47, 50-56, 143, 165, 177
フィールドエントリー　　78
フィールドノーツ　　84, 85, 88, 90, 109, 110, 153
フィールドメモ　　84
フィールドワーク　　i, iii, 36, 37, 57, 62-65, 67, 68, 70, 77, 78, 80, 82, 83, 109, 153, 200, 202, 203
副籍　　18, 19
不登校　　3, 15, 19, 76, 89, 148, 169-172, 203
プライバシー　　i
文化人類学　　63
分教室　　4
分析単位　　84

分析枠組み　　60
文脈　　84
分離不安　　54
ベッドサイド学習　　17, 73, 120, 162, 186
ボトムアップ　　61

ま 行

慢性疾患　　16, 23, 26, 34
無菌室　　73, 75
無力感　　133
モデル構成　　36, 59

や 行

病の語り　　26, 202
遊戯療法　　104
ユーモア　　100
養育態度　　23
養護学校義務制　　9
養護・訓練　　8, 15, 73, 81, 82, 97, 100, 101, 111, 114, 130, 133, 136

ら 行

リサーチ・クエスチョン　　69, 78, 203
reflexivity　　203
領域密着理論　　181
量的研究　　i
理論的メモ　　84
臨床心理士　　32, 170, 175, 176, 186
倫理的配慮　　65
劣等感　　23
連携　　54, 140-142, 170, 177, 182, 183
連絡帳　　142

著者略歴
1985年　東京大学文学部社会心理学科卒業.
1995年　東京大学教育学部教育心理学科卒業.
2005年　東京大学大学院教育学研究科博士課程修了.
　　　　博士（教育学）
　　　　武蔵野大学人間関係学部（通信教育部）准教授を経て，
現　在　山梨大学教育人間科学部附属教育実践総合センター教授.

主要著訳書
『子どもの育ちを支える教育心理学入門』（編著，角川学芸出版，2007年）
J. マクレオッド『臨床実践のための質的研究法入門』（共訳，金剛出版，2007年）ほか.

## 長期入院児の心理と教育的援助
### 院内学級のフィールドワーク

2009年2月20日　初　版

［検印廃止］

著　者　谷口明子（たにぐちあきこ）

発行所　財団法人　東京大学出版会

代表者　岡本和夫

113-8654　東京都文京区本郷7-3-1　東大構内
http://www.utp.or.jp/
電話　03-3811-8814　Fax 03-3812-6958
振替　00160-6-59964

印刷所　株式会社三秀舎
製本所　矢嶋製本株式会社

©2009 Akiko TANIGUCHI
ISBN 978-4-13-016113-8　Printed in Japan

Ⓡ〈日本複写権センター委託出版物〉
本書の全部または一部を無断で複写複製（コピー）することは，著作権法上での例外を除き，禁じられています．本書からの複写を希望される場合は，日本複写権センター（03-3401-2382）にご連絡ください．

## 講座 臨床心理学 [全6巻]

下山晴彦・丹野義彦――[編]

A5判・並製・平均300頁
各巻 3500円

1巻　臨床心理学とは何か
2巻　臨床心理学研究
3巻　異常心理学Ⅰ（総論，不安障害，発達）
4巻　異常心理学Ⅱ（人格障害，抑うつ，統合失調症）
5巻　発達臨床心理学
6巻　社会臨床心理学

| | |
|---|---|
| 臨床心理学研究の理論と実際　下山晴彦 | A5・6800円 |
| 教育心理学Ⅱ：発達と臨床援助の心理学　下山晴彦編 | A5・2900円 |
| 専門職としての臨床心理士　マツィリア，ホール編 | A5・5000円 |
| 臨床心理学の倫理をまなぶ　金沢吉展 | A5・3200円 |
| コミュニティ心理学ハンドブック　日本コミュニティ心理学会編 | 菊・12000円 |
| 臨床心理のコラボレーション　藤川　麗 | A5・4500円 |
| 質的心理学講座2　人生と病いの語り　やまだようこ編 | A5・3500円 |

ここに表示された価格は本体価格です．御購入の際には消費税が加算されますので御了承下さい．